大学语文

职业教育技能型人才培养实用教材

职业教育·通用课程教材

周睿玫　皮加林　茶本丽　主编

人民交通出版社

北京

内 容 提 要

本教材为公共基础课"大学语文"配套教材,以人文素质教育为核心,培养学生的文学鉴赏能力和审美能力,同时注重培养学生的应用文写作实践能力。教材引用了我国众多文学名著、报刊评论、诗词等,并在每单元末尾设计了"语文综合实践活动"板块,帮助学生回顾单元学习主题,加深文章理解。本教材具体内容包括:走近大国工匠、厚植家国情怀、研习红色经典、品味民俗风情、传承传统文化、畅享诗意人生、洞见世事百态、探寻爱情真谛、常用应用文写作。其中,第九单元着重针对计划类、总结类、调查报告类、策划书类、毕业论文类集中文体展开介绍。

本书可作为高职高专及职业本科"大学语文"课程配套教材,亦可供热爱文学、写作的人士参考。

图书在版编目（CIP）数据

大学语文／周睿玫,皮加林,茶本丽主编. — 北京：人民交通出版社股份有限公司, 2025. 7. — ISBN 978-7-114-20489-0

Ⅰ. H193. 9

中国国家版本馆 CIP 数据核字第 2025V221H8 号

职业教育技能型人才培养实用教材

职 业 教 育 · 通 用 课 程 教 材

Daxue Yuwen

书　　　名：	大学语文
著 作 者：	周睿玫　皮加林　茶本丽
责任编辑：	李　瑞　杜希铭
责任校对：	赵媛媛
责任印制：	张　凯
出版发行：	人民交通出版社
地　　　址：	(100011) 北京市朝阳区安定门外外馆斜街 3 号
网　　　址：	http：//www.ccpcl.com.cn
销售电话：	(010) 85285911
总 经 销：	人民交通出版社发行部
经　　　销：	各地新华书店
印　　　刷：	北京印匠彩色印刷有限公司
开　　　本：	787×1092　1/16
印　　　张：	19.5
字　　　数：	376 千
版　　　次：	2025 年 7 月　第 1 版
印　　　次：	2025 年 7 月　第 1 次印刷
书　　　号：	ISBN 978-7-114-20489-0
定　　　价：	55.00 元

（有印刷、装订质量问题的图书,由本社负责调换）

前　言

　　职业教育不仅承担着培养技术技能型人才的重任，更肩负着提升学生人文素养、塑造健全人格的使命。"大学语文"作为一门重要的公共基础课程，是连接专业技能教育与人文精神培育的桥梁，是引导学生感悟语言之美、文化之韵、思想之深的重要载体。为此，我们立足高职高专学生的认知特点与职业发展需求，精心编写了这本《大学语文》教材，旨在通过经典文本的浸润与实践能力的锤炼，为学生奠定扎实的人文根基，助力其成长为既有专业技能又有文化底蕴的复合型人才。

　　本教材以"人文素质教育"为核心，围绕文学鉴赏、审美提升与应用写作三大能力培养目标，构建了"经典性、实践性、职业性"三位一体的内容体系。全书共分九个单元，主题设计既呼应时代精神，又扎根文化传统：从"走近大国工匠"的匠心传承，到"厚植家国情怀"的使命担当；从"研习红色经典"的信仰淬炼，到"品味民俗风情"的文化寻根；从"传承传统文化"的智慧汲取，到"畅享诗意人生"的心灵滋养；从"洞见世事百态"的思辨启智，到"探寻爱情真谛"的情感启迪，最终落脚于"常用应用文写作"的职场实用技能训练。九个单元循序渐进，既注重经典文学作品的深度解读，又关注现实生活与职业场景中的语言运用，力求实现人文熏陶与实践能力的有机统一。

　　教材特色鲜明，主要体现在以下三方面：

　　其一，选文经典性与时代性并重。书中精选古今文学名篇、报刊时评与诗词佳作，既有《诗经》《史记》等传统文化瑰宝，也有现当代名家经典与反映社会热点的鲜活文本，既展现汉语的永恒魅力，又凸显时代脉搏的跳动。

　　其二，实践活动与理论教学相融。每单元末设置的"综合实践活动"板块，通过主题研讨、情景模拟、创意写作等形式，引导学生将文本阅读转化为思辨能力、表达能力和协作能力的提升，实现"学中做、做中学"。

　　其三，职业导向与应用能力并进。第九单元聚焦计划、总结、调查报告等职场高频应用文体，通过案例解析与任务驱动式训练，帮助学生掌握实用写作规范，为未来职业发展奠定基础。

　　在教学实践中，我们以"文本为基、学生为本、能力为要"为原则，灵活运用情境教学、项目教学等方法，激发学生的主动性与创造性；学生则可通过

"阅读—思考—实践—反思"的闭环学习，在经典中涵养情怀，在活动中锤炼思维，在写作中提升表达，真正实现语文素养的全面提升。

本教材由云南交通运输职业学院周睿玫、皮加林、茶本丽担任主编。具体编写分工如下：第一单元、第七单元由周睿玫编写；第二单元、第四单元由皮加林编写；第三单元由茶本丽编写；第五单元由茶本丽、王勇刚编写；第六单元由杨箫语、吴亚君编写；第八单元由张良华、张子恬、吴怡媛编写；第九单元由吕玉、马娅娇、李旺秀编写。全书由周睿玫负责统稿。

本书的编写凝聚了多方智慧，感谢编委团队的精诚合作，感谢专家学者提出的宝贵意见，更感谢使用本教材的师生给予的实践反馈。我们期待这本《大学语文》能成为学生感知语言之美、探索文化之魂、书写人生之志的良师益友，让语文教育成为照亮职业征程的一盏人文明灯。

编　者
2025 年 3 月

目　　录

第六单元　畅享诗意人生

第七单元　洞见世事百态

第八单元　探寻爱情真谛

第九单元　常用应用文写作

第一单元
走近大国工匠

本单元序

　　工匠精神是一种职业精神，它是职业道德、职业能力、职业品质的体现，是从业者的一种职业价值取向和行为表现。我国自古以来就有尊崇和弘扬工匠精神的优良传统。早在春秋时期，孔子就主张人在一生中始终要"执事敬""事思敬"，敬业是人们做好每一件事最基本的态度要求。老子说："天下大事，必作于细"，精益求精、追求极致是人们做成每一件事应具备的品质。"艺痴者技必良""术业有专攻"，内心笃定而着眼于细节的耐心、执着、坚持的精神，是工匠们必须具备的精神特质。古今工匠凭借一双双巧手与无穷智慧，在岁月的舞台上不断阐释工匠精神的内涵，演绎了无数传奇，构建起中华文明的巍峨大厦。

　　本单元，我们将走近古今工匠，他们是：以一捧泥土为媒，把街头巷尾的众生相凝于泥胎之上，展示着对生活的洞察、对人性的诠释和傲然独立于世的无声宣言的"泥人张"；以唇枪舌剑应对世间万象，无论是达官显贵的刁难，还是商业往来的纷争，都能凭其三寸之舌巧妙化解，不仅为自己争得生存空间，更在这俗世中闯出了赫赫声名的杨巴；在航天工程的精密世界里，以炽热焊枪为笔，以坚韧意志为墨，书写着中国火箭制造传奇篇章的高凤林；凭借着对地形的精准判断、对炸药用量的精确把控，用勇气和经验，为铁路开辟出安全通道，让天堑变通途的彭祥华；以沉稳的双手、坚毅的眼神，在极度危险的环境中，为火箭的腾飞削去阻碍，赋予其强大动力的徐立平；凭借精湛的技术和过人的胆识，在超高压"禁区"穿梭，守护电网平稳运行，为千家万户送去光明与温暖的王进；心怀对自然的敬畏与对百姓的悲悯，以坚韧不拔的毅力和精巧绝伦的技艺，让桀骜不驯的岷江水流化为润泽成都平原生命源泉的李冰。

《俗世奇人》[1]（节选）

冯骥才

冯骥才，1942 年出生于天津市，中国当代作家、画家、社会活动家，曾发表散文《挑山工》，散文集《珍珠鸟》《灵魂不能下跪》《爱犬的天堂》，散文随笔集《倾听俄罗斯》，小说散文集《散花》，学术著作《消逝的花样》，画集《名家名品·冯骥才》，艺术理论专著《文人画辩》，中篇小说《神鞭》，长篇小说《单筒望远镜》，小说集《俗世奇人》。

泥人张

手艺道上的人，捏泥人的"泥人张"排第一。而且，有第一，没第二，第三差着十万八千里。

泥人张大名叫张明山。咸丰年间常去的地方有两处。一是东北城角的戏院大观楼，一是北关口的饭馆天庆馆。坐在那儿，为了瞧各样的人，也为捏各样的人。去大观楼要看戏台上的各种角色，去天庆馆要看人世间的各种角色。这后一种的样儿更多。

那天下雨，他一个人坐在天庆馆里饮酒，一边留神四下里吃客们的模样。这当儿，打外边进来三个人。中间一位穿得阔绰，大脑袋，中溜个子，挺着肚子，架式挺牛，横冲直撞往里走。站在迎门桌子上的"摞高的"一瞅，赶紧吆喝着："益照临的张五爷可是稀客，贵客，张五爷这儿总共三位——里边请！"

一听这个喊话，吃饭的人都停住嘴巴，甚至放下筷子瞧瞧这位大名鼎鼎的张五爷。当下，城里城外气最冲的要算这位靠着贩盐赚下金山的张锦文。他当年由于为盛京将军海仁卖过命，被海大人收为义子，排行老五，所以又有"海张五"一称。但人家当面叫他张五爷，背后叫他海张五。天津卫是做买卖的地界儿，谁有钱谁横，官儿也怵三分。

可是手艺人除外，手艺人靠手吃饭，求谁？怵谁？故此，泥人张只管饮酒，吃菜，西瞧东看，全然没有把海张五当个人物。

但是不会儿，就听海张五那边议论起他来。有个细嗓门的说："人家台下一边看戏一边手在袖子里捏泥人。捏完拿出来一瞧，台上的嘛样，他捏的嘛样。"跟着就是海张五的大粗嗓门说："在哪儿捏？在袖子里捏？在裤裆里捏吧！"随后一阵笑，拿泥人张找乐子。

这些话天庆馆里的人全都听见了。人们等着瞧艺高胆大的泥人张怎么"回报"海张五。一个泥团儿砍过去？只见人家泥人张听赛没听，左手伸到桌子下边，打鞋底抠下一块泥巴。右手依然端杯饮酒，眼睛也只瞅着桌上的酒菜，这左手便摆弄起这团泥巴来；几个手指飞快捏弄，比变戏法的刘秃子的手还灵巧。海张五那边还在不停地找乐子，泥人张这边肯定把那些话在他手里这团泥上全找回来了。随后手一停，他把这泥团往桌上"叭"地一戳，起身去柜台结账。

吃饭的人伸脖一瞧，这泥人真捏绝了！就赛把海张五的脑袋割下来放在桌上一般。瓢似的脑袋，小鼓眼，一脸狂气，比海张五还像海张五。只是只有核桃大小。

海张五在那边，隔着两丈远就看出捏的是他。他朝着正走出门的泥人张的背影叫道："这破手艺也想赚钱，贱卖都没人要。"

泥人张头都没回，撑开伞走了。但天津卫的事没有这样完的——

第二天，北门外估衣街的几个小杂货摊上，摆出来一排排海张五这个泥像，还加了个身子，大模大样坐在那里。而且是翻模子扣的，成批生产，足有一二百个。摊上还都贴着个白纸条，上边使墨笔写着：贱卖海张五。

估衣街上来来往往的人，谁看谁乐。乐完找熟人来看，再一块乐。

三天后，海张五派人花了大价钱，才把这些泥人全买走，据说连泥模子也买走了。泥人是没了，可"贱卖海张五"这事却传了一百多年，直到今儿个。

好嘴杨巴

津门胜地，能人如林，此间出了两位卖茶汤的高手，把这种稀松平常的街头小吃，干得远近闻名。这二位，一位赛胖黑敦厚，名叫杨七；一位赛细白精明，人称杨八。杨七杨八，好赛哥俩，其实却无亲无故，不过他俩的爹都姓杨罢了。杨八本名杨巴，由于"巴"与"八"音同，杨巴的年岁长相又比杨七小，人们便错把他当成杨七的兄弟。不过要说他俩的配合，好比左右手，又非亲兄弟可比。杨七手艺高，只管闷头制作；杨巴口才好，专管外场照应，虽然里里外外只这两人，既是老板又是伙计，闹得却比大买卖还红火。

杨七的手艺好，关键靠两手绝活。

一般茶汤是把秫米²面沏好后，捏一撮芝麻洒在浮头，这样做香味只在表面，愈喝愈没味儿。杨七自有高招，他先盛半碗秫米面，便洒上一次芝麻，再盛半碗秫米面，沏好后又洒一次芝麻。这样一直喝到见了碗底都有香味。

他另一手绝活是，芝麻不用整粒的，而是先使铁锅炒过，再拿擀面杖压碎。压碎了，里面的香味才能出来。芝麻必得炒得焦黄不糊，不黄不香，太糊便苦；压碎的芝麻粒还得粗细正好，太粗费嚼，太细也就没嚼头了。这手活儿别人明知道也学不来。手艺人的能耐全在手上，此中道理跟写字画画差不多。

可是，手艺再高，东西再好，拿到生意场上必得靠人吹。三分活，七分说，死人说活了，破货变好货，买卖人的功夫大半在嘴上。到了需要逢场作戏、八面玲珑、看风使舵、左右逢源的时候，就更指着杨巴那张好嘴了。

那次，李鸿章来天津，地方的府县道台费尽心思，究竟拿嘛样的吃喝才能把中堂大人哄得高兴？京城豪门，山珍海味不新鲜，新鲜的反倒是地方风味小吃，可天津卫的小吃太粗太土：熬小鱼刺多，容易卡嗓子；炸麻花梆硬，弄不好硌牙。琢磨三天，难下决断，幸亏知府大人原是地面上走街串巷的人物，嘛都吃过，便举荐出"杨家茶汤"；茶汤黏软香甜，好吃无险，众官员一齐称好，这便是杨巴发迹的缘由了。

这日下晌，李中堂听过本地小曲莲花落子，饶有兴味，满心欢喜，撒泡热尿，身爽腹空，要吃点心。知府大人忙叫"杨七杨八"献上茶汤。今儿，两人自打到这世上来，头次里外全新，青裤青褂，白巾白袜，一双手拿碱面洗得赛脱层皮那样干净。他俩双双将茶汤捧到李中堂面前的桌上，然后一并退后五步，垂手而立，说是听候盼咐，实是请好请赏。

李中堂正要尝尝这津门名品，手指尖将碰碗边，目光一落碗中，眉头忽地一皱，面上顿起阴云，猛然甩手"啪"地将一碗茶汤打落在地，碎瓷乱飞，茶汤泼了一地，还冒着热气儿。在场众官员吓懵了，杨七和杨巴慌忙跪下，谁也不知中堂大人为嘛犯怒。

当官的一个比一个糊涂，这就透出杨巴的明白。他眨眨眼，立时猜到中堂大人以前没喝过茶汤，不知道洒在浮头的碎芝麻是嘛东西，一准当成不小心掉上去的脏土，要不哪会有这大的火气？可这样，难题就来了——

倘若说这是芝麻，不是脏东西，不等于骂中堂大人孤陋寡闻，没有见识吗？倘若不加解释，不又等于承认给中堂大人吃脏东西？说不说，都是要挨一顿臭揍，然后砸饭碗子。而眼下顶要紧的，是不能叫李中堂开口说那是脏东西。大人说话，不能改口。必须赶紧想辙，抢在前头说。

杨巴的脑筋飞快地一转两转三转，主意来了！只见他脑袋撞地，"咚咚咚"叩得山响，一边叫道："中堂大人息怒！小人不知道中堂大人不爱吃压碎的芝麻粒，惹恼了大人。大人不记小人过，饶了小人这次，今后一定痛改前非！"说完又是一阵响头。

李中堂这才明白，刚才茶汤上那些黄渣子不是脏东西，是碎芝麻。明白过后便想，天津卫九河下梢，人情练达，生意场上，心灵嘴巧。这卖茶汤的小子更是机敏过人，居然一眼看出自己错把芝麻当做脏土，而三两句话，既叫自己明白，又给自己面子。这聪明在眼前的府县道台中间是绝没有的，于是对杨巴心生喜欢，便说：

"不知者当无罪！虽然我不喜欢吃碎芝麻（他也顺坡下了），但你的茶汤名满津门，也该嘉奖！来人呀，赏银一百两！"

这一来，叫在场所有人摸不着头脑。茶汤不爱吃，反倒奖巨银，为嘛？傻啦？杨巴趴在地上，一个劲儿地叩头谢恩，心里头却一清二楚全明白。

自此，杨巴在天津城威名大震。那"杨家茶汤"也被人们改称做"杨巴茶汤"了。杨七反倒渐渐埋没，无人知晓。杨巴对此毫不内疚，因为自己成名靠的是自己一张好嘴，李中堂并没有喝茶汤呀！

注释

1. 《俗世奇人》：冯骥才的短篇小说集，半文半白，带有"三言两拍"笔意。书中之事多以清末天津市井生活为背景，每篇专讲一个传奇人物的生平事迹，素材均收集于长期流传津门的民间传说。2018年8月11日，获第七届鲁迅文学奖短篇小说奖。

2. 秫米：中药名，为禾本科植物梁或粟的种子之粘者，分布于我国南北各地，具有祛风除湿，和胃安神，解毒敛疮之功效。

思考探究

1. 文章是如何描写技艺者手艺精湛的？找出文中描写其技艺高超的句子。

2. 文章里提到了泥人张、杨七、杨巴这三个手艺人，概括这三人的人物形象，并分析他们之间有何不同。

3. 《好嘴杨巴》中的杨七在技艺上高于杨巴，但杨巴却靠着一张好嘴获得名声，杨七反而被渐渐埋没、无人知晓。结合实际，谈谈匠人的发展面临什么困境，并说一说应该如何解决。

高凤林：为火箭铸"心"，为民族筑梦[1]

张惠清

1970年4月24日，我国发射第一颗人造地球卫星"东方红"1号，成为世界上第五个能独立发射卫星的国家。49年后的今天，"长征""神舟""嫦娥""天宫"争奇斗艳，2018年中国航天发射数量37次，首次跃居世界第一。

我国已成为世界级航天强国，其背后是无数航天人奉献的青春、倾注的热血，"最美奋斗者"、火箭"心脏"焊接人高凤林就是其中之一。

"当看到我们生产的火箭把一颗颗卫星发射升空，这种自豪感无可比拟。"首都航天机械有限公司高凤林班组组长、中华全国总工会兼职副主席高凤林说。

发动机是火箭的心脏，高凤林，是焊接这个"心脏"的中国第一人。他是航天特种熔融焊接工，被誉为"金手天焊"，长三甲系列运载火箭、长征五号运载火箭的第一颗"心脏"（氢氧发动机喷管）都在他手中诞生。40年来，他先后为90多发火箭焊接过"心脏"，占我国火箭发射总数近四成；先后攻克了航天焊接200多项难关，包括为16个国家和地区参与的国际项目攻坚。2014年底他携3项成果参加德国纽伦堡国际发明展，全部摘得金奖。2018年获得"大国工匠年度人物"。2019年9月25日，获"最美奋斗者"个人称号。

作为站在巅峰之上的大国工匠，多年来，他用自身的经历阐释了奋斗的精神。

追求极致的"金手天焊"

高凤林被誉为"金手天焊"，不仅因为早期人们把比用金子还贵的氩气培养出来的焊工称为"金手"；还因为他焊接的对象十分金贵，是有火箭"心脏"之称的发动机；更因为他在火箭发动机焊接专业领域达到了常人难以企及的高度。

和航天的不解之缘，源于上个世纪70年代初。当时，刚迈出校门的高凤林走进了火箭发动机焊接车间氩弧焊组，跟随我国第一代氩弧焊工学习技艺。师傅给学员们讲中国航天艰难的创业史，讲航天产品成败的深远影响，讲党和国家对航天事业的关怀和鼓励。这让高凤林暗下决心，要成为像师傅那样对航天事业有用的人。

"老师傅说，要当一名好工人，必须要上四个台阶，首先是干得好，还要明白为什么能干好，要能说出来，并且要能写出来。"老师傅的一席话，让高凤林下定决心：要做一名好工人！

从那以后，他不懈努力追求在航天操作岗位上的发展。为了练好基本功，他吃饭时习惯拿筷子比划着焊接送丝的动作；喝水时习惯端着盛满水的缸子练稳定性；休息时举着铁块练耐力，更曾冒着高温观察铁水的流动规律……渐渐地，高凤林日益积攒的能量迸发出来，一次又一次突破、攻克一道又一道难关。

上世纪 90 年代，为长三甲系列运载火箭设计的新型大推力氢氧发动机，其大喷管的焊接一度成为研制瓶颈。火箭大喷管延伸段由 248 根壁厚只有 0.33 毫米的细方管组成，全部焊缝长达 900 米，焊枪多停留 0.1 秒就有可能把管子烧穿或者焊漏。

在首台大喷管的焊接中，高凤林连续昼夜奋战一个多月，腰和手臂麻木了，每天晚上回家都要用毛巾热敷才能减轻痛苦。凭借着高超的技艺，高凤林攻克了烧穿和焊漏两大难关，成功焊接出第一台大喷管。但随后的 X 光检测却显示，大喷管的焊缝有 200 多处裂纹，面临被判"死刑"的命运。

高凤林异常镇定，他从材料的性能、大喷管结构特点等展开分析，最终判断出："裂纹是假的！"经过剖切试验，在 200 倍的显微镜下显示，所谓的"裂纹"，确实只是焊漏与方管壁的夹角所造成的假象。就此，第一台大喷管被成功送上试车台，这一新型大推力发动机的成功应用，使我国火箭的运载能力得到大幅提升，也让高凤林首次尝到了知识和技术结合的幸福感。

此后，在为长三甲系列火箭焊接第二台氢氧发动机的关键时刻，公司唯一的一台真空退火炉发生炉丝熔断，研制工作一时陷入停滞。要想恢复设备运转，必须有人从窄小的炉口缩着肩膀钻进去，将炉丝重新焊接在一起。那时正值盛夏，炉内氧气本就稀薄，焊接时还要输送氩气进行焊接保护，情况十分凶险。高凤林忍住长期加班导致的胃痛，主动要求钻炉抢险，三进三出，前后近两个小时，成功地焊好炉丝，真空炉恢复了运转。高凤林由此被业内誉为"金手天焊"。

工作期间，高凤林愈发感到知识的可贵。前后 9 年时间，他在工作之余积极用知识武装自己，先后取得机械工艺设计与制造、计算机科学与应用专业的大专和本科文凭。

高凤林说："一名好的技术工人既要具备高超的技巧，专注实干，还要运用深厚的理论和实践知识，开拓创新，追求极致。"

成功通过"国际级大考"

随着高凤林远近闻名，国内外同行遇到棘手难题都来向他求助。

新一代"长征五号"运载火箭是目前我国设计运载能力最大的火箭，是我国火箭里程碑式的产品，也是我国未来天宫空间站建设的主力运载工具。

2007年9月，在长征五号研制的关键时刻，发动机内壁在试车时出现烧蚀。现场专家焦灼地联系高凤林求援，高凤林带着助手赶到现场。操作台10米开外就是易燃易爆的大型液氢储罐，脚下是几十米深的山涧。故障点无法观测、操作空间异常狭小，仅能硬塞一只手臂进去，高凤林只能凭着多年的操作经验"盲焊"。最终，在夜晚来临前，他成功地排除了故障，被发动机总设计师戏称"通过了国际级大考"。

而真正的国际级大考发生在2006年。2006年11月底，高凤林突然接到厂长电话："丁肇中教授有个项目遇到困难，点名请你前往协助！"原来，诺贝尔奖得主丁肇中领导的、由世界16个国家和地区参与的AMS-02暗物质与反物质探测器项目，在制造中遇到了一个大难题，希望高凤林前往解决。

探测器用的是液流氦低温超导电磁装置，将搭乘美国最后一班航天飞机"奋进号"到国际空间站上执行探测任务。此前已经来了国内外两拨儿"顶尖高手"，但因为工程难度巨大，项目实施方案一直没能得到国际联盟总部的认可。

接到电话，高凤林立刻到现场展开了基础性调研考证，并听取了之前两个方案的详细分析。在论证会上，高凤林介绍了自己的设计思路，得到各方专家赞赏。会后，高凤林又耗费几天的时间，把思路完善成一个创新设计方案。由于既有深厚的理论，又有丰富的实践经验作支撑，高凤林的方案很快获得了国际联盟总部的认可，他本人也被委任以美国航天局（NASA）特派专家的身份，督导项目实施。

这也是高凤林职业生涯中最有成就感的时刻之一。

如今，"高凤林"这三个字在业界已经是"非凡"的代称，在非凡业绩的背后，是不为人知的非凡付出。自1993年，高凤林担任发动机车间氩弧焊组组长以来，尽管有过多次可以提拔的机会，但他都放弃了。他始终认为，他的根在焊接岗位上。为了攻克难关，他常常不顾环境危险，直面挑战，为此多次负伤，鼻子受伤缝针，头部受伤三次手术才把异物取出，而胳膊上黄豆大的铁销由于贴近骨头至今无法取出；为了保障一次大型科学实验，他的双手至今还留有被严重烫伤的疤痕；为了攻克国家某重点攻关项目，近半年的时间，他天天趴在冰冷的产品上，关节麻木了、青紫了，他甚至被戏称为"和产品结婚的人"。

2015年，高凤林获得全国劳动模范称号。在操作难度很大的发动机喷管对接焊中，高凤林研究产品的特点，灵活运用所学的高次方程公式和线积分公式，提出了"反变形补偿法"进行变形控制，这一工艺获得了国家科技进步二等奖。

高凤林说："人不能没有追求，只有当人生的追求和社会的需要同步时，才能真正体现出自身的价值和人生的意义。"

"人的质量决定产品质量"

航天事业与国家和民族命运息息相关，中国航天蓝图从梦想变为现实，靠的是什么？"人的质量决定产品质量"，这是高凤林常挂在嘴边的一句话。任何先进设备，都是人的延伸，都需要人的控制，需要长期专注和投入，以追求产品及其内涵的实现，达到产品的最佳状态。

除了为火箭焊接"心脏"之外，高凤林还有一个意义重大的工作，就是传道授业，培养更多像他一样优秀的航天高技能人才。

2005 年，高凤林所在的班组被国防邮电工会和航天科技集团公司联合命名为"高凤林班组"，成为航天一院首个以劳模名字命名的班组。

2011 年，国家人力资源和社会保障部以高凤林的名字，命名了国家级技能大师工作室，这也是首批国家级技能大师工作室之一。2015 年，"高凤林劳模创新工作室"挂牌，每年可以解决十余项工艺焊接难题，还承接了企业内外的多项技术培训交流任务。同时，创新工作室也成为重要的人才育成基地。高凤林把自己积累的经验毫无保留地传授给年轻人。如今，他的徒弟当中已经有 6 人成为全国技术能手。

"事业为天，技能是地。"这是镶在高凤林工作室文化墙上很醒目的一句话，也是高凤林和他团队的座右铭。追求技术极限，高凤林用自己的行为潜移默化地影响着身边的人，在技术传承上，他毫无保留地把积累的经验传授给年轻人，且敢于任用年轻人"挑大梁"，还积极鼓励他们参加各种技术比赛。在人才培养和管理办法上，他摸索总结出了一套"焊接育人法"，在实践中得到广泛认同和应用：利用润湿和渗透效应育人，让团队成员潜移默化地相互影响；利用焊点和焊缝的关系育人，强调合力作用；利用熔池效应育人，让大家在大熔炉里百炼成钢。

刚参加工作时，师傅教导高凤林"要尊重你的工作对象"，这句话让高凤林终身难忘，他也用实际行动将自己的职业态度和工匠精神传授给徒弟们。他说，"我最希望他们从我身上学到的还是对做人的理解，以及对事业的专注、投入、执着，还有时刻准备吃苦的精神，只有不断努力、追求极致，才能不断获得成长。"

高凤林说，他把 80% 的时间给工作，15% 的时间给学习，5% 的时间给家人。为祖国航天事业的无私奉献，注定了他对家人的亏欠。如今，高凤林还有很多社会活动：应邀为小学生讲公益课，给孩子们普及航天知识；周末走进大学课堂，给大学生讲解航天知识，宣传航天文化；参加焊接协会的交流活动，为推动焊接行业的发展出一份力……他说，这是一种责任。

大国工匠高凤林对"中国制造"充满期待："对我来说，戴上面罩，拿起焊枪，就意味着进入一种状态，必须心无杂念。每个团队、个体都要对用户、对产品负责，同时不断掌握前沿科技，总结起来就是诚信加科技投入，我希望有一天中国产品能成为世界的 NO.1！"

注释

1. 本文选自《中华儿女》杂志。

思考探究

1. 高凤林在航天焊接领域能成为"非凡"的代称的原因有哪些？他在磨炼精湛技艺时体现出哪些"工匠精神"的内涵？

2. 近年来，我国越来越重视"工匠精神"，技艺精湛的匠人事迹也不断涌现，试从国家、社会、行业、个人等方面论述我国提倡"工匠精神"的意义。

3. 结合本文，谈谈在今后职业生涯中，你会如何践行"工匠精神"？

工匠胆魄　勇者无惧[1]

文体赏析

《大国工匠》是 2015 年中央电视台推出的弘扬主旋律、传承社会主义核心价值观和"工匠精神"的系列节目，播出之后获得了极高的社会关注度和良好的业界口碑。在电视专题片中，解说词担当了最主要和复杂的叙事功能，是电视语言的主要构成因素之一，是电视节目制作中一种重要的创作手段和表现因素。它依靠文字对事物、事件或者人物进行描述、叙说，通过语言节奏与情感烘托感染观众。一般来说，解说词具有非独立性与配合性、形象性等特点。

彭祥华[2]

无惧冒水塌方，软若豆腐般岩层间精准爆破。磕碰即爆，徒手雕琢高能炸药块体。百米高空，只身检修百万伏特高压带电线路。工匠胆魄，勇者无惧。

川藏铁路属于国家"十三五"规划的重点项目，铺设难度创造了新的世界之最。仅一条雅鲁藏布江，就要被这条铁路横渡十六次，它更是世界上平均海拔最高的铁路，总长一千八百多公里的路基，累计爬坡高度超过了 14000 米，台阶式八起八伏，被外媒称为巨大的过山车。

2015 年 6 月，川藏铁路的拉萨至林芝段全面开工，本篇要讲述的便是中铁二局二公司隧道爆破高级技师彭祥华和工友们开凿拉林段地质最复杂的东嘎山隧道的奋勇事迹。川藏铁路处于印度板块和欧亚板块的碰撞缝合带，属于地震多发区。在这样的地质构造带上挖隧道，几乎就等于在掏潘多拉的盒子。隧道开掘的第一步是清除洞口外侧山坡上那些不牢靠的石头，它们稍受震动就有可能滑落。若处理不当，不仅会对工程作业带来巨大的隐患，甚至会殃及洞口下方的雅鲁藏布江水，给西藏脆弱的生态环境造成破坏。因此洞口排险清爆要胆大心细。

彭祥华像往常一样，在悬崖峭壁上寻找着最佳安装地点。徒手安装炸药，彭祥华的父亲是新中国第一代铁路工人，参加过 20 世纪 50 年代开工的成昆铁路建设，那是上个世纪的世界铁路建设奇迹。

关于自己父亲那个年代的工作，彭祥华回忆道："我父亲修成昆铁路的时候，爆破技术也没那么先进，每向前一公里都可能造成牺牲。贺龙司令亲自来给他们修成昆铁路，还送了一份锦旗，就是'开路先锋'。"

现在，作为老一辈铁路工人的儿子，彭祥林又在续写新的世界铁路建设奇迹，也传承着父辈的胆魄和技能。彭祥华所在的中铁二局二公司拥有出色的隧道爆破团队，承担过很多重大隧道的施工任务。彭祥华是这个团队的翘楚，被同事们公认为爆破王。

东嘎山隧道的山体属于炭质千枚岩和石英粉砂岩构造，这两种岩体遇水就会膨胀软化。在这样的山体里实施爆破，特别需要深入缜密的超前地质预报。

对于这类爆破工作，彭祥华是这样描述的："就像医生看病的超声波，哪些地方有水，哪些地方有断裂隙，都看得到。相当于给人做个 B 超。"

依据山体"B 超"的资料，彭祥华就可以制定精准爆破的方案了。决定精准爆破效果的关键因素之一是装药量，为此彭祥华一直都是自己亲自分装炸药，凭借着多年分装炸药的经验，彭祥华能够把装填药量的误差控制得远远小于规定的最小误差。

彭祥华对于爆破装药量也有很深的体会："装 250 克，装 150 克，那都是很精确的，不精确的后果就是放炮过后超挖，欠挖，掌子面（爆破面）一点都不理想。"

隧道内爆破面上通常有几十个炮孔，每个炮孔中的引爆雷管都要按照设计顺序爆炸，不同炮孔之间的起爆时差在十几至一百毫秒之间，还不到一眨眼的工夫。

每个炮孔的相对位置，精准装药量、引爆时间等因素，必须作为密切关联的系统来考虑，让它们以最佳效果相互作用，以求得严格控制下的合适的爆破力度。

那些在外人看来狂烈的爆破，在彭祥华的耳中是旋律清晰有序的弹奏。彭祥华和同事们可以保证自己不会出现误差，但是大地心中的秘密总有人类猜不透的地方，彭祥华和工人们最担心的问题还是出现了。

青藏高原充沛的山体内蓄水，在爆破之后大量地涌流出来，这是隧道爆破最怕遇到的情况。一旦水势过大泡软岩体很可能就会出现塌方，这将导致已经完成的隧道爆破工作完全报废，影响到整个线路的工期。设计院、监理、业主、施工单位紧急召开了多方研讨会。会上，彭祥华凭借自己丰富的经验，建议再爆一炮。

一番讨论后，大家认为彭祥华提出的建议是最为便捷合理的，也是最佳解决方案。彭祥华这个方案最主要的实施条件是必须由彭祥华自己来完成，最细微处都要他亲手操作，但这个时候大面积岩层已经浸湿软化，隧道爆破面上围岩部分（条件）非常差，隧道崩塌很可能会在操作过程当中发生，而那样的话彭祥华是没有机会走出隧道的。

在这样的危急时刻，彭祥华又想起了自己父辈们的工作精神："我父亲经常给我们提，一个环节不能错，环环相连，一旦出了点差错的话，后果不堪设想。"

为了最大限度地保证施工团队的生命安全，彭祥华没有让其他工人一起来装炸药插雷管，一切都是他独自操作，这一次他必须要更加精准爆破，巨大的爆破声冲破隧道，浓烟冒出洞口。随后最危险的工作就是走入爆破现场，检查效果并排除可能存在的哑炮。彭祥华还是阻止其他工友近前，独自一人走进了隧道，这就是工匠的担当。如山崖伫立，如长松挺身。

事后，彭祥华这样回忆起这段经历："我们不冲就没有人去冲，他们也怕，也不敢冲到前面去看，只有我们，爆破工才能冲到前面。"

烟雾中一束强光闪动，这是圆满完成的信号。像过去的一次次一样，彭祥华这次也没有让工友们失望。

"爆破工的工作就是排除危险，冲在最前面，做开路先锋中的先锋。"对于自己所从事的工作，彭祥华如此评价道。

徐立平[3]

彭祥华使用炸药，是在重量上锱铢必较。另一位工匠徐立平使用炸药，却总是在形状上精雕细刻，把炸药做一番雕刻，再让它去爆炸，这确实让人颇感新奇。

徐立平所在的工厂是世界上最神秘的工厂之一，地处中国秦岭大山深处。国家一些战略战术导弹和宇航发射用火箭发动机都是出自这里的产品。徐立平在这里已经工作了29年。29年来他进入厂房的第一件事就是打开工作间的每一道门，挂好每一个风钩，对他来说这里的每一道门都是危险时刻的紧急出口。

"我们是直接接触火药进行操作，所以说我们的工作是无时无刻不在危险之中。"对于自己的工作所需面临的风险，徐立平有着非常清晰的认识。

这台直径3米两分段的火箭发动机是中国航天科技集团四院研制的，是我国迄今直径最大，装药量最大，推力最大的固体火箭发动机。徐立平的工作就是给火箭的固体燃料形面施行微整形雕刻，这也是固体发动机制造过程中最危险的工序之一。固体火药极其敏感，而且燃面的精度要求非常高，雕刻整形的过程中如果摩擦过大产生静电，就会引起燃烧甚至爆炸。所以这种火药的微整形处理无法用机器操作，只能通过轻柔细致的手工雕刻来完成。这种火药的雕刻者自然必须集超凡心理素质与高超技艺的于一身。

这种火药有很强的韧性，再加上里面含有粗糙的颗粒，手工雕刻的行刀轨迹不容易把握，同时这个雕刻过程又绝不允许反复打磨刮削，一刀下去切成什么样就只能是什么样了。不可逆的操作就全靠技师手上的经验和感觉。0.5毫米是这种固体火药表面精度所允许的最大误差。徐立平仅凭手上触摸一次，就能够准确地测出需要切削部分的尺寸，精度误差不超过0.2毫米。

1987年，不满19岁的徐立平技校毕业，尽管深知雕刻火药的危险，但他还是主动选择来到了母亲曾经工作过的车间，就在这种硬碰硬的雕塑行当里，徐立平从青春岁月干到了年近半百。一个人偶然间能够镇定地面临一次致命的危险也许并不难。但29年里天天面对致命的危险而能够守恒如常，那实在是太难了。

对于火箭发动机燃料雕刻工作，徐立平地讲述了自身的心得："因为我们这个燃料它在很多方面的感度比较高，比如说摩擦感度，它在一定的摩擦力作用下会起火燃烧，我们铲的时候，如果速度过快，它的摩擦力是会很大的，所以你就要匀着铲，匀着去切削，时刻得注意安全。"

徐立平一呼一吸都要与手和刀的节奏高度一致，以保持用力均匀。根据设计要求，徐立平需要消除环口接近5厘米厚的火药，但每一刀切下的火药却要控制在3毫米以内，一点一点地为火药微整形。因为对切削药面的厚度要严格控制，对于每个部位所用的刀具，刀具之间摆放的距离，徐立平都给自己设下了明确的规定。

米志军是徐立平身边最得力的助手，在配合徐立平整形的过程中，他必须时刻称量残药的重量，由于火药不断地被切削下来，接触空气的面积在不断地增大，一旦达到一定数量，就极有可能发生爆炸。徐立平要求每次切除500克火药后，必须先装进预先准备的防静电袋里。

对于炸药的雕刻工作，米志军也深有感触："一直看老师傅怎样操作，觉得这个操作看着挺简单的，自己真正开始操作的时候就会想到实际的危险，真真切切地害怕。"

29年来，徐立平将自己所有的经验都融入到自己的操作细则当中，并且要求每一个人都严格地执行。而徐立平的这些经验不仅仅来自于自己29年的实际操作，还来自一位同年进厂的工友发生的事故。当时事故发生的现场，整个窗户整个工房都是面目全非的。

对于这场事故，徐立平回忆道："没想到会出这个问题，后边我们的改进都比较大，如果没有那个事故，可能我们目前还会碰到那类事故。"

好友的牺牲，让徐立平更加明确地认识到规范操作细则的必要。从那以后的每一个产品，徐立平都会亲自实验，确定火药的性能和燃速。

"我们所能够想到的，只是我们能想到的而已。那里头是不是还有别的一些风险呢？

制定各种安全细则，不停地查找这种隐患、危险源的目的就基于此，不能是我自己出了事故，再去吸取教训，那就为时晚矣。"在对事故、危险深入思考后，徐立平也形成了属于自己的一套降低安全隐患的思路。

为 3 米直径的大型火箭发动机所用的高能火药整形，只是徐立平迎接的挑战之一，还有更大的挑战在等待着他。

"我们目前所能接触的就是最危险的这种产品，就是咱们现在的这种宇航型号，神舟十一（逃逸塔）的生产。"

神舟系列载人飞船都有逃逸塔，这是为发生意外的时候帮助航天员逃生而准备的特别装置。这种逃逸塔虽然没有火箭 3 米大发动机的装药量大，但是燃烧速度惊人，一旦达到燃点，接近 2 吨的火药燃烧过程不到 0.6 秒。作为逃逸装备的推进火药，反应当然是越快越好，但是对于负责雕刻火药的徐立平和助手来说，这种火药的敏感度要远超以前的工作对象，一旦有事发生，在这样快的燃爆速度之下，在场的人没有任何逃脱的可能。

对于如此高风险的一项工作，徐立平也做好了充分的思想准备："会时刻提醒自己，这是一个危险的工作。对待这种危险工作的时候，我永远会把它当成第一次去干，这样才能保证它不出问题，千万不要超过自己的安全底线。"

这个安全底线在哪里呢？直观地看，安全底线的一切有形规定都在他的工作手册和操作规程里，但最深切的安全底线在徐立平的心里，这里装着他对这项特殊工作的担当，对自己事业的责任感，还有时刻要求自己万无一失的精湛匠艺。对徐立平而言，安全底线是不可触碰的高压线，为了自己更为了他的工友和工厂。

王进[4]

而王进的安全底线就在高压线上，两脚踩在高压线上，身体如蜘蛛一般悬在高压线上，更令人惊心之处在于那是 1000 千伏的特高压线。内蒙古锡林郭勒盟至山东的 1000 千伏特高压交流输变电工程，在 2016 年竣工、验收和运行，标志着中国拥有了目前世界上覆盖面积最广，电压最高的在用特高压电网工程。王进是山东电力集团带电作业组的组长，也是特高压输电线路山东段验收工作的主要负责人。

从地面到塔顶接近 60 层楼的高度，王进要借助于 886 根攀爬脚钉徒手攀爬上去。普通人仅仅站在地面上观看这个过程，都会心惊胆战，而王进必须克服自己的恐惧，调整好心态来完成这个工作。

特高压输电线路山东段验收工作收尾时正值盛夏，此时室外气温接近 40 摄氏度，手抓在铁塔上都会烫手，一旦踩空就会造成不可挽回的局面。恶劣的天气条件是高空作业的天敌，事故概率会明显增加。为了最大程度地保证作业组人员的生命安全，王进把组员留在地面上，独自攀高作业。

王进是国家电网最优秀的检修工人之一，此前，他已爬过两千多个高压铁塔，但是面对 1000 千伏特高压线路，各种严峻的新挑战也让他悚然心惊。

铁塔的高度是非常高的，500 千伏输电线高度最高的也就 70 米左右，现在最高直接到了 138 米，对工作人员的体力来说是一个极限的挑战。

铁塔之间的导线验收，是整个工作的重中之重，这条线路如果在正常通电过程中发生断路，那整个山东会瞬间失去四分之一的供电，由此造成的大量事故和巨额损失是难以想象的。王进在空中的高难度动作少有人比，晃动的导线上，通常，作业工要坐在导线上，一只手抓住导线，另一只手工作，才能保持全身稳定。而王进却能够双手脱离导线稳定工作，这实属顶尖高手。

王进的绝活还不止于此，线路带电运行中导线会发出电晕的声音，而王进仅仅凭耳朵听，通过声音的大小就能判断出不超过 2 毫米的微小铝线哪里有损伤，以及损伤的程度，这个绝活在整个国家电网系统中也少有人比。此时他身上的全部装备是一根保险锁，加上极限化的胆量、意志、体能、耐性、责任心和本行业的技术操作本领。

在验收的同时，王进还有一件大事要兼顾，制定安全进入特高压电场进行带电作业的预案。1000 千伏特高压放电实验正在进行，两个特斯拉电圈在感应测试，数据表明几米之外的人会在瞬间被特高压感应形成的电弧烧为灰烬，而这样的挑战非王进莫属，因为中国 660 千伏超高压电网带电检修方案是王进和他的团队创造的。如果没有这样的科学预案，便没有人敢在特高压环境下带电作业。在此之前，国家电网带电作业的最高压电网是 500 千伏，660 千伏难度不仅从未有过，而且没有任何经验可循。

对于这样一项工作，王进表示，在送电之前将近一年的时间，他和他的团队就已开始全方位地研究它，全方位地去创新。

王进和他的团队只能一点一点地去摸索，无数次的试验之后，王进选择了秋千法，秋千法带电检修可行性最高，但是对带电检修的工人挑战也最大，一旦防护不到位，就可能被强电流击中，后果不堪设想。

对于王进团队的工作预案，王进的同事说道："非常担心，我们在地面上同他们一样紧张，像那样进行带电作业的人员，每一次都是对生死的考量。"

对此，王进则是已经做好了准备："再危险的工作，也得有人去干。"

以铁塔为支点，身着屏蔽服的王进坐在兜篮里，像荡秋千一样被绳缆吊着，划过 90

度的圆弧之后，逐步带电。从没电荡的过程中，通过电位转移棒，瞬间让操作人员身上带上了 660 千伏的电，荡到带电的导线上，在几百千伏的超高压电线上行走，让几百千伏的电压从屏蔽服上流过。

"当我们穿着屏蔽服站在导线上，它会造成导线本身电场或者说磁场的畸变，它也不是原来的圆形，而是会发出一种更大的放电声，就在我们耳边，对人本身心理也是一种考验。"王进这样描述了作业过程中自己的切身感受。

艰苦的试验和训练换来的是实战的顺利过关，新的秋千法将 660 千伏超高压带电检修的风险降到了最低，最大限度地保障了检修工人的安全。王进和团队也因此获得了国家科技进步二等奖。但 1000 千伏特高压的带电环境，使得原来的可靠数据和可控方法都难以应对了。相对于 660 千伏来说，它电压等级更高，它的要求更严，难度成几何倍数增长。

经过反复的训练和调整，王进和他的工友们对之前创新的秋千法再次予以改进提高。

而在此之前，王进的家人还不清楚王进从事的工作内容。在进入 1000 千伏特高压电场前，王进也决定将事实告诉家人。"之前家里对我的工作是一无所知的，他们认为我只是去管仓库而已。他们是不知道的，所以我会考虑很多，我儿子我父母等一些事情，万一我真的下不来会怎样之类的。"

2016 年 7 月 31 号，随着国家电网总部一声令下，1000 千伏特高压电网正式通电，电闸合上的瞬间也意味着王进即将第一次进入 1000 千伏特高压电场带电作业。与以往带电作业不同的是，如今王进的家人已经知道并理解了他的工作。

对于自己的工作，王进这样衡量它的价值："孩子的心目中他不会觉得你危险，而是觉得你很了不起，是个英雄。我不会觉得我是英雄，因为我本身我只是个工人，一个带电作业工人，就是能够保障可靠用电，让所有老百姓每时每刻都可以用到电，这就是我们最终的一个责任吧。"

工匠的工作貌似平常无奇，但是这些工作中都积淀着经年累月淬炼而成的珍重技艺，承担着身家性命和社会民生的重大责任，饱含着常人不易承受的坚忍辛劳，甚至还涉及耗体陨身的危险。事实上相当多的工匠岗位是以一身犯险而保大业安全，以一人之力而系万民康乐。

注释

1. 选自央视新闻频道专题片《大国工匠》。

2. 彭祥华：男，籍贯重庆铜梁，1969 年 6 月出生，中铁二局二公司兴泉铁路项目部副经理、高级工。2017 年，彭祥华获得了中华全国铁路总工会"火车头奖章"和中国中铁"十大专家型工人"的美誉。

3. 徐立平：男，汉族，1968 年 10 月生于江苏溧阳，中国航天科技集团公司第四研究院 7416 厂航天发动机固体燃料药面整形组组长，国家高级技师、航天特级技师。因其精湛技艺、敬业态度和奉献精神而被赞誉为"雕刻火药的大国工匠"。

4. 王进：男，汉族，1979 年 4 月生，中共党员，国家电网山东省电力公司检修公司输电检修中心带电班副班长。

思考探究

1. 解说词是电视专题片中声音形象的首要因素，是对画面表现内容的必要补充和说明，是一种视听同步的特殊文体。请结合文章，分析解说词的叙事功能。

2. 《大国工匠》讲述的是普通技术工人的故事，抒发的是劳动者的朴素情怀，"工匠精神"始终根植在中国人骨子里。"讲好中国故事，传播好中国声音"，请你为本文的三位主人公写一段 200 字左右的人物介绍。

都江堰[1]

余秋雨

余秋雨

文学常识

余秋雨，1946 年 8 月 23 日出生于浙江省余姚县桥头镇（今属浙江省慈溪市），中国当代作家、学者，曾任上海戏剧学院院长。出版论著《戏剧理论史稿》《艺术创造工程》《戏剧审美心理学》，散文集《文化苦旅》《山居笔记》《千年一叹》《千禧之旅》《何谓文化》，长篇小说《冰河》《空岛》。

—

我以为，中国历史上最激动人心的工程不是长城，而是都江堰。

长城当然也非常伟大，不管孟姜女们如何痛哭流涕，站远了看，这个苦难的民族竟用人力在野山荒漠间修了一条万里屏障，为我们生存的星球留下了一种人类意志力的骄傲。长城到了八达岭一带已经没有什么味道，而在甘肃、陕西、山西、内蒙一带，劲厉的寒风在时断时续的颓壁残垣间呼啸，淡淡的夕照、荒凉的旷野溶成一气，让人全身心地投入对历史、对岁月、对民族的巨大惊悸，感觉就深厚得多了。

但是，就在秦始皇下令修长城的数十年前，四川平原上已经完成了一个了不起的工程。它的规模从表面上看远不如长城宏大，却注定要稳稳当当地造福千年。如果说，长城占据了辽阔的空间，那么，它却实实在在地占据了邈远的时间。长城的社会功用早已废弛，而它还在为无数民众输送汩汩清流。有了它，旱涝无常的四川平原成了天府之国，每当我们民族有了重大灾难，天府之国总是沉着地提供庇护和濡养。因此，可以毫不夸张地说，它永久性地灌溉了中华民族。有了它，才有诸葛亮、刘备的雄才大略，才有李白、杜甫、陆游的川行华章。说得近一点，有了它，抗日战争中的中国才有一个比较安定的后方。

它的水流不像万里长城那样突兀在外，而是细细浸润、节节延伸，延伸的距离并不比长城短。长城的文明是一种僵硬的雕塑，它的文明是一种灵动的生活。长城摆出一副老资格等待人们的修缮，它却卑处一隅，像一位绝不炫耀、毫无所求的乡间母亲，只知贡献。一查履历，长城还只是它的后辈。

它，就是都江堰。

二

我去都江堰之前，以为它只是一个水利工程罢了，不会有太大的游观价值。连葛洲坝都看过了，它还能怎么样？只是要去青城山玩，得路过灌县县城，它就在近旁，就乘便看一眼吧。因此，在灌县下车，心绪懒懒的，脚步散散的，在街上胡逛，一心只想看青城山。

七转八弯，从简朴的街市走进了一个草木茂盛的所在。脸面渐觉滋润，眼前愈显清朗，也没有谁指路，只向更滋润、更清朗的去处走。忽然，天地间开始有些异常，一种隐隐然的骚动，一种还不太响却一定是非常响的声音，充斥周际。如地震前兆，如海啸将临，如山崩即至，浑身起一种莫名的紧张，又紧张得急于趋附。不知是自己走去的还是被它吸去的，终于陡然一惊，我已站在伏龙观前，眼前，急流浩荡，大地震颤。

即便是站在海边礁石上，也没有像这里强烈地领受到水的魅力。海水是雍容大度的聚会，聚会得太多太深，茫茫一片，让人忘记它是切切实实的水，可掬可捧的水。这里的水却不同，要说多也不算太多，但股股叠叠都精神焕发，合在一起比赛着飞奔的力量，踊跃着喧嚣的生命。这种比赛又极有规矩，奔着奔着，遇到江心的分水堤，刷地一下裁割为二，直窜出去，两股水分别撞到了一道坚坝，立即乖乖地转身改向，再在另一道坚坝上撞一下，于是又根据筑坝者的指令来一番调整……也许水流对自己的驯顺有点恼怒了，突然撒起野来，猛地翻卷咆哮，但越是这样越是显现出一种更壮丽的驯顺。已经咆哮到让人心魄俱夺，也没有一滴水溅错了方位。阴气森森间，延续着一场千年的收伏战。水在这里吃够了苦头也出足了风头，就像一场千年的收伏战。就像一大拨翻越各种障碍的马拉松健儿，把最强悍的生命付之于规整，付之于企盼，付之于众目睽睽。看云看雾看日出各有胜地，要看水，万不可忘了都江堰。

三

这一切，首先要归功于遥远得看不出面影的李冰。

四川有幸，公元前251年出现过一项毫不惹人注目的任命：李冰任蜀郡守。

此后中国千年官场的惯例，是把一批批有所执持的学者遴选为无所专攻的官僚，而李冰，却因官位而成了一名实践科学家。这里明显地出现了两种判然不同的政治走向，在李冰看来，政治的含义是浚理，是消灾，是滋润，是濡养，它要实施的事儿，既具体又质朴。他领受了一个连孩童都能领悟的简单道理：既然四川最大的困扰是旱涝，那么四川的统治者必须成为水利学家。

前不久我曾接到一位极有作为的市长的名片，上面的头衔只印了"土木工程师"，我立即追想到了李冰。

没有证据可以说明李冰的政治才能，但因有过他，中国也就有过了一种冰清玉洁的政治纲领。

他是郡守，手握一把长锸[2]，站在滔滔的江边，完成了一个"守"字的原始造型。那把长锸，千年来始终与金杖玉玺、铁戟钢锤反复辩论。他失败了，终究又胜利了。

他开始叫人绘制水系图谱。这图谱，可与裁军数据、登月线路遥相呼应。

他当然没有在哪里学过水利。但是，以使命为学校，死钻几载，他总结出治水三字经"深淘滩，低作堰"、八字真言"遇湾截角，逢正抽心"，直到20世纪仍是水利工程的圭臬[3]。他的这点学问，永远水气淋漓，而后于他不知多少年的厚厚典籍，却早已风干，松脆得无法翻阅。

他没有料到，他治水的韬略很快被替代成治人的计谋；他没有料到，他想灌溉的沃土将会时时成为战场，沃土上的稻谷将有大半充作军粮。他只知道，这个人要想不灭绝，就必须要有清泉和米粮。

他大愚，又大智。他大拙，又大巧。他以田间老农的思维，进入了最澄彻的人类学的思考。

他未曾留下什么生平资料，只留下硬扎扎的水坝一座，让人们去猜详。人们到这儿一次次纳闷：这是谁呢？死于两千年前，却明明还在指挥水流。站在江心的岗亭前，"你走这边，他走那边"的吆喝声、劝诫声、慰抚声声声入耳。没有一个人能活得这样长寿。

秦始皇筑长城的指令，雄壮、蛮吓、残忍；他筑堰的指令，智慧、仁慈、透明。

有什么样的起点就会有什么样的延续。长城半是壮胆半是排场，世世代代，大体是这样。直到今天，长城还常常成为排场。都江堰一开始就清朗可鉴，结果，它的历史也总显出超乎寻常的格调。李冰在世时已考虑事业的承续，命令自己的儿子作3个石人，镇于江间，测量水位。李冰逝世400年后，也许3个石人已经损缺，汉代水官重造高及3米的"三神石人"测量水位。这"三神石人"其中一尊即是李冰雕像。这位汉代水官一定是承接了李冰的伟大精魂，竟敢于把自己尊敬的祖师，放在江中镇水测量。他懂得李冰的心意，唯有那里才是他最合适的岗位。这个设计竟然没有遭到反对而顺利实施，只能说都江堰为自己流泻出了一个独特的精神世界。

石像终于被岁月的淤泥掩埋，本世纪 70 年代出土时，有一尊石像头部已经残缺，手上还紧握着长锸。有人说，这是李冰的儿子。即使不是，我仍然把他看成是李冰的儿子。一位现代作家见到这尊塑像怦然心动，"没淤泥而蔼然含笑，断颈项而长锸在握"，作家由此而向现代官场衮衮诸公⁴诘问：活着或死了应站在哪里？出土的石像现正在伏龙观里展览。人们在轰鸣如雷的水声中向他们默默祭奠。在这里，我突然产生了对中国历史的某种乐观。只要都江堰不坍，李冰的精魂就不会消散，李冰的儿子会代代繁衍。轰鸣的江水便是至圣至善的遗言。

四

继续往前走，看到了一条横江索桥。桥很高，桥索由麻绳、竹篾编成。跨上去，桥身就猛烈摆动，越犹豫进退，摆动就越大。在这样高的地方偷看桥下会神志慌乱，但这是索桥，到处漏空，由不得你不看。一看之下，先是惊叹。脚下的江流，从那么遥远的地方奔来，一派义无反顾的决绝势头，挟着寒风，吐着白沫，凌厉锐进。我站得这么高还感觉到了它的砭肤冷气，估计它是从雪山赶来的罢。但是，再看桥的另一边，它硬是化作许多亮闪闪的河渠，改恶从善。人对自然力的驯服，干得多么爽利。如果人类干什么事都这么爽利，地球早已是另一副模样。

但是，人类总是缺乏自信，进进退退，走走停停，不断自我耗损，又不断地为耗损而再耗损。结果，仅仅多了一点自信的李冰，倒成了人们心中的神。离索桥东端不远的玉垒山麓，建有一座二王庙，祭祀李冰父子。人们在虔诚膜拜，膜拜自己同类中更像一点人的人。钟鼓钹磬⁵，朝朝暮暮，重一声，轻一声，伴和着江涛轰鸣。

李冰这样的人，是应该找个安静的地方好好纪念一下的，造个二王庙，也合民众心意。

实实在在为民造福的人升格为神，神的世界也就会变得通情达理、平适可亲。中国宗教颇多世俗气息，因此，世俗人情也会染上宗教式的光斑。一来二去，都江堰倒成了连接两界的桥墩。

我到边远地区看傩戏⁶，对许多内容不感兴趣，特别使我愉快的是，傩戏中的水神河伯，换成了灌县李冰。傩戏中的水神李冰比二王庙中的李冰活跃得多，民众围着他狂舞呐喊，祈求有无数个都江堰带来全国的风调雨顺，水土滋润。傩戏本来都以神话开头的，有了一个李冰，神话走向实际，幽深的精神天国，一下子贴近了大地，贴近了苍生。

注释

1. 本文选自《文化苦旅》，长江文艺出版社，2019 年版。

2. 锸（chā）：一种挖土的工具，即现今的锹。

3. 圭臬（guī niè）：原指圭表（臬就是测日影的表），这里喻指准则或法度。

4. 衮衮（gǔn）诸公：指占据高位而无所作为的官僚。

5. 钹（bó）：打击乐器，用两个圆铜片相互拍打发声。磬（qìng）：古代乐器，用石或玉雕成，悬挂于架上，击之而鸣。

6. 傩（nuó）戏：驱鬼逐疫的传统民间戏剧。

思考探究

1. 文章中有多处都使用了对比的手法，找出几组对比的例子，并分析其效果。

2. 在文中找出描写都江堰的句子，阐述都江堰的文化内涵。

3. 阅读第三部分，概括李冰的精魂是什么。

本单元语文综合实践活动

习近平总书记在2020年召开的全国劳动模范和先进工作者表彰大会上将工匠精神概括为"执着专注、精益求精、一丝不苟、追求卓越"。这种精神不仅是对产品精雕细琢的追求，更是对人生价值的深刻诠释。它鼓励我们在平凡中追求卓越，在细微处见真章。让我们走近这些劳动者，一起聆听他们内心的声音，感受那份对工作的热爱与执着。

一、介绍大国工匠

大国工匠，不仅是技艺的传承者，更是创新的推动者。他们用一双巧手和一颗匠心，将古老的技艺与现代科技相结合，创造出无数令人惊叹的奇迹。他们的每一次突破，都为国家的发展注入了新的活力。他们是国家的骄傲，是民族的瑰宝。

小组合作，查找资料了解至少八位大国工匠的事迹并填下表，选取其中一位向大家详细介绍。

大国工匠事迹概况

序号	姓名	身份	主要事迹
1	常晓飞	中国航天科工集团二院283厂数控铣工、高级技师	用极细的0.05毫米刻刀刀头，在直径0.15毫米的金属丝上雕刻
2			
3			
4			
5			
6			
7			
8			
9			

二、寻找最美劳动者

劳动是幸福的源泉，是生活的基础，我们身边有很多默默无闻，却用辛勤的汗水为国家繁荣和社会进步绘制着宏伟蓝图的劳动者们。请你照片或视频的方式记录他们的身影，并进行展示，讲一讲他们平凡又不平凡的故事。

三、访谈录写作

寻访学校或家乡的劳模，深入了解他们的成长经历、工作理念、奋斗历程以及对社会或学校的贡献，展现他们的精神风貌和时代价值。

（一）访谈对象

选择一位具有广泛影响力和较高认可度的劳模作为访谈对象。他们可以是长期在教学、科研、管理或服务等领域做出突出贡献的教职工，也可以是在社区建设、公益事业等方面有显著成就的家乡人士。

（二）访谈准备

资料收集：事先了解访谈对象的基本信息、主要成就、工作经历等，为访谈做好充分准备。

制定访谈提纲：根据访谈目的，设计访谈问题，包括成长经历、工作理念、遇到的挑战与困难、解决方法、对未来的展望等。

沟通安排：提前与访谈对象沟通访谈时间、地点等细节，确保访谈顺利进行。

（三）进行访谈

保持礼貌和尊重：对待访谈对象要有礼貌，尊重他们的观点和经历。

积极互动：鼓励访谈对象分享更多的信息，可以通过提问引导他们深入讨论。

记录关键信息：在访谈过程中，要详细记录关键信息和对话内容，可以使用录音或笔记的方式。

（四）访谈后期

整理资料：将访谈资料进行整理，提取关键信息和亮点。

编写访谈录：根据访谈内容，编写一篇访谈录，突出劳模的精神风貌和时代价值。

第二单元
厚植家国情怀

本单元序

　　《孟子》云："天下之本在国，国之本在家，家之本在身。"家是国的基础，国是家的延伸。在中国人的精神谱系里，国家与家庭、社会与个人，都是密不可分的整体，个人命运与国家荣辱、民族兴衰一体相连。

　　家是生命最初的摇篮，也是灵魂的栖息地。家国情怀的逻辑起点在于家风的涵养、家教的养成。以正心诚意、修身齐家为基础，以治国平天下为旨归，把远大理想与个人抱负、家国情怀与人生追求熔融合一，是古人的宏愿，亦是今人传承家风和家教的本分。

　　"知责任者，大丈夫之始也；行责任者，大丈夫之终也。"责任和担当，乃是家国情怀的精髓所在。"先天下之忧而忧，后天下之乐而乐""位卑未敢忘忧国，事定犹须待阖棺"，中国文人总是从孝亲敬老、兴家乐业的义务走向济世救民、匡扶天下的担当。只有更好地平衡小家与国家的关系，将深厚的家庭情感融入对他人的关爱与对国家的担当之中，我们的人生才能达到真正的圆满与充实。

　　学习本单元，你将跟随作者的脚步，见证一个个动人心魄的家国故事。《告诸子及弟侄》告诫后辈要勤勉学习，修身齐家，字里行间流露出对家族兴旺与国家未来的殷切期望，是家国情怀在个人层面的细腻体现。《听听那冷雨》借雨声寄托了对故乡、对祖国深深的思念之情，展现了海外游子心中那份割舍不断的家国纽带。《哀郢》是对楚国郢都沦陷的悲痛哀悼，以及对故都的深切怀念和对楚国命运的忧虑。《桃花扇·余韵》通过剧中人物的悲欢离合，反映了明末清初的社会变迁，以及对故国之思的深切怀念，展现了文人士大夫在家国动荡中的无奈与坚守，透露出深沉的历史感与家国情怀。

告诸子及弟侄¹

范仲淹

文学常识

范仲淹（989—1052），字希文，苏州吴县（今江苏苏州吴中区）人，谥号"文正"，世称范文正公。北宋时期杰出的政治家、文学家。范仲淹在地方治政、守边皆有成绩。他倡导的"先天下之忧而忧，后天下之乐而乐"思想和仁人志士节操，对后世影响深远，有《范文正公文集》传世。

吾贫时，与汝母养吾亲，汝母躬执爨²而吾亲甘旨，未尝充也。今得厚禄，欲以养亲，亲不在矣。汝母已早世，吾所最恨者，忍令若曹享富贵之乐也。

吴中宗族³甚众，于吾固有亲疏，然以吾祖宗视之，则均是子孙，固无亲疏也，尚祖宗之意无亲疏，则饥寒者吾安得不恤也。自祖宗来积德百余年，而始发于吾，得至大官，若享富贵而不恤宗族，异日何以见祖宗于地下，今何颜以入家庙乎？

京师交游，慎于高论，不同当言责之地。且温习文字，清心洁行，以自树立平生之称。当见大节，不必窃论曲直，取小名招大悔矣。

京师少往还，凡见利处，便须思患。老夫屡经风波，惟能忍穷，帮得免祸。

大参⁴到任，必受知也。为勤学奉公，勿忧前路。慎勿作书求人荐拔，但自充实为妙。

将就大对⁵，诚吾道之风采，宜谦下兢畏⁶，以副士望。

青春何苦多病，岂不以摄生⁷为意耶？门⁸才起立，宗族未受赐，有文学称，亦未为国家所用，岂肯循⁹常人之情，轻其身汩¹⁰其志哉！

贤弟请宽心将息，虽清贫，但身安为重。家间苦淡，士之常也，省去冗口可矣。请多着功夫看道书，见寿而康者，问其所以，则有所得矣。

汝守官处小心不得欺事，与同官和睦多礼，有事只与同官议，莫与公人¹¹商量，莫纵乡亲来部下兴贩¹²，自家且一向清心做官，莫营私利。当看老叔自来如何，还曾营私否？自家好，家门各为好事，以光祖宗。

注释

1. 选自《范仲淹全集》，中华书局 2020 年版。
2. 爨（cuàn）：烧火煮饭。
3. 吴中宗族：范仲淹的同族子弟。
4. 大参：作者子弟中某人的名字。
5. 大对：这里指殿试。
6. 兢畏：敬慎。
7. 摄生：保养身体。
8. 门：指门庭。
9. 循：沿。此指"等同"。
10. 汩（gǔ）：乱，扰乱。
11. 公人：指衙门里的差役。
12. 兴贩：经商，贩卖。

思考探究

1. 在这篇家书中，范仲淹从哪几个方面告诫他的后人？具体有什么要求？请概括一下。

2. 在《岳阳楼记》中，范仲淹追求古仁人之心，先天下之忧而忧，后天下之乐而乐。在这篇写给亲人的信中，他又提到"惟有忍穷，固得免祸"，要侄子保重身体。请查阅相关资料，说一说范仲淹是一个怎样的人。

听听那冷雨[1]

余光中

文学常识

余光中（1928—2017），福建永春人，生于南京。早年在金陵大学、厦门大学读书，1952 年毕业于台湾大学外文系。1958 年赴美留学。此后，余光中一生从事诗歌、散文、评论、翻译，自称为自己写作的"四度空间"。其代表作有诗集《舟子的悲歌》《白玉苦瓜》等，散文集《左手的缪斯》《逍遥游》等，评论集《掌上雨》等。

惊蛰一过，春寒加剧。先是料料峭峭，继而雨季开始，时而淋淋漓漓，时而淅淅沥沥，天潮潮地湿湿，即连在梦里，也似乎把伞撑着。而就凭一把伞，躲过一阵潇潇的冷雨，也躲不过整个雨季。连思想也都是潮润润的。每天回家，曲折穿过金门街到厦门街迷宫式的长巷短巷，雨里风里，走入霏霏令人更想入非非。想这样子的台北凄凄切切完全是黑白片的味道，想整个中国整部中国的历史无非是一张黑白片子，片头到片尾，一直是这样下着雨的。这种感觉，不知道是不是从安东尼奥尼那里来的。不过那一块土地是久违了，二十五年，四分之一的世纪，即使有雨，也隔着千山万山，千伞万伞。二十五年，一切都断了，只有气候，只有气象报告还牵连在一起，大寒流从那块土地上弥天卷来，这种酷冷吾与古大陆分担。不能扑进她怀里，被她的裙边扫一扫也算是安慰孺慕之情。

这样想时，严寒里竟有一点温暖的感觉了。这样想时，他希望这些狭长的巷子永远延伸下去，他的思路也可以延伸下去，不是金门街到厦门街，而是金门到厦门。他是厦门人，至少是广义的厦门人，二十年来，不住在厦门，住在厦门街，算是嘲弄吧，也算是安慰。不过说到广义，他同样也是广义的江南人，常州人，南京人，川娃儿，五陵少年。杏花春雨江南，那是他的少年时代了。再过半个月就是清明。安东尼奥尼的镜头摇过去，摇过去又摇过来。残山剩水犹如是。皇天后土犹如是。纭纭黔首、纷纷黎民从北到南犹如是。那里面是中国吗？那里面当然还是中国永远是中国。只是杏花春雨已不再，牧童遥指已不再，剑门细雨渭城轻尘也都已不再。然则他日思夜梦的那片土地，究竟在哪里呢。

在报纸的头条标题里吗？还是香港的谣言里？还是傅聪的黑键白键马思聪的跳弓拨弦？还是安东尼奥尼的镜底勒马洲的望中？还是呢，故宫博物院的壁头和玻璃柜内，京戏的锣鼓声中太白和东坡的韵里？

杏花，春雨，江南。六个方块字，或许那片土就在那里面。而无论赤县也好神州也好中国也好，变来变去，只要仓颉的灵感不灭，美丽的中文不老，那形象，那磁石一般的向心力当必然长在。因为一个方块字是一个天地。太初有字，于是汉族的心灵他祖先的回忆和希望便有了寄托。譬如凭空写一个"雨"字，点点滴滴，滂滂沱沱，淅淅沥沥，一切云情雨意，就宛然其中了。视觉上的这种美感，岂是什么 rain 也好 pluie 也好所能满足？翻开一部《辞源》或《辞海》，金木水火土，各成世界，而一入"雨"部，古神州的天颜千变万化，便悉在望中，美丽的霜雪云霞，骇人的雷电霹雹，展露的无非是神的好脾气与坏脾气，气象台百读不厌门外汉百思不解的百科全书。

听听，那冷雨。看看，那冷雨。嗅嗅闻闻，那冷雨，舔舔吧，那冷雨。雨在他的伞上这城市百万人的伞上雨衣上屋上天线上，雨下在基隆港在防波堤海峡的船上，清明这季雨。雨是女性，应该最富于感性。雨气空而迷幻，细细嗅嗅，清清爽爽新新，有一点点薄荷的香味，浓的时候，竟发出草和树林之后特有的淡淡的土腥气，也许那竟是蚯蚓的蜗牛的腥气吧，毕竟是惊蛰了啊。也许地上的地下的生命也许古中国层层叠叠的记忆皆蠢蠢而蠕，也许是植物的潜意识和梦紧，那腥气。

第三次去美国，在高高的丹佛他山居住了两年。美国的西部，多山多沙漠，千里干旱，天，蓝似安格罗萨克逊人的眼睛，地，红如印第安人的肌肤，云，却是罕见的白鸟，落基山簇簇耀目的雪峰上，很少飘云牵雾。一来高，二来干，三来森林线以上，杉柏也止步，中国诗词里"荡胸生层云"，或是"商略黄昏雨"的意趣，是落基山上难睹的景象。落基山岭之胜，在石，在雪。那些奇岩怪石，相叠互倚，砌一场惊心动魄的雕塑展览，给太阳和千里的风看。那雪，白得虚虚幻幻，冷得清清醒醒，那股皑皑不绝一仰难尽的气势，压得人呼吸困难，心寒眸酸。不过要领略"白云回望合，青霭入看无"的境界，仍须来中国。台湾湿度很高，最饶云气氤氲雨意迷离的情调。两度夜宿溪头，树香沁鼻，宵寒袭肘，枕着润碧湿翠苍苍交叠的山影和万缀都歇的俱寂，仙人一样睡去。山中一夜饱雨，次晨醒来，在旭日未升的原始幽静中，冲着隔夜的寒气，踏着满地的断柯折枝和仍在流泻的细股雨水，一径探入森林的秘密，曲曲弯弯，步上山去。溪头的山，树密雾浓，蓊郁的水气从谷底冉冉升起，时稠时稀，蒸腾多姿，幻化无定，只能从雾破云开的空处，窥见乍现即隐的一峰半壑，要纵览全貌，几乎是不可能的。至少上山两次，只能在白茫茫里和溪头诸峰玩捉迷藏的游戏。回到台北，世人问起，除了笑而不答心自闲，故作神秘之外，实际的印象，也无非山在虚无之间罢了。云绕烟绕，山隐水迢的中国风景，由来予人宋画的韵味。那天下也许是赵家的天下，那山水却是米家的山水。而究竟，是米氏父子下笔像中国的山水，还是中国的山水上纸像宋画，恐怕是谁也说不清楚了吧？

雨不但可嗅，可亲，更可以听。听听那冷雨。听雨，只要不是石破天惊的台风暴雨，在听觉上总是一种美感。大陆上的秋天，无论是疏雨滴梧桐，或是骤雨打荷叶，听去总有一点凄凉，凄清，凄楚，于今在岛上回味，则在凄楚之外，再笼上一层凄迷了，饶你多少豪情侠气，怕也经不起三番五次的风吹雨打。一打少年听雨，红烛昏沉。再打中年听雨，客舟中，江阔云低。三打白头听雨的僧庐下，这更是亡宋之痛，一颗敏感心灵的一生：楼上，江上，庙里，用冷冷的雨珠子串成。十年前，他曾在一场摧心折骨的鬼雨中迷失了自己。雨，该是一滴湿漓漓的灵魂，窗外在喊谁。

雨打在树上和瓦上，韵律都清脆可听。尤其是铿铿敲在屋瓦上，那古老的音乐，属于中国。王禹偁的黄冈，破如椽的大竹为屋瓦。据说住在竹楼上面，急雨声如瀑布，密雪声比碎玉，而无论鼓琴，咏诗，下棋，投壶，共鸣的效果都特别好。这样岂不像住在竹筒里面，任何细脆的声响，怕都会加倍夸大，反而令人耳朵过敏吧。

雨天的屋瓦，浮漾湿湿的流光，灰而温柔，迎光则微明，背光则幽黯，对于视觉，是一种低沉的安慰。至于雨敲在鳞鳞千瓣的瓦上，由远而近，轻轻重重轻轻，夹着一股股的细流沿瓦槽与屋檐潺潺泻下，各种敲击音与滑音密织成网，谁的千指百指在按摩耳轮。"下雨了"，温柔的灰美人来了，她冰冰的纤手在屋顶拂弄着无数的黑键啊灰键，把响午一下子奏成了黄昏。

在古老的大陆上，千屋万户是如此。二十多年前，初来这岛上，日式的瓦屋亦是如此。先是天黯了下来，城市像罩在一块巨幅的毛玻璃里，阴影在户内延长复加深。然后凉凉的水意弥漫在空间，风自每一个角落里旋起，感觉得到，每一个屋顶上呼吸沉重都覆着灰云。雨来了，最轻的敲打乐敲打这城市。苍茫的屋顶，远远近近，一张张敲过去，古老的琴，那细细密密的节奏，单调里自有一种柔婉与亲切，滴滴点点滴滴，似幻似真，若孩时在摇篮里，一曲耳熟的童谣摇摇欲睡，母亲吟哦鼻音与喉音。或是在江南的泽国水乡，一大筐绿油油的桑叶被啃于千百头蚕，细细琐琐屑屑，口器与口器咀咀嚼嚼。雨来了，雨来的时候瓦这么说，一片瓦说千亿片瓦说，说轻轻地奏吧沉沉地弹，徐徐地叩吧挞挞地打，间间歇歇敲一个雨季，即兴演奏从惊蛰到清明，在零落的坟上冷冷奏挽歌，一片瓦吟千亿片瓦吟。

在旧式的古屋里听雨，听四月，霏霏不绝的黄梅雨，朝夕不断，旬月绵延，湿黏黏的苔藓从石阶下一直侵到他舌底，心底。到七月，听台风台雨在古屋顶上一夜盲奏，千层海底的热浪沸沸被狂风挟狭，掀翻整个太平洋只为向他的矮屋檐重重压下，整个海在他的蜗壳上哗哗泻过。不然便是雷雨夜，白烟一般的纱帐里听羯鼓一通又一通，滔天的暴雨滂滂沛沛扑来，强劲的电琵琶忐忐忑忑忐忐忑忑，弹动屋瓦的惊悸腾腾欲掀起。不然便是斜斜的西北雨斜斜刷在窗玻璃上，鞭在墙上打在阔大的芭蕉叶上，一阵寒潮泻过，秋意便弥漫旧式的庭院了。

在旧式的古屋里听雨，春雨绵绵听到秋雨潇潇，从少年听到中年，听听那冷雨。雨是一种单调而耐听的音乐是室内乐是室外乐，户内听听，户外听听，冷冷，那音乐。雨是一种回忆的音乐，听听那冷雨，回忆江南的雨下得满地是江湖下在桥上和船上，也下在四川在秧田和蛙塘，一下肥了嘉陵江下湿布谷咕咕的啼声，雨是潮潮润润的音乐下在渴望的唇上，舔舔那冷雨。

因为雨是最最原始的敲打乐从记忆的彼端敲起。瓦是最最低沉的乐器灰蒙蒙的温柔覆盖着听雨的人，瓦是音乐的雨伞撑起。但不久公寓的时代来临，台北你怎么一下子长高了，瓦的音乐竟成了绝响。千片万片的瓦翩翩，美丽的灰蝴蝶纷纷飞走，飞入历史的记忆。现在雨下下来下在水泥的屋顶和墙上，没有音韵的雨季。树也砍光了，那月桂，那枫树，柳树和擎天的巨椰，雨来的时候不再有丛叶嘈嘈切切，闪动湿湿的绿光迎接。鸟声减了啾啾，蛙声沉了咯咯，秋天的虫吟也减了唧唧。七十年代的台北不需要这些，一个乐队接一个乐队便遣散尽了。要听鸡叫，只有去诗经的韵里寻找。现在只剩下一张黑白片，黑白的默片。

正如马车的时代去后，三轮车的伕工也去了。曾经在雨夜，三轮车的油布篷挂起，送她回家的途中，篷里的世界小得多可爱，而且躲在警察的辖区以外，雨衣的口袋越大越好，盛得下他的一只手里握一只纤纤的手。台湾的雨季这么长，该有人发明一种宽宽的双人雨衣，一人分穿一只袖子，此外的部分就不必分得太苛。而无论工业如何发达，一时似乎还废不了雨伞。只要雨不倾盆，风不横吹，撑一把伞在雨中仍不失古典的韵味。任雨点敲在黑布伞或是透明的塑胶伞上，将骨柄一旋，雨珠向四方喷溅，伞缘便旋成了一圈飞檐。跟女友共一把雨伞，该是一种美丽的合作吧。最好是初恋，有点兴奋，更有点不好意思，若即若离之间，雨不妨下大一点。真正初恋，恐怕是兴奋得不需要伞的，手牵手在雨中狂奔而去，把年轻的长发和肌肤交给漫天的淋淋漓漓，然后向对方的唇上颊上尝凉凉甜甜的雨水。不过那要非常年轻且激情，同时，也只能发生在法国的新潮片里吧。

大多数的雨伞想不会为约会张开。上班下班，上学放学，菜市来回的途中。现实的伞，灰色的星期三。握着雨伞。他听那冷雨打在伞上。索性更冷一些就好了，他想。索性把湿湿的灰雨冻成干干爽爽的白雨，六角形的结晶体在无风的空中回回旋旋地降下来。等须眉和肩头白尽时，伸手一拂就落了。二十五年，没有受故乡白雨的祝福，或许发上下一点白霜是一种变相的自我补偿吧。一位英雄，经得起多少次雨季？他的额头是水成岩削成还是火成岩？他的心底究竟有多厚的苔藓？厦门街的雨巷走了二十年与记忆等长，一座无瓦的公寓在巷底等他，一盏灯在楼上的雨窗子里，等他回去，向晚餐后的沉思冥想去整理青苔深深的记忆。前尘隔海。古屋不再。听听那冷雨。

1974 年春分之夜

注释

1. 选自余光中散文集《听听那冷雨》，中国友谊出版公司 2022 年版。

思考探究

1. "雨"作为全文的中心意象，是作者重点描绘的对象，也是寄托情感的载体。请你结合散文具体内容，说一说作者是如何营造出"雨"的诗化意境的。

2. 散文是一种随性写作的自由文体，往往随物赋形，随意赋形，因而其结构也是不拘一格、千姿百态的。请你梳理文章的行文脉络，说一说作者是如何将流淌的意识串联起来，从而营造出立体的情感世界的。

3. 反复诵读，揣摩关键语句，结合作家生平经历与散文写作背景，谈一谈文章蕴含的深沉的乡愁之思以及对传统文化的孺慕之情。

哀郢[1]

屈 原

文学常识

屈原（约公元前340—公元前278），名平，字原，战国楚人，伟大诗人、"骚体"的创始者。屈原出身贵族，学识渊博，善于辞令。曾辅佐楚怀王，参预国政，任左徒、三闾大夫。对外主张联齐抗秦，对内倡导举贤授能、改革弊政、修明法度。但屡受保守势力排挤打击，后被楚怀王疏远，复遭楚顷襄王放逐，因而彷徨山泽，忧国忧君，以诗抒情，寄悲愤于吟咏。最终因国势日蹙，理想破灭，投汨罗江而死。其主要作品有《离骚》《九歌》《九章》《天问》等。其作品揭露了统治集团的腐朽污浊，强烈反映出他进步的政治理想、高尚的人格情操、热爱祖国的深挚感情和刚强不屈的斗争精神。其诗大量采用神话传说，构思奇特，想象丰富，感情浓烈，文辞华丽。

皇天[2]之不纯命兮，何百姓之震愆[3]。民离散而相失兮，方仲春[4]而东迁。去故乡[5]而就远兮，遵[6]江夏以流亡。出国门[7]而轸怀兮，甲之鼂[8]吾以行。发郢都而去闾[9]兮，怊[10]荒忽其焉极。楫[11]齐扬以容与兮，哀见君而不再得。望长楸[12]而太息兮，涕[13]淫淫其若霰。

过夏首[14]而西浮兮，顾[15]龙门而不见。心婵媛[16]而伤怀兮，眇[17]不知其所蹠。顺风波以从流兮，焉[18]洋洋而为客。凌[19]阳侯之泛滥兮，忽翱翔之焉薄[20]。心絓[21]结而不解兮，思蹇[22]产而不释。

将运舟[23]而下浮兮，上洞庭而下江[24]。去终古[25]之所居兮，今逍遥[26]而来东。羌[27]灵魂之欲归兮，何须臾[28]而忘反。背夏浦[29]而西思兮，哀故都之日远。登大坟[30]以远望兮，聊以舒吾忧心。哀州土[31]之平乐兮，悲江介[32]之遗风。

当[33]陵阳之焉至兮，淼[34]南渡之焉如。曾不知[35]夏之为丘兮，孰两东门之可芜[36]。心不怡[37]之长久兮，忧与愁其相接。惟[38]郢路之辽远兮，江与夏之不可涉。忽若去不信[39]兮，至今九年[40]而不复。惨郁郁[41]而不通兮，蹇[42]侘傺而含戚。

外[43]承欢之汋约兮，谌[44]荏弱而难持。忠湛湛[45]而愿进兮，妒被离[46]而鄣之。尧舜之抗行[47]兮，瞭杳杳[48]而薄天。众谗人之嫉妒兮，被[49]以不慈之伪名。憎愠惀[50]之修美兮，好夫人[51]之忼慨。众踥蹀[52]而日进兮，美[53]超远而逾迈。

乱^54曰：曼^55余目以流观兮，冀^56壹反之何时。鸟飞返故乡兮，狐死必首丘^57。信^58非吾罪而弃逐兮，何日夜而忘之！

注释

1. 选自《楚辞·九章》。郢（yǐng）：郢都，战国时期楚国都城，今湖北江陵。

2. 皇天：上天。纯：正，常。全句意思为，天命不常。

3. 震愆（qiān）：震恐获罪。愆，罪过。

4. 仲春：农历二月。东迁：郢都被攻破后，楚国军民被迫向东迁移至陈（今河南淮阳）。

5. 去：离。就远：到远方去。

6. 遵：循，沿。江夏：长江、夏水。夏水原在长江和汉水之间，因冬竭夏流而得名。"东迁"逃亡是由夏水入江水。后水流改道，旧床干涸。

7. 国门：指郢都之门。轸（zhěn）怀：内心痛苦。轸，痛。

8. 甲之鼂：甲日的早晨。古人以干（甲乙丙丁戊己庚辛壬癸）支（子丑寅卯辰巳午未申酉戌亥）记时，甲，即指含甲之日。鼂，古"朝（zhāo）"字。

9. 闾：里巷，指家乡旧居之地。

10. 怊（chāo）：悲伤，惆怅。荒忽：恍惚。焉极：何处是尽头。一说，怊，通"超"，远貌，荒忽，遥远无边的样子。

11. 楫（jí）：船桨。容与：缓慢难进貌。

12. 楸（qiū）：一种高大的落叶乔木。古人常以高大的树木为故国故乡的象征。太息：叹息。

13. 涕：泪。淫淫：眼泪汪汪貌。霰（xiàn）：小雪珠。

14. 夏首：指夏水流进长江的入口处。西浮：船随流水曲折而西行。

15. 顾：回头望。龙门：指郢都东门。

16. 婵媛：通"啴咺"，忧思不安貌。啴（tān），喘息。咺（xuǎn），哀泣不止貌。

17. 眇：通"渺"，沙茫。蹠（zhí）：通"跖"，脚踏。不知所蹠，不知走向何处之意。

18. 焉：于是。洋洋：漂泊不定貌。

19. 凌：乘。阳侯：指大波涛。传说古陵阳国之侯，溺水而亡，化为波涛之神。

20. 焉薄：止于何处。焉，于何。薄，迫近，止。

21. 絓（guà）结：焦虑郁结。

22. 蹇（jiǎn）产：纠结盘曲貌。释：解开。

23. 运舟：驾船。下浮：顺流而下。

24. 上洞庭而下江：向右入洞庭，向左进长江。古时往右称上，往左称下。

25. 终古：指宗族世代。

26. 逍遥：此处指漂泊不定貌。

27. 羌：发语词，楚地方言。

28. 须臾：片刻。反：通"返"。

29. 背夏浦：过了夏口。背，背向。夏浦，地名，又称夏汭、夏口，在今汉口地。西思：指思念夏浦西方的郢都。

30. 大坟：水边高地。

31. 州土：指所经之江汉楚地。平乐：土地宽广平坦，百姓安居乐业。

32. 江介：江边，江畔，指江汉楚地。遗风：指古代留传下来的淳朴民风。

33. 当：面对着。陵阳：古地名，一说在今安徽青阳县陵阳山附近，一说即今安徽宣城。

34. 淼（miǎo）：水茫茫貌。焉如：何往。

35. 曾不知：未曾料想。夏：通"厦"，高房大屋。丘：土丘、废墟。此处用大厦变士丘喻指国家遭兵火毁坏。

36. 孰两东门之可芜：怎么可以让两东门成为荒芜之地。

37. 怡：怡悦，快乐。

38. 惟：思。

39. 忽若去不信：忽然像这样被放逐，得不到信任。

40. 九年：当指流放时间。不复：不得回返。

41. 惨郁郁：愁苦抑郁貌。不通：指音信断绝。

42. 蹇：发语词，楚地方言。侘傺（chà chì）：失意貌。戚（qī）：伤心。

43. 外：表面。承欢：媚上以邀取欢心。沴（chuò）约：同"绰约"，容态柔美貌，此处指谄媚状。

44. 谌（chén）：实。荏（rěn）弱：怯懦，软弱。持，通"恃"。

45. 湛（zhàn）湛：朴实厚重貌。愿进：愿被进用。

46. 被离：同"披离"，众多纷乱貌。鄣：同"障"，阻隔。

47. 抗行：高尚的行为。抗，通"亢"，高。

48. 瞭杳杳：高远貌。瞭，通"辽"，远。薄天：近天，与天相接。

49. 被：通"披"，加上。不慈：无慈爱之心。尧舜禅让，传位贤人而不传给儿子，被谬称"不慈"。《庄子·盗跖》篇有"尧不慈，舜不孝"之言。

50. 愠愉（wěn lǔn）：诚信积于心而不巧于言。此指忠贤君子。

51. 夫人：那些小人。忼慨：即慷慨。此指小人善装腔作势、高谈阔论。

52. 蹀躞（qié dié）：小步行走貌。此指奔走钻营态。

53. 美：指贤人君子。超远：疏远。逾迈：越来越加大，越来越厉害。

54. 乱：本为乐曲最末一章，此指篇末结语。

55. 曼：引，展开。一说，远。流观：四方张望。

56. 冀：希望。壹反：有一个回返的机会。

57. 首丘：传说狐狸死亡时总要把头朝向穴居的山丘。

58. 信：确实。

◎ 思考探究

1. 《哀郢》在结构上表现出了很大的独创性，被视为《九章》中最为凄婉的一篇。请结合诗歌内容，从诗歌蕴含的情感线索入手，把握诗人屈原被迫离开郢都后的心路历程，体会诗人复杂而哀婉的感情。

2. 诗的题目是"哀郢"，行文却激烈抨击楚王迫害贤能，对此你有何感想？

3. 人格魅力指一个人的优良品德和独立特征，以及与众不同的风度和才能。李长之在《孔子与屈原》中说，"中国精神史上最伟大的纪念像，是中国人伦之极峰。孔子代表我们民族的精神，屈原代表我们民族的心灵"。请谈谈你对屈原人格魅力的理解。

桃花扇·余韵[1]

孔尚任

孔尚任（1648—1718），字聘之，又字季重，号东塘（堂），别号岸堂，自称云亭山人。山东曲阜人，孔子第64代孙，清初诗人、戏曲作家，世人将他与《长生殿》作者洪昇并论，称"南洪北孔"。《桃花扇》是一部表现亡国之痛的历史剧。作者将明末侯方域与秦淮艳姬李香君的悲欢离合同南明弘光朝的兴亡结合在一起，塑造了一系列栩栩如生的人物形象，悲剧的结局打破了才子佳人大团圆结局的传统模式，男女之情与国家兴亡都得到哲理性的升华。

【西江月】（净扮樵子挑担上）放目苍崖万丈，拂头红树千枝；云深猛虎出无时，也避人间弓矢。建业城啼夜鬼[2]，维扬井贮秋尸[3]；樵夫剩得命如丝，满肚南朝野史[4]。

在下苏昆生[5]，自从乙酉年同香君到山，一住三载，俺就不曾回家，往来牛首、栖霞[6]，采樵度日。谁想柳敬亭与俺同志[7]，买只小船，也在此捕鱼为业。且喜山深树老，江阔人稀，每日相逢，便把斧头敲着船头，浩浩落落[8]，尽俺歌唱，好不快活。今日柴担早歇，专等他来促膝闲谈，怎的还不见到？（歇担盹睡介）（丑扮渔翁摇船上）年年垂钓鬓如银，爱此江山胜富春[9]；歌舞丛中征战里，渔翁都是过来人。俺柳敬亭送侯朝宗修道之后，就在这龙潭江畔，捕鱼三载，把些兴亡旧事，付之风月闲谈。今值秋雨新晴，江光似练，正好寻苏昆生饮酒谈心。（指介）你看，他早已醉倒在地。待我上岸，唤他醒来。（作上岸介）（呼介）苏昆生。（净醒介）大哥果然来了。（丑拱介）贤弟偏杯呀[10]！（净）柴不曾卖，那得酒来？（丑）愚兄也没卖鱼，都是空囊，怎么处？（净）有了，有了！你输水，我输柴，大家煮茗清谈罢。（副末扮老赞礼[11]，提弦携壶上）江山江山，一忙一闲。谁赢谁输，两鬓皆斑。（见介）原来是柳、苏两位老哥。（净、丑拱介）老相公怎得到此？（副末）老夫住在燕子矶边[12]，今乃戊子年九月十七日[13]，是福德星君降生之辰[14]；我同些山中社友，到福德神祠祭赛已毕[15]，路过此间。（净）为何挟着弦子[16]，提着酒壶？（副末）见笑见笑！老夫编了几句神弦歌[17]，名曰《问苍天》[18]。今日弹唱乐神，社散之时，分得这瓶福酒。恰好遇着二位，就同饮三杯罢。（丑）怎好取扰。（副末）这叫就"有福同享"[19]。（净、丑）好，好！（同坐饮介）（净）何不把神弦歌领略一回？（副末）使得！老夫的心事，正要请教二位哩。（弹弦唱巫腔）（净、丑拍手衬介）

【问苍天】新历数，顺治朝，五年戊子；九月秋，十七日，嘉会良时。击神鼓，扬灵旗，乡邻赛社；老逸民，剃白发，也到丛祠。椒作栋，桂为楣，唐修晋建；碧和金，丹间粉，画壁精奇。貌赫赫，气扬扬，福德名位；山之珍，海之宝，总掌无遗。超祖祢[20]，迈君师，千人上寿；焚郁兰[21]，奠清醑[22]，夺户争墀[23]。草笠底，有一人，掀须长叹：贫者贫，富者富，造命奚为[24]？我与尔，较生辰，同月同日；囊无钱，灶断火，不齿乞儿[25]。六十岁，花甲周，桑榆暮矣[26]；乱离人，太平犬[27]，未有亨期[28]。称玉斝[29]，坐琼筵，尔餐我看；谁为灵，谁为蠢，贵贱失宜。臣稽首[30]，叫九阍[31]，开聋启瞆[32]；宣命司，检禄籍[33]，何故差池[34]金阙远，紫宸高[35]，苍天梦梦[36]；迎神来，送神去，舆马风驰。歌舞罢，鸡豚收，须臾社散；倚枯槐，对斜日，独自凝思。浊享富，清享名，或分两例；内才多，外财少，应不同规。热似火，福德君，庸人父母；冷如冰，文昌帝[37]，秀士宗师[38]。神有短，圣有亏，谁能足愿？地难填，天难补，造化如斯[39]。释尽了，胸中愁，欣欣微笑；江自流，云自卷，我又何疑。

（唱完放弦介）丢丑之极。（净）妙绝！逼真《离骚》、《九歌》了[40]。（丑）失敬，失敬！不知老相公竟是财神一转哩。（副末让介）请干此酒。（净咂舌介）这寡酒好难吃也[41]。（丑）愚兄倒有些下酒之物。（净）是什么东西？（丑）请猜一猜。（净）你的东西，不过是些鱼鳖虾蟹。（丑摇头介）猜不着，猜不着。（净）还有什么异味？（丑指口介）是我的舌头。（副末）你的舌头，你自下酒，如何让客？（丑笑介）你不晓得，古人以《汉书》下酒[42]；这舌头会说《汉书》，岂非下酒之物。（净取酒斟介）我替老哥斟酒，老哥就把《汉书》说来。（副末）妙妙！只恐菜多酒少了。（丑）既然《汉书》太长，有我新编的一首弹词，叫做《秣陵秋》[43]，唱来下酒罢。（副末）就是俺南京的近事么？（丑）便是！（净）这都是俺们耳闻眼见的，你若说差了，我要罚的。（丑）包管你不差。（丑弹弦介）六代兴亡，几点清弹千古慨；半生湖海，一声高唱万山惊。（照盲女弹词唱介）

【秣陵秋】陈隋烟月恨茫茫，井带胭脂土带香[44]；骀荡柳绵沾客鬓[45]，叮咛莺舌恼人肠。中兴朝市繁华续[46]，遗孽儿孙气焰张[47]；只劝楼台追后主[48]，不愁弓矢下残唐[49]。蛾眉越女才承选，燕子吴歈早擅场[50]；力士金名搜笛步[51]，龟年协律奉椒房[52]。西昆词赋新温李[53]，乌巷冠裳旧谢王[54]。院院宫妆金翠镜[55]，朝朝楚梦雨云床[56]。五侯阃外空狼燧[57]，二水洲边自雀舫[58]，指马谁攻秦相诈[59]？入林都畏阮生狂[60]。春镫已错从头认[61]，社党重钩无缝藏[62]；借手杀仇长乐老[63]，胁肩媚贵半闲堂[64]。龙钟阁部啼梅岭[65]，跋扈将军噪武昌[66]；九曲河流晴唤渡，千寻江岸夜移防[67]。琼花劫到雕栏损，玉树歌终画殿凉[68]；沧海迷家龙寂寞，风尘失伴凤徬徨[69]。青衣衔璧何年返[70]？碧血溅沙此地亡[71]！南内汤池仍蔓草[72]，东陵辇路又斜阳[73]。全开锁钥淮扬泗[74]，难整乾坤左史黄[75]。建帝飘零烈帝惨[76]，英宗困顿武宗荒[77]；那知还有福王一[78]，临去秋波泪数行。

（净）妙妙！果然一些不差。（副末）虽是几句弹词，竟似吴梅村一首长歌[79]。（净）老哥学问大进，该敬一杯。（斟酒介）（丑）倒叫我吃寡酒了。（净）愚弟也有些须下酒之物。（丑）你的东西，一定是山殽野蔌了。（净）不是，不是！昨日南京卖柴，特地带来的。（丑）取来共享罢。（净指口介）也是舌头。（副末）怎的也是舌头？（净）不瞒二位说，我三年没到南京，忽然高兴，进城卖柴。路过孝陵，见那宝城享殿，成了刍牧之场。（丑）呵呀呀！那皇城如何？（净）那皇城墙倒宫塌，满地蒿莱了。（副末掩泪介）不料光景至此。（净）俺又一直走到秦淮，立了半晌，竟没一个人影儿。（丑）那长桥旧院[80]，是咱们熟游之地，你也该去瞧瞧。（净）怎的没瞧，长桥已无片板，旧院剩了一堆瓦砾。（丑搥胸介）咳！恸死俺也。（净）那时疾忙回首，一路伤心，编成一套北曲，名为［哀江南］，待我唱来！（敲板唱弋阳腔介）[81]俺樵夫呵！

【哀江南】【北新水令】山松野草带花桃，猛抬头秣陵重到。残军留废垒，瘦马卧空壕；村郭萧条，城对着夕阳道。

【驻马听】野火频烧，让暮长楸多半焦[82]。山羊群跑，守陵阿监几时逃[83]。鸽翎蝠粪满堂抛，枯枝败叶当阶罩；谁祭扫，牧儿打碎龙碑帽。

【沈醉东风】横白玉八根柱倒，堕红泥半堵墙高，碎琉璃瓦片多，烂翡翠窗棂少，舞丹墀燕雀常朝，直入宫门一路蒿，住几个乞儿饿殍。

【折桂令】问秦淮旧日窗寮，破纸迎风，坏槛当潮，目断魂消。当年粉黛，何处笙箫。罢镫船端阳不闹，收酒旗重九无聊。白鸟飘飘，绿水滔滔，嫩黄花有些蝶飞，新红叶无个人瞧。

【沽美酒】你记得跨青溪半里桥，旧红板没一条。秋水长天人过少，冷清清的落照，剩一树柳弯腰。

【太平令】行到那旧院门，何用轻敲，也不怕小犬哞哞[84]。无非是枯井颓巢，不过些砖苔砌草。手种的花条柳梢，尽意儿採樵；这黑灰是谁家厨灶？

【离亭宴带歇拍煞】俺曾见金陵玉殿莺啼晓，秦淮水榭花开早，谁知道容易冰消。眼看他起朱楼，眼看他宴宾客，眼看他楼塌了。这青苔碧瓦堆，俺曾睡风流觉，将五十年兴亡看饱。那乌衣巷不姓王，莫愁湖鬼夜哭，凤凰台栖枭鸟。残山梦最真，旧境丢难掉，不信这舆图换稿[85]。诌一套【哀江南】，放悲声唱到老。

（副末掩泪介）妙是绝妙，惹出我多少眼泪。（丑）这酒也不忍入唇了，大家谈谈罢。（副净时服，扮皂隶暗上）朝陪天子辇，暮把县官门；皂隶原无种，通侯岂有根[86]。自家魏国公嫡亲公子徐青君的便是[87]，生来富贵，享尽繁华。不料国破家亡，剩了区区一口。没奈何在上元县当了一名皂隶[88]，将就度日。今奉本官签票，访拿山林隐逸，只得下乡走走。（望介）那江岸之上，有几个老儿闲坐，不免上前讨火，就便访问。正是：开国元勋留狗尾，换朝逸老缩龟头。（前行见介）老哥们，有火借一个。（丑）请坐！（副净坐介）（副末问介）看你打扮，像一位公差大哥。（副净）便是！（净问介）要火吃烟么？小弟带有高烟，取出奉敬罢。（敲火吸烟奉副净介）（副净吃烟介）好高烟，好高烟！（作晕醉卧倒介）（净扶介）（副净）不要拉我，让我歇一歇，就好了。（闭目卧介）（丑问副末介）记得三年之前，老相公捧着史阁部衣冠，要葬在梅花岭下，后来怎样？（副末）后来约了许多忠义之士，齐集梅花岭，招魂薶葬[89]，倒也算千秋盛事，但不曾立得碑碣。（净）好事，好事！只可惜黄将军刎颈报主，抛尸路旁，竟无人薶葬。（副末）如今好了，也是我老汉同些村中父老，捡骨殡殓，起了一座大大的坟茔，好不体面。（丑）你这两件功德，却也不小哩。（净）二位不知，那左宁南气死战船时，亲朋尽散，却是我老苏殡殓了他。（副末）难得，难得！闻他儿子左梦庚袭了前程，昨日搬柩回去了。（丑掩泪介）左宁南是我老柳知己，我曾托蓝田叔画他一幅影像[90]，又求钱牧斋题赞了几句[91]；逢时遇节，展开祭拜，也尽俺一点报答之意。（副净醒，作悄语介）听他说话，像几个山林隐逸。（起身问介）三位是山林隐逸么？（众起拱介）不敢，不敢，为何问及山林隐逸？（副净）三位不知么？现今礼部上本，搜寻山林隐逸。抚按大老爷张挂告示，布政司行文已经月余，并不见一人报名。府系着忙，差俺们各处访拏，三位一定是了，快快跟我回话去。（副末）老哥差矣。山林隐逸乃文人名士，不肯出山的。老夫原是假斯文的一个老赞礼，那里去得？（丑、净）我两个是说书唱曲的朋友，而今做了渔翁樵子，益发不中了。（副净）你们不晓得，那些文人名士，都是识时务的俊杰，从三年前俱已出山了。目下正要访拏你辈哩。（副末）啐，征求隐逸，乃国家盛典，公祖父母俱当以礼相聘，怎么要拿起来。定是你这衙役们奉行不善。（副净）不干我事，有本县签票在此，取出你看。（取看签票欲拿介）（净）果然这事哩。（丑）我们竟走开何如？（副末）有理。避祸今何晚，入山昔未深。（各分走下）（副净赶不上介）你看他登崖涉涧，竟各逃走无踪。

【清江引】大泽深山随处找，预备官家要。抽出绿头签[92]，取开红圈票[93]，把几个白衣山人諕走了。

（立听介）远远闻得吟诗之声，不在水边，定在林下，待我信步找去便了。（急下）
（内吟诗曰）

> 渔樵同话旧繁华，短梦寥寥记不差。
>
> 曾恨红笺衔燕子，偏怜素扇染桃花。
>
> 笙歌西第留何客？烟雨南朝换几家？
>
> 传得伤心临去语，年年寒食哭天涯。

注释

1. 《余韵》是《桃花扇》的最后一出，它通过苏昆生、柳敬亭和老赞礼等人怀念故国的感慨悲歌，揭示南明亡国的原因在于政治腐败和阉党擅权，同时也抒发了深深的故国哀思。总结了全剧的内容，进一步强调了剧作的主题。整出戏按上场人物的变化与剧情的发展，可分为前后两个部分，而这两个部分分别描写了构成"余韵"的两个音符，即兴亡之感与民族感情。

2. 建业：今江苏省南京市。城啼夜鬼及下句井贮秋尸，皆是言清兵洗劫之后，满目凄凉惨不忍睹的情景。

3. 维扬：今江苏省扬州市。

4. 南朝：指南明弘光朝。

5. 苏昆生：明末著名艺人，擅长唱曲。

6. 乙酉年：公元1645年，这年清兵攻陷南京。牛首、栖霞：皆南京近郊山名。

7. 柳敬亭：明末清初著名说书艺人。

8. 浩浩落落：形容心胸坦荡的样子。

9. 富春：浙江富春江沿岸，风景秀丽，为东汉严光隐居之处。

10. 偏杯：犹言不待奉敬客人而独自饮酒。

11. 赞礼：祭祀时的司仪官，属太常寺。

12. 燕子矶：南京名胜，在其东北观音山上，矶头屹立于长江边。

13. 戊子：此处指清顺治五年（公元1648年）。

14. 福德星君：旧指财神。

15. 祭赛：为报答神举行的祭祀。

16. 弦子：乐器，即三弦。

17. 神弦歌：娱神的歌曲，名称见《乐府诗集·清商曲辞》。

18. 《问苍天》：新编曲牌名。

19. 这叫就：一本作"这叫做"。

20. 祢：父死庙祭曰祢。

21. 郁兰：气味浓烈的香料。

22. 清醑：美酒。

23. 夺户争墀：言祭赛人多拥挤。墀：阶沿。

24. 造命：即造物主，一般指天。奚为：为何之意。

25. 不啻：不但，如同。

26. 桑榆：喻人之暮年。日落时，斜辉隐现桑榆之间，故用作晚暮代称。

27. 乱离人、太平犬：出自谚语"宁作太平犬，莫作乱离人"。言灾乱年头，人多飘泊无依，尚不若太平时之犬。

28. 亨期：幸运的日子。

29. 称玉斝：高举玉制的酒杯。

30. 稽首：至为恭敬的礼，以头叩地顿首拜。

31. 九阍：天帝的宫门。

32. 瞆：有目无光曰瞆。

33. 禄籍：迷信所云天命所定之福禄簿册。

34. 差池：即参差不齐。或以为差错，亦通。

35. "金阙"二句：金阙、紫宸，均指天帝的宫殿。

36. 梦梦：不明。

37. 文昌帝：一称梓潼帝君，传说中主管人世科举功名的神。

38. 秀士：秀才。

39. 造化：谓造物主。此处作创造化育解。

40. 《离骚》《九歌》：屈原作品篇名。

41. 寡酒：饮酒而无佐酒的菜馔。

42. 《汉书》下酒：北宋诗人苏舜钦故事。苏居岳父杜衍家，读《汉书·张良传》，赞叹者再，举杯痛饮。杜衍称之，谓以《汉书》下酒，虽饮一斗不为多。

43. 《秣陵秋》：新编弹词曲牌。

44. 井带胭脂：即胭脂井。隋兵破金陵城，陈后主陈叔宝携其所宠张、孔二贵妃匿景阳宫井中，由是得名。

45. 骀荡：舒缓荡飏。

46. 中兴朝市：指南明福王。

47. 遗孽儿孙：谓阮大铖等阉党余孽。

48. 后主：指陈叔宝，因纵情声色、不理朝政招致亡国。这句系指马、阮之流，一味劝诱福王陶情享乐，荒怠政事。

49. 这句借宋太祖灭南唐故事，讽刺福王沉溺欢娱，置南下清兵于不顾。

50. 燕子：指阮大铖所作传奇《燕子笺》，因属昆曲演唱，故称吴歈。

51. 力士：即唐玄宗时太监高力士，此处泛指太监。笛步：南京地名，教坊所在地。

52. 龟年：唐开元时著名曲师，姓李。此处泛指内廷教习。

53. 西昆词赋：北宋初，西昆派首领杨亿、刘筠等，极力模仿晚唐李商隐、温庭筠的诗风，靡丽空泛，流行文坛数十年。此处用喻弘光朝文化的堕落。

54. 乌巷：即指乌衣巷。晋时贵族如王、谢诸家族，自东晋偏安江左，皆聚居南京乌衣巷等处。此处借指弘光朝权贵专擅，官场腐败。

55. 这句形容后宫美人注心妆束，以邀皇帝的宠幸。

56. 楚梦雨云：本宋玉《高唐赋序》，谓楚襄王尝游高唐，梦与巫山神女欢会。此处讽刺弘光荒淫。

57. 五侯：指宁南侯左良玉等五将。时皆跋扈不受节制，争权夺地。南朝之亡，与此亦有关系。

58. 二水洲：即南京白鹭洲。李白诗云："二水中分白鹭洲"。雀舫：指朱雀舫，华美的游船。

59. 这句系借秦赵高指鹿为马故事，指斥马士英专擅朝政，而群臣一味阿附，无敢反对者。

60. 阮生狂：晋之名士阮籍，与嵇康等七人友善，时人以"竹林七贤"称之。阮复恃才傲物，放荡不羁，人多畏其狂。此处借来暗指阮大铖的猖狂。

61. 春镫：阮大铖曾撰传奇《春灯迷》（即《十错认》）。

62. 社党：指东林与后起的复社。钩：株连之意。此云阮大铖依附马士英重新得势后，再度拘剪东林复社人士，意欲一网打尽。

63. 长乐老：五代时冯道为宰相，历仕唐、晋、汉、周诸朝而不自耻，复自号长乐老。

64. 半闲堂：南宋奸相贾似道曾建半闲堂于西湖葛岭。此句与上句均讽阮大铖谄事马士英，为非作歹。

65. 龙钟阁部：指史可法。史以兵部尚书督师扬州，举三千之众奋抗清兵十万之师，兵败殉国，死后葬于梅花岭。

66. 跋扈将军：指左良玉。左愤马之专擅，曾传檄自武昌东下讨伐马士英。

67. 九曲：指黄河迂回之势。寻：八尺为一寻。这二句系指马、阮为堵截左良玉东下的军队，竟将驻防黄河的黄得功等诸镇兵马尽行撤移，致使黄河一线空虚，而清兵遂得以挥戈南下。

68. "琼花"二句：系借用隋炀帝到扬州看琼花和陈后主制《玉树后庭花》故事，比之南明福王荒淫亡国。

69. "沧海迷家"二句：封建士大夫从"正统"观念出发，谓帝王苗裔俱凤子龙孙。此处谓南明覆亡之际，帝王子孙仓皇奔窜，流离失所之狼狈处境。

70. 青衣衔璧：典出晋怀帝故事。古时亡国之君，当衔璧玉自缚以请降；怀帝被掳时，敌方令改着青衣斟酒侍宴以辱之。此处借指福王的被掳。

71. 碧血溅沙：南明靖南侯黄得功，因南京失守、福王出走而自杀殉节。

72. 南内：南京明故宫。汤池：指温泉。

73. 东陵：南京城东之明孝陵。辇路：天子车驾所经之路。

74. 淮扬泗：指淮阴、扬州及泗阳。此句言江北诸地，次第失守。

75. 左史黄：即左良玉、史可法、黄得功。此三人忠于明室而无力挽回颓局。

76. 建帝：即建文帝朱允炆。成祖破南京时，朱允炆逃出而下落不明。烈帝：指明思宗朱由检，李自成所部农民起义军攻占北京时，朱由检自尽于北京之煤山。

77. 英宗：即朱祁镇。正统十四年（公元1449年），他亲征瓦剌，兵败被俘。武宗：即朱厚照，系明代最荒淫的统治者。

78. 福王一：云福王朱由崧在位仅一年。应喜臣《青燐屑》载："思宗御极之元年，五凤楼前获一黄袱，内袭小画一卷，题云：'天启七，崇祯十七，还有福王一。'"

79. 吴梅村：名伟业，字骏公，江苏省太仓县人，明末清初以诗名于当世。

80. 长桥旧院：明末南京歌妓聚居之所。

81. 弋阳腔：明代戏曲四大声腔之一，盛行民间，源出江西弋阳，至嘉靖间流传南北。

82. 长楸：茎干高耸的乔木。

83. 阿监：太监。

84. 哗哗：犬吠声。

85. 舆图：地图。舆图换稿：即江山易主之意。

86. 皂隶：穿黑衣的衙役，官府中地位至贱者。通侯：爵位名，本作彻侯，汉时因避武帝讳，改称通侯。后亦称列侯。这二句言贫贱富贵并非天生如此。

87. 魏国公：指明之开国功臣徐达。

88. 上元县：清代分南京为江宁、上元两县，其地今均属江苏省南京市。

89. 薶：同"埋"。

90. 蓝田叔：名瑛，钱塘（今浙江省杭州市）人。明末画家。

91. 钱牧斋：名谦益，常熟（今江苏省常熟市）人。明末变节仕清的官僚，有文名。

92. 绿头签：官府捕人用的传签，以绿漆签头。

93. 红圈票：官府捕人用的文据，上载被捕人的姓名，且用朱笔圈明。

思考探究

1. 概述《桃花扇·余韵》中老赞礼、柳敬亭、苏昆生三人的三段唱词所表达的思想感情。

2. 课文是如何展现个人与社会、理想与现实之间的关系的？

3. 作者通过哪些具体的细节和语言来表达对历史的深刻反思和对民族气节的赞颂？请举例说明。

本单元语文综合实践活动

家国情怀，乃中华民族之魂，深植于华夏儿女心田。它蕴含了对家的依恋与对国的忠诚，是个人情感与民族大义的完美融合。让我们从家族的历史传承中汲取智慧与力量，在一笔一划中传递对家庭的爱与温情，从新时代的辉煌成就中领略国家的繁荣富强。

一、探寻家风家训

家风家训，承载着先辈的智慧与期望，是家族精神的集中体现。正所谓"天下之本在家"。尊老爱幼、妻贤夫安、母慈子孝、兄友弟恭、耕读传家、勤俭持家、知书达礼、遵纪守法、家和万事兴等中华民族传统家庭美德，铭记在中国人的心灵中，融入中国人的血脉中，是支撑中华民族生生不息、薪火相传的重要精神力量，是家庭文明建设的宝贵精神财富。

请阅读一部名人家风家训，如《颜氏家训》《朱子家训》《王阳明家训》《曾国藩家书》《梁启超家书》《傅雷家书》等，与全班同学分享该书的主要内容，并谈谈心得体会。

二、见字如面——写家书

书信是一种深情的沟通方式，它能够承载更多的情感和细节。与冰冷的屏幕相比，手写信件能够传递出书写者的温度、情感和诚意，让收信人感受到更真挚的关怀和思念。

亲手撰写一封给家人的书信，内容可以是对家人的思念、感激、祝福，也可以是分享自己的学习生活、成长感悟等，如能在家书中融入家族故事、传统习俗等就更好了。请注意书信的写作格式，对优秀的家书作品可加以展示。

三、新时代伟大成就——当代中国壮丽景象

党的十八大以来，我国在经济、科技、文化、社会等方面取得了显著成就：国民生产总值稳居世界第二，成功打赢脱贫攻坚战，全面建成小康社会；科技创新取得重大突破，如"嫦娥"探月"天问"探火等；社会治理体系不断完善，人民生活水平全方位

提高，人均预期寿命增长；生态文明建设成效显著，生态环境持续改善；国家安全得到全面加强，人民军队现代化建设取得新进展。这些成就彰显了中国特色社会主义的强大生命力和巨大优越性。

请以小组为单位，从科技创新、经济建设、文化建设、社会建设、生态文明建设、国家安全和军事建设等方面任选一个主题，搜集反映新时代伟大成就的典型事例进行汇报。

第三单元
研习红色经典

本单元序

　　翻开我国近百年来风云激荡的历史篇章，红色精神熠熠生辉。百年前的中国，积贫积弱，岌岌可危，以中国共产党为代表的民族先进组织，带领着广大人民开启了从昏睡中觉醒，在觉醒后抗争，继而走向伟大复兴的历史征程。

　　红色经典，是历史的回响，是时代的强音。从井冈山的星星之火，到长征路上的艰苦卓绝；从抗日战争的烽火连天，到解放战争的波澜壮阔，红色精神始终贯穿其中，成为中华民族自强不息、不屈不挠的精神象征。在新时代的征程上，红色精神依然熠熠生辉，它激励着我们不忘初心、牢记使命，为实现中华民族伟大复兴的中国梦而努力奋斗。

　　在本单元，我们将感受到西南联大三校合作无间、兼容并包、刚毅坚卓的精神；看到一群有着钢铁意志的人，在渣滓洞与残酷的敌人进行惊心动魄的斗争；重温红军战士强渡大渡河的英勇事迹和不屈不挠的战斗精神；领略革命领袖面对失利和困难从容不迫的气度和博大胸怀以及改天换地的伟大抱负。

国立西南联合大学纪念碑碑文[1]

冯友兰

文学常识

冯友兰（1895—1990），字芝生，河南唐河人，哲学家。1918 年毕业于北京大学哲学系。1924 年获美国哥伦比亚大学哲学博士学位。回国后曾任广东大学、燕京大学教授，清华大学教授、哲学系主任，文学院院长。1948 年当选为中央研究院院士。中华人民共和国成立后任北京大学教授、中国科学院哲学社会科学部常委，为第二、三、四届全国政协委员，第四届全国人大代表。著有《中国哲学简史》《新原道》《新理学》《新世训》《人生哲学》等。冯友兰除撰写了大量哲学与哲学史著作外，还著有一些很有艺术性的散文，大多收在《三松堂全集》里面。

中华民国三十四年[2]九月九日，我国家受日本之降于南京。上距二十六年七月七日卢沟桥之变，为时八年；再上距二十年九月十八日沈阳之变，为时十四年；再上距清甲午之役，为时五十一年。举凡五十年间，日本所鲸吞蚕食于我国家者，至是悉备图籍献还。全胜之局，秦汉以来所未有也。

国立北京大学、国立清华大学原设北平，私立南开大学原设天津。自沈阳之变，我国家之威权逐渐南移，惟以文化力量与日本争持于平津，此三校实为其中坚。二十六年平津失守，三校奉命迁于湖南，合组为国立长沙临时大学，以三校校长蒋梦麟、梅贻琦、张伯苓为常务委员，主持校务。设法、理工学院于长沙，文学院于南岳。于十一月一日开始上课。迨京沪失守，武汉震动，临时大学又奉命迁云南。师生徒步经贵州，于二十七年四月二十六日抵昆明。旋奉命改名为国立西南联合大学[3]，设理、工学院于昆明，文、法学院于蒙自，于五月四日开始上课。一学期后，文、法学院亦迁云南。二十七年增设师范学院。二十九年设分校于四川叙永，一学年后并于本校。

昆明本为后方名城，自日军入安南，陷缅甸，乃成后方重镇。联合大学支持其间，先后毕业学生二千余人，从军旅者八百。河山既复，日月重光，联合大学之战时使命既成，奉命于三十五年五月四日结束。原有三校即将返故居，复旧业。

缅维八年支持之苦辛，与夫三校合作之协和，可纪念者盖有四焉。

我国家以世界之古国，居东亚之天府，本应绍汉、唐之遗烈，作并世之先进。将来建国完成，必于世界历史居独特之地位。盖并世列强，虽新而不古；希腊、罗马，有古而无今。惟我国家，亘古亘今，亦新亦旧，斯所谓"周虽旧邦，其命惟新"[4]者也。旷代之伟业，八年之抗战，已开其规模，立其基础。今日之胜利，于我国家有旋乾坤之功，而联合大学之使命与抗战相终始，此其可纪念者一也。

文人相轻自古而然。昔人所言，今有同慨。三校有不同之历史，各异之学风，八年之久，合作无间。同无妨异，异不害同，五色交辉，相得益彰，八音合奏，终和且平，此其可纪念者二也。

万物并育而不相害，道并行而不相悖，小德川流，大德敦化，此天地之所以为大。斯虽先民之恒言，实为民主之真谛。联合大学以其兼容并包之精神，转移社会一时之风气，内树学术自由之规模，外来民主堡垒之称号，违千夫之诺诺，作一士之谔谔，此其可纪念者三也。

稽之往史，我民族若不能立足于中原，偏安江表，称曰南渡。南渡之人，未能有北返者。晋人南渡其例一也，宋人南渡其例二也，明人南渡其例三也。风景不殊，晋人之深悲；还我河山，宋人之虚愿。吾人为第四次之南渡，乃能于不十年间收恢复之全功，庾信[5]不哀江南，杜甫喜收蓟北，此其可纪念者四也。

联合大学初定校歌，其辞始叹南迁流离之苦辛，中颂师生不屈之壮志，终寄最后胜利之期望。校以今日之成功，历历不爽，若合符契。联合大学之终始，岂非一代之盛事，旷百世而难遇者哉！爰就歌辞，勒为碑铭，铭曰：

痛南渡，辞宫阙。驻衡湘，又离别。更长征，经峣嵘[6]。望中原，遍洒血。抵绝徼，继讲说。诗书丧，犹有舌。尽笳吹，情弥切。千秋耻，终已雪。见仇寇，如烟灭。起朔北，迄南越。视金瓯[7]，已无缺。大一统，无倾折。中兴业，继往烈。维三校，兄弟列。为一体，如胶结。同艰难，共欢悦。联合竟，使命彻。神京[8]复，还燕碣[9]。以此石，象坚节。纪嘉庆，告来哲。

注释

1. 为缅怀八年支持之辛苦，纪念三校"为一体，如胶结；同艰难，共欢悦"的珍贵历史，在抗日战争胜利后，联大各校即将复员北返之际，校方决定树立西南联合大学纪念碑，"以此石，象坚节，纪嘉庆，告来哲"。原碑立于现云南师范大学校园内，"一二·一"四烈士墓西侧，碑座呈圆拱形，高约5米，宽约2.7米，中嵌石碑。正面碑文约 1000 余字，记述了联大创办的始末及其特点，由冯友兰撰文、闻一多篆额、罗庸书丹。碑后则为联大校志委员会纂列、唐兰篆额、刘晋年书丹的联大"抗战以来从军学生题名"碑，刻录了 834 位联大参军同学的名字。

2. 中华民国三十四年采用的是民国纪年法，换算成公元纪年法即 1945 年。民国纪年法至 1949 年中华人民共和国成立后停止使用。

3. 国立西南联合大学：1937 年 11 月 1 日，由国立北京大学、国立清华大学、私立南开大学在长沙组建成立的国立长沙临时大学在长沙开学。由于长沙连遭日机轰炸，1938 年 2 月中旬，经中华民国教育部批准，长沙临时大学分三路西迁昆明。1938 年 4 月，改称国立西南联合大学。

4. 出自《诗经·大雅·文王》："文王在上，于昭于天。周虽旧邦，其命维新"。意为周虽然是旧的邦国，但其使命在革新。

5. 庾信（513—581）：字子山，小字兰成。南阳新野（今属河南）人。前期在梁，作品多为宫体性质，轻艳流荡，富于辞采之美。羁留北朝后，诗赋大量抒发了自己怀念故国乡土的情绪，以及对身世的感伤，风格也转变为苍劲、悲凉。著有《哀江南赋》。

6. 峣嶭：音 yáo niè，意思是危高貌。这个词语出自《招海贾文》，用来形容山的高峻和险峻。在本文中，峣嶭一词被用来形容长征途中的艰难险阻，表达了作者对那段历史的深刻记忆和对先烈的敬仰之情。

7. 金瓯：音 jīn ōu，意思是金的盆盂；比喻疆土之完固，亦用以指国土；酒杯的美称。

8. 神京：意思是指帝都京城，特指南朝国都建康（今南京），出自南朝宋谢庄的《世祖孝武皇帝歌》。本文指京都。

9. "燕"：音 yān，是古代诸侯国名，位于今河北、北京一带；"碣"："碣石"的简称，山名，在河北省昌黎县北。"燕""碣"和前句的"神京"都是指的"京都"的意思，此处用"碣"还有押韵之作用。

⬡ **思考探究**

1. 碑文中提到了西南联大成立的背景和原因，请概述一下。

2. 谈谈你对碑文中提到的西南联大精神的理解？

3. 查找资料，说一说西南联合大学在抗日战争时期在人才培养、学术研究、文化传承等方面对国家和民族的贡献有哪些。

红岩（节选）[1]

罗广斌　杨益言

文学常识

　　罗广斌（1924—1967），四川成都人，中共党员，中国现代作家。1948年加入中国共产党；同年，由于叛徒出卖在成都被捕，先后被关押在重庆渣滓洞、白公馆集中营。1949年11月27日，在敌人大屠杀时从白公馆越狱脱险。代表作有与刘德彬、杨益言合著的革命回忆录《在烈火中永生》，与杨益言合著的长篇小说《红岩》。

　　杨益言（1925—2017），四川省广安市人。早年参加革命工作，后被捕囚禁于重庆渣滓洞，出狱后根据其亲身经历与罗广斌合著写成《红岩》一书。

第四章

　　又向前走了一段路，看得稍微清楚了。高高的城楼上，挂着几个木笼子。啊，这不是悬首示众吗？江姐一惊，紧走了几步，仔经一看，木笼子里，果然盛着一颗颗血淋淋的人头！

　　江姐趋前几步，挨近围在城墙边的人群。她听见人丛里有低沉叹息，有愤慨的不平，这种同情和悲痛，深深注进她的心坎。又是一批革命者，为党为人民，奉献出了自己宝贵的生命。虽然还不太了解情况，但是凭着经验，她知道牺牲的定是自己的同志。她在心中喃喃地说："安息吧，同志，我们定要为你们复仇！"

　　江姐想到自己的任务，尽量冷静下来，不愿久看，掉回头，默默地走开了。她刚走了几步，心里又浮现出一个念头：就这样走开，连牺牲者的姓名也不知道，这对得起死难的战友吗？应该仔细看看，了解他们的姓名，记住他们牺牲的经过，报告给党，让同志们永远纪念他们。鲜红的血，应该播下复仇的种子！

　　江姐转回头，再一次靠近拥挤的人群，强自镇定着脸上的表情，抑制着不断涌向心头的激怒。她的目光逡巡着，忽然看见城墙上，张贴着一张巨幅布告。布告被雨水淋透了，字迹有些模糊，几行姓名，一一被红笔粗暴地勾画过，经过雨水浸渍，仿佛变成朵朵殷红的血花……江姐挤过了几个人，靠近布告，她的目光，突然被第一行的姓名吸引住，一动不动地死盯在那意外的名字上。

是眼神晕眩？还是自己过于激动？布告上怎么会出现他的名字？她觉得眼前金星飞溅，布告也在浮动。江姐伸手擦去额上混着雨水的冷汗，再仔细看看，映进眼帘的，仍然是那行使她周身冰冷的字迹：华蓥山纵队政委彭松涛老彭？他不就是我多少年来朝夕相处，患难与共的战友、同志、丈夫么！不会是他，他怎能在这种时刻牺牲？一定是敌人的欺骗！可是，这里挂的，又是谁的头呢？江姐艰难地，急切地向前移动，抬起头，仰望着城楼。目光穿过雨雾，到底看清楚了那熟悉的脸型。啊，真的是他！他大睁着一双渴望胜利的眼睛，直视着苦难中的人民！老彭，老彭，你不是率领着队伍，日夜打击匪军？你不是和我相约：共同战斗到天明！

江姐热泪盈眶，胸口梗塞，不敢也不愿再看。她禁不住要恸哭出声。一阵又一阵头昏目眩，使她无力站稳脚跟……“姐姐！”

一个亲切的声音，响在耳边。江姐一惊，后退了一步。定定神，慢慢回过头，她看见了华为关切的目光。“姐姐，我到处找你！”

江姐茫然的视线，骤然碰到华为手里的箱子……“我在干什么？”一种自责的情绪，突然涌上悲痛的心头。这是什么地方？什么时候？自己负担着党委托的任务！不！没有权利在这里流露内心的痛苦；更没有权利逗留。江姐咬紧嘴唇，向旁边流动的人群扫了一眼，勉强整理了一下淋湿的头巾，低声地，但却非常有力地对华为说：“走吧，不进城了。”

江姐接过行李卷，挥了挥手，叫华为快走。可是自己却站着不动，她再一次抬起头来，凝望着雨雾蒙蒙的城楼……江姐终于离开了人群，默默地朝华为走过的方向走去，赶上了他。她的脚步，不断踏进泥泞，一路上激起的水花、泥浆，溅满了鞋袜，她却一点也不知道。这时，她正全力控制着满怀悲愤，要把永世难忘的痛苦，深深地埋进心底。渐渐地，向前凝视的目光，终于代替了未曾涌流的泪水。她深藏在心头的仇恨，比泪水更多，比痛苦更深。

江姐的脚步愈走愈急，行李在她手上仿佛失去了重量；提着箱子伴随她的华为，渐渐地跟不上了……一个背着背兜的农民，遥遥地走在前面，沿着一条曲折的石板路，转过山坳去了。华为领着江姐，远远地跟着那农民，唯恐他的背影突然消失。

……

路两边，许多田地都荒芜了。已经是麦穗扬花的季节，但是田地里的麦苗，却显得稀疏萎黄，胡豆、豌豆也长得不好。全是肥沃的好地方啊，华为不禁痛苦地想：抓丁、征粮，故乡的农民被反动派蹂躏得再也活不下去了……背着背兜的农民，从山头上一处破败的古庙边穿过丛林，脚步跨得更快了。可是江姐走过庙门时，不顾急于跟上农民的华为，渐渐站住了，一副石刻的对联，在庙门边赫然吸引了她的视线。华为见江姐驻脚，也停下来，解释道："这一带，有很多这样的遗物，都是川陕苏维埃时代的。"

江姐凝视的目光，停留在气势磅礴的石刻上，那精心雕刻的大字，带给她一种超越内心痛苦的力量：斧头劈翻旧世界镰刀开出新乾坤

庙门正中，还有四个代替庙匾的闪闪发光的字：前仆后继目睹着暴风雨年代革命先烈留下的字句，心头激起一种无限复杂而深厚的感情，江姐的眼眶不禁潮湿了。她由此得到了巨大的启示，来自革命前辈的顽强战斗的启示！

第十五章

又一个深沉的暗夜，降临在渣滓洞集中营。

风门边挤满了人，久久地望着那挂满刑具的刑讯室。夜风吹来，带着萧瑟的寒意。刑讯室前，魔影动荡，吆喝声不绝……风门边，偶尔有人不安地低语。

"又是半夜刑讯！"

"徐鹏飞，朱介都来了。"

"夜审谁呀？"余新江身后，传来一声问话。

"该不会是老许？"刘思扬担心地插了一句。

许云峰崛立在楼八室铁门边。透过昏黄的狱灯，余新江望得见他沉思的脸。

余新江不禁十分担心地想念那多次经受毒刑拷打、经常昏迷不醒的江姐。追悼龙光华以后不久，江姐被押到渣滓洞里来，日夜拷问的次数，已经无从计算了。大家都知道，为了保卫党的机密，江姐忍受了多少摧残，获得了多少同志的尊敬。经过绝食斗争，敌人被迫接受了条件，不敢继续迫害了，现在却在渣滓洞对江姐进行非刑拷打，很显然，这是敌人疯狂的报复！江姐不仅为党，也为大家受苦，这使得每个人都感到敬佩而又十分痛苦。

"猫头鹰和狗熊到女牢去了！"

余新江一惊，眼光立刻转向女牢。黑沉沉的夜里，黯淡的狱灯，使他看不清远处。

"提谁？"焦急不安的声音又在询问。

"江雪琴！"

"是她！看，江姐出来了！"

"又是江姐。"余新江的心像沉甸甸的铅块，朝无底深渊沉落。

所有的牢房，一时都陷入难堪的沉默。

过了好些时候，人们听到了审问的声音："你说不说？到底说不说？"

传来特务绝望的狂叫，混合着恐怖的狞笑。接着，渣滓洞又坠入死一般的沉寂中。

听得清一个庄重无畏的声音在静寂中回答："上级的姓名、住址，我知道。下级的姓名、住址，我也知道……这些都是我们党的秘密，你们休想从我口里得到任何材料！"

江姐沉静、安宁的语音，使人想起了她刚被押进渣滓洞的那天，她在同志们面前微笑着，充满胜利信心的刚毅神情。听着她的声音，仿佛像看见她正一动也不动地站在刑讯室里，面对着束手无策的敌人。可是江姐镇定的声音，并不能免除同志们痛苦的关切。

大概是江姐的平静的回答，使得敌人不得不重新考虑对策，讯问的声音，忽然停了下来。

楼七室同志们焦灼的谈话又继续了。

"又是叛徒甫志高！"余新江愤怒地骂了一句。他又问："和江姐一道，川北还有人被捕吗？"

"没有，就她一个。"

"听说华蓥山纵队在公路上抢救过江姐，但是阴险的特务，前一夜用船把江姐押到重庆……"

"哎——"人们痛苦地把惋惜之情化为一声长叹。刑讯室里又传来了声音，是徐鹏飞毒辣的笑声。

"谅你一个女共产党，还制服不了？你不愿讲，好嘛，我们帮你打开嘴巴。来人！"

接着，传来一阵狼嚎似的匪徒的狂吼。

夜，在深沉的痛苦、担心与激动中，一刻一刻地挨过。星光黯淡了，已经是雄鸡报晓的时刻。

在那斑斑血迹的墙壁上，映着的江姐的身影消失了。大概她从倒吊着的屋梁上，被松了下来……"现在愿意说了吧？"

魔影狂乱地移动着。

"不！"微弱的声音传来，仍然是那样的平静。"十指连心，考虑一下吧！说不说？"

没有回答。

铁锤高高举起。墙壁上映出沉重的黑色阴影。

"钉！"

人们仿佛看见绳子紧紧绑着她的双手，一根竹签对准她的指尖……血水飞溅……"说不说？"

没有回答。

"不说？拔出来！再钉！"

江姐没有声音了。人们感到连心的痛苦，像竹签钉在每一个人心上……

又是一阵令人心悸的泼水的声音！

"把她泼醒！再钉！"

徐鹏飞绝望的咆哮，使人相信，敌人从老许身上得不到的东西，在江姐——一个女共产党员的身上，同样得不到。尽管他们从叛徒口里，知道她作过沙磁区委书记，下乡以后可能担任更负责的工作，了解许许多多他们渴望知道的地下党线索，可是毒刑拷打丝毫也不能使江姐开口。

一根，两根！……竹签深深地撕裂着血肉……左手，右手，两只手钉满了粗长的竹签……一阵，又一阵泼水的声音……已听不见徐鹏飞的咆哮。可是，也听不到江姐一丝丝呻吟。人们紧偎在签子门边，一动也不动……

为人进出的门紧锁着，

为狗爬出的洞敞开着，

一个声音高叫着：

"爬出来吧，给你自由！"

我渴望自由，

但我深深地知道：

人的身躯，

怎能从狗洞子里爬出？……

是谁？天刚亮，就唱起了囚歌。迎着阵阵寒风，久久地守望在风门边的刘思扬，听着从楼下传来的低沉的歌声，一边想着，一边了望那远处深秋时节的山坡。刚升起的太阳，斜射着山坡上枯黄了的野草。远近的几株树木，也已落叶飘零，只剩下一些光秃秃的枝干。只有墙头上的机枪，闪着寒光的刺刀和密密的电网，依然如故……刘思扬的心潮澎湃着，血在翻腾。

他从风门边疾速地回到自己的铺位，轻轻地从墙角下取出了一支竹签削成的笔，伏在楼板上，蘸着用棉花余烬调和成的墨汁，在他一进集中营就开始写作的《铁窗小诗》册上，又写出愤激的一页……"江姐回来了！"签子门边的余新江，回过头来，告诉大家。一阵脚步声，人们又一齐涌到牢门边。

高墙边的铁门打开了。猫头鹰从铁门外窜了进来，他站在门边，瞪着眼睛，望着一长排牢房，大声地吼叫："不准看，不准看！"

　　谁也没有去理睬这只凶暴的野兽，大家踮着脚尖，朝签子门缝望出去。只见江姐被两个特务拖着，从铁门外进来了。通宵受刑后的江姐，昏迷地一步一步拖着软弱无力的脚步，向前移动；鲜血从她血淋淋的两只手的指尖上，一滴一滴地往下滴落。

　　人们屏住呼吸，仇恨的烈火在心中燃烧，眼里噙着的泪水和江姐的鲜血一起往下滴……一阵高昂雄壮的歌声，从楼八室铁门边最先响起。江姐在歌声中渐渐苏醒了。她宁静地聆听了一下，缓缓地抬起她明亮的双眼，像要找寻这歌声发出的地方。目光一闪，江姐仿佛发现了从楼八室传来的，许云峰的信任与鼓舞的眼波。战友的一瞥，胜过最热切的安慰，胜过任何特效的药物，一阵激烈的振奋，使她周身一动，立刻用最大的努力和坚强的意志，积聚起最后的力量，想站定脚步。她摇晃了一下，终于站稳了。头朝后一扬，浸满血水的头发，披到肩后。人们看得见她的脸了。她的脸，毫无血色，白得像一张纸。她微微侧过头，用黯淡的、但是不可逼视的眼光，望了一下搀扶着她的特务。像被火烧了一下似的，她猛然用两臂摔开了特务，傲然地抬起头，迈动倔强的双腿，歪歪倒倒向女牢走去。"呵——江姐！"大家禁不住喊出声来。

　　可是，江姐只跨了几步，便扑倒了。蓬乱的头发，遮盖着她的脸，天蓝色的旗袍和那件红色的绒线衣，混合着斑斑的血迹……

注释

1. 选自中国青年出版社2017年出版的《红岩》第4章和第15章。

思考探究

1. 江姐是《红岩》塑造的英雄群像中最动人的形象之一，请根据课文概括分析江姐的英雄品质。

2. 请你谈谈对"红岩"二字的理解。思考当今的时代哪些人也具有"红岩精神"？作为新时代的青年，应该如何继承和发扬红岩精神？

大渡河上的英雄[1]

埃德加·斯诺

文学常识

　　埃德加·斯诺（1905—1972），美国著名记者。他于1928年来华，曾任欧美报社驻华记者、通讯员，燕京大学新闻系讲师。1936年6月，他只身前往陕北苏区，通过实地考察以及对毛泽东、周恩来等革命领导人的专访，首次向世界讲述了中国红军和苏区的真实情况，并由此创作了纪实文学经典《红星照耀中国》，成为世界报道中国红军的第一人。1949年后，斯诺曾三次来华访问，受到毛泽东的亲切接见。其著作《红星照耀中国》成为新闻史和报告文学史上里程碑式的作品。

　　强渡大渡河是长征中关系最重大的一个事件。如果当初红军渡河失败，就很可能遭到歼灭了。这种命运，历史上是有先例的。在遥远的大渡河两岸，三国的英豪和后来的许多战士都曾遭到失败，也就是在这个峡谷之中，太平天国的残部，翼王石达开领导的十万大军，在十九世纪遭到名将曾国藩统领的清朝军队的包围，全军覆没。蒋介石总司令现在向他的四川的盟友地方军阀刘湘和刘文辉，向进行追击的政府军将领发出电报，要他们重演一次太平天国的历史。红军在这里必然覆灭无疑。

　　但是红军也是知道石达开的，知道他失败的主要原因是贻误军机。石达开到达大渡河岸以后，因为生了儿子——小王爷——休息了三天，这给了他的敌人一个机会，可以集中兵力来对付他，同时在他的后方进行迅速包抄，断绝他的退路。等到石达开发觉自己的错误已经晚了，他要想突破敌人的包围，但无法在狭隘的峡谷地带用兵，终于被彻底消灭。

　　红军决心不要重蹈石达开的覆辙。他们从金沙江（长江在这一段的名字）迅速北移到四川境内，很快就进入骁勇善战的土著居民、独立的彝族区的"白"彝和"黑"彝的境内。桀骜不驯的彝族从来没有被住在周围的汉人征服过，同化过，他们好几百年以来就一直占据着四川境内这片林深树密的荒山野岭，以长江在西藏东面南流的大弧线为界。蒋介石完全可以满怀信心地指望红军在这里长期滞留，遭到削弱，这样他就可以在大渡河北面集中兵力。彝族仇恨汉人历史已久，汉人军队经过他们的境内很少有不遭到惨重损失或全部歼灭的。

但是红军有办法。他们已经安全地通过了贵州和云南的土著民族苗族和掸族的地区，赢得了他们的友谊，甚至还吸收了一些部族的人参军。现在他们派使者前去同彝族谈判。他们在一路上攻占了独立的彝族区边界上的一些市镇，发现有一些彝族首领被省里的军阀当作人质监禁着。这些首领获释回去后，自然大力称颂红军。

率领红军先锋部队的是指挥员刘伯承，他曾在四川一个军阀的军队里当过军官。刘伯承熟悉这个部落民族，熟悉他们的内争和不满。他特别熟悉他们仇恨汉人，而且他能够说几句彝族话。他奉命前去谈判友好联盟，进入了彝族的境内，同彝族的首领进行谈判。他说，彝族人反对军阀刘湘、刘文辉和国民党；红军也反对他们。彝族人要保持独立；红军的政策主张中国各少数民族都自治。彝族人仇恨汉人是因为他们受到汉人的压迫，但是汉人有"白"汉和"红"汉，正如彝族人有"白"彝和"黑"彝，老是杀彝族人，压迫彝族人的是白汉。红汉和黑彝应该团结起来反对他们的共同敌人白汉。彝族人很有兴趣地听着。他们狡黠地要武器和弹药好保卫独立，帮助红汉打白汉。结果红军都给了他们，使他们感到很意外。

于是红军不仅迅速地而且安然无事地高高兴兴过了境。好几百个彝族人参加了"红"汉，一起到大渡河去打共同的敌人。这些彝族人中还有一些还一直走到了西北。刘伯承在彝族的总首领面前同他一起饮了新杀的一只鸡的血，他们两人按照部落传统方式，歃血为盟，结为兄弟。红军用这种立誓方式宣布凡是违反盟约的人都像那只鸡一样懦弱胆怯。

这样，一军团的一个先锋师在林彪率领下到达了大渡河。在行军的最后一天，他们出了彝族区的森林（在枝茂叶繁的森林中，南京方面的飞行员完全失去了他们的踪迹），出其不意地猛扑河边的安顺场小镇，就像他们奇袭皎平渡一样突然。先锋部队由彝族战士带路，通过狭隘的山间羊肠小道，悄悄地到了镇上，从高处望河岸望去，又惊又喜地发现三艘渡船中有一艘系在大渡河的南岸！命运再一次同他们交了朋友。

这怎么会发生的呢？在对岸，只有四川两个独裁者之一刘文辉将军的一团兵力。其他的四川军队和南京的增援部队一样还在不慌不忙前来大渡河的途上，当时一团兵力已经足够了。的确，由于全部渡船都停泊在北岸，一班兵力也就够了。该团团长是个本地人，他了解红军要经过什么地方，要到达河边需要多长时间。那得等好多天，他很可能这么告诉他的部下。他的老婆又是安顺场本地人，因此他得到南岸来访亲问友，同他们吃吃喝喝。因此红军奇袭安顺场时，俘获了那个团长，他的渡船，确保了北渡的通道。

　　先锋部队的五个连每连出了十六个战士自告奋勇搭那艘渡船过河把另外两艘带回来，一边红军就在南岸的山边建立机枪阵地，在河上布置掩护火力网，目标集中在敌人外露阵地。时当五月，山洪暴发，水流湍急，河面甚至比长江还宽。渡船从上游启碇，需要两个小时才能到镇对岸靠岸。南岸安顺场镇上的人们屏息凝神地看着，担心他们要被消灭掉。但是别忙。他们看到渡河的人几乎就在敌人的枪口下靠了岸。现在，没有问题，他们准是要完蛋了。可是……南岸红军的机枪继续开火。看热闹的人看着那一小批人爬上了岸，急忙找个隐蔽的地方，然后慢慢地爬上一个俯瞰敌人阵地的陡峭的悬崖。他们在那里架起了自己的轻机枪，掷了一批手榴弹到河边的敌人碉堡里。

　　突然白军停了火，从碉堡里窜出来，退到了第二道、第三道防线。南岸的人嗡嗡地说开了，叫"好"声传过了河，到那一小批占领了渡头的人那里。这时，第一艘渡船回来了，还带了另外两艘，第二次过河每条船就载过去八十个人。敌人已经全部逃窜。当天的白天和晚上，第二天，第三天，安顺场的三艘渡船不停地来回，最后约有一师人员运到了北岸。

　　但是河流越来越湍急。渡河越来越困难了。第三天渡一船人过河需要四个小时。照这样的速度，全部人马辎重过河需要好几个星期才行。还没有完成过河，他们就会受到包围。这时一军团已挤满了安顺场，后面还有侧翼纵队，辎重部队，后卫部队陆续开到。蒋介石的飞机已经发现了这个地方，大肆轰炸。敌军从东南方向疾驰而来，还有其他部队从北方赶来。林彪召开了紧急军事会议。这时朱德、毛泽东、周恩来和彭德怀都已到达河边。他们作出了一个决议，立即执行。

　　安顺场以西四百里，峡谷高耸，河流又窄、又深、又急的地方，有条著名的铁索悬桥叫作泸定桥。这是大渡河上西藏以东的最后一个可以过河的地方。现在赤脚的红军战士就沿着峡谷间迂回曲折的小道，赤足向泸定桥出发，一路上有时要爬几千英尺高，有时又降到泛滥的河面，在齐胸的泥潭中前进。如果他们能够占领泸定桥，全军就可以进入川中，否则就得循原路折回，经过彝族区回到云南，向西杀出一条路来到西藏边境的丽江，迂回一千多里，很少人有生还希望。

　　南岸主力西移时，已经过河到了北岸的一师红军也开动了。峡谷两岸有时极窄，两队红军隔河相叫可以听到。有时又极辽阔，使他们担心会从此永远见不了面，于是他们就加快步伐。他们在夜间摆开一字长蛇阵沿着两岸悬崖前进时，一万多把火炬照映在夹在中间的河面上，仿佛万箭俱发。这两批先锋部队日夜兼程，休息、吃饭顶多不超过十分钟，这时还得听精疲力尽的政治工作者向他们讲话，反复解释这次急行军的重要意义，鼓励他们要拿出最后一口气，最后一点精力来夺取在前面等着的考验的胜利。不能放松步伐，不能灰心，不能疲倦。胜利就是生命，失败就必死无疑。

第二天，右岸的先锋部队落在后面了。四川军队沿路设了阵地，发生了接触。南岸的战士就更加咬紧牙关前进。不久，对岸出现了新的部队，红军从望远镜中看出他们是白军增援部队，赶到泸定桥去的！这两支部队隔河你追我赶，整整一天之久，红军先锋部队是全军精华，终于慢慢地把精疲力尽的敌军甩到后面去了，因为他们休息的时间久，次数多，精力消耗得快，因为他们毕竟并不太急于想为夺桥送命呀。

泸定桥建桥已有数百年的历史，同华西急流深河上的所有桥梁一样都是用铁索修成的。一共有十六条长达一百多码的粗大铁索横跨在河上，铁索两端埋在石块砌成的桥头堡下面，用水泥封住。铁索上面铺了厚木板做桥面，但是当红军到达时，他们发现已有一半的木板被撬走了，在他们面前到河流中心之间只有空铁索。在北岸的桥头堡有个敌军的机枪阵地面对着他们，后面是一师白军据守的阵地。当然，这条桥本来是应该炸毁的，但是四川人对他们少数几条桥感情很深；修桥很困难，代价也大。据说光是修泸定桥"就花了十八省捐献的钱财。"反正谁会想到红军会在没有桥板的铁索上过桥呢，那不是发疯了吗？但是红军就是这样做的。

机不可失。必须在敌人援军到达之前把桥占领。于是再一次征求志愿人员。红军战士一个个站出来愿意冒生命危险，于是在报名的人中最后选了三十个人。他们身上背了毛瑟枪和手榴弹，马上就爬到沸腾的河流上去了，紧紧地抓住了铁索一步一抓地前进。红军机枪向敌军碉堡开火，子弹都飞迸在桥头堡上。敌军也以机枪回报，狙击手向着在河流上空摇晃地向他们慢慢爬行前进的红军射击。第一个战士中了弹，掉到了下面的急流中，接着又有第二个，第三个。但是别的人越来越爬近到桥中央，桥上的木板对这些敢死队起了一点保护作用，敌人的大部分子弹都迸了开去，或者落在对岸的悬崖上。

四川军队大概从来没有见过这样的战士——这些人当兵不只是为了有个饭碗，这些青年为了胜利而甘于送命。他们是人，是疯子，还是神？迷信的四川军队这样嘀咕。他们自己的斗志受到了影响；也许他们故意开乱枪不想打死他们；也许有些人暗中祈祷对方冒险成功！终于有一个红军战士爬上了桥板，拉开一个手榴弹，向敌人碉堡投去，一掷中的。军官这时急忙下令拆毁剩下的桥板，但是已经迟了。又有几个红军爬了过来。敌人把煤油倒在桥板上，开始烧了起来。但是这时已有二十个左右红军匍匐向前爬了过来，把手榴弹一个接着一个投到了敌军机枪阵地。

突然，他们在南岸的同志们开始兴高采烈地高呼："红军万岁！革命万岁！大渡河三十英雄万岁！"原来白军已经仓皇后撤！进攻的红军全速前进，冒着舔人的火焰冲过了余下的桥板。纵身跳进敌人碉堡，把敌人丢弃的机枪掉过头来对准岸上。

这时便有更多的红军蜂拥爬上了铁索，赶来扑灭了火焰，铺上了新板。不久，在安顺场过了河的一师红军也出现了，对残余的敌军阵地展开侧翼进攻，这样没有多久白军就全部窜逃——有的是窜逃，有的是同红军一起追击，因为有一百左右的四川军队缴械投诚，参加追击。一两个小时之内，全军就兴高采烈地一边放声高唱，一边渡过了大渡河，进入了四川境内。在他们头顶上空，蒋介石的飞机无可奈何地怒吼着，红军发疯一样向他们叫喊挑战。在红军蜂拥渡河的时候，这些飞机企图炸毁铁索桥，但炸弹都掉在河里，溅起一片片水花。

安顺场和泸定桥的英雄由于英勇过人得到了金星奖章，这是中国红军的最高勋章。我后来在宁夏，还会碰到他们几个，对他们那样年轻感到惊讶，因为他们的年纪都不到二十五岁。

注释

1. 选自美国记者埃德加·斯诺编著，王涛译，长江文艺出版社 2020 年出版的《红星照耀中国》第五章第三节。

思考探究

1. 梳理大渡河上的英雄们的主要事迹和贡献。
2. 结合课文，分析纪实文学的写作特点。

毛泽东诗词二首

文学常识

毛泽东（1893—1976），字润之，笔名子任，湖南湘潭人。中国人民的领袖，伟大的马克思主义者，伟大的无产阶级革命家、战略家、理论家，中国共产党、中国人民解放军和中华人民共和国的主要缔造者和领导人，诗人，书法家。

忆秦娥·娄山关[1]

西风烈，长空雁叫霜晨月[2]。霜晨月，马蹄声碎，喇叭声咽。

雄关漫道真如铁，而今迈步从头越[3]。从头越，苍山如海，残阳如血。

七律·到韶山[4]

别梦[5]依稀咒逝川[6]，故园三十二年前。

红旗卷起农奴戟[7]，黑手高悬霸主鞭[8]。

为有牺牲多壮志，敢教日月换新天。

喜看稻菽[9]千重浪，遍地英雄下夕烟。

注释

1. 《忆秦娥·娄山关》：选自田秉锷编著《毛泽东诗词鉴赏》，上海三联书店2012年出版。忆秦娥：词牌名，源于李白的词句"秦娥梦断秦楼月"。双调，仄韵格，四十六字。该词牌名最早出自李白《忆秦娥·箫声咽》词。娄山关：又名太平关，在贵州遵义北90里的娄山之巅，地势极为险要，《贵州通志》说它"万峰插天，中通一线"，是四川与贵州的交通孔道。此处群峰攒聚，中通一线，地势十分险要，历来为兵家必争之地。娄山关是红军长征途中的一处天险，此处战役关系着红军的生死存亡。

2. "西风"句：似写秋季物候，实乃当地二月间真实景象。

3. 从头越：重新跨越。娄山关胜利后，重夺遵义，若北上，需重过娄山关。

4. 《七律·到韶山》：选自田秉锷编著《毛泽东诗词鉴赏》，上海三联书店 2012 年出版。韶山，即韶山冲，毛泽东故乡。

5. 别梦：指离别的梦境。

6. 咒逝川：感叹光阴流逝。

7. 农奴戟：指农奴起义。戟，古代戈、矛一体的兵器，可用以直刺与横击。

8. 霸主鞭：指反革命武装，即蒋介石反动武装。

9. 稻菽：指庄稼。菽，豆类植物。

🔷 思考探究

1. 《忆秦娥·娄山关》一词中"雄关漫道真如铁，而今迈步从头越"表达了怎样的感情？你如何看待这句话在当下社会中的含义？

2. 《七律·到韶山》中，诗人是如何将游子思乡"柔情"与大丈夫报国"豪情"融于一体的？

3. 结合作品，分析毛泽东诗词中的思想艺术风格。

本单元语文综合实践活动

习近平总书记指出："红色是中国共产党、中华人民共和国最鲜亮的底色"。红色文化是我们党领导中国人民在艰苦卓绝的革命斗争中形成的精神文化结晶，是我们在前进道路上战胜各种困难和挑战、不断取得新胜利的强大精神动力。

一、红色经典影视剧片段配音

《英雄儿女》《亮剑》《觉醒年代》《长津湖》等红色经典影视剧不仅重现了革命先辈们的英勇事迹，更是传承了不朽的革命精神，其深刻的内涵和感人的故事，激励着一代又一代人。

以小组为单位，观看一部红色影视剧，并选择当中的精彩片段进行配音练习，注意人物说话的语气、情感。用你的声音，为那些不朽的英雄角色注入新的生命，重现那些激动人心的瞬间。

二、阅读红色经典，讲好红色故事

在波澜壮阔的历史长河中，红色故事如同璀璨的珍珠，串联起中华民族的光辉记忆。在每一个红色故事的背后，都蕴藏着一段感人至深的历史，一个个不朽的英雄。请以小组为单位，选择一个感人至深的英雄事迹，搜集、整合相关素材，借助图片、视频，制作 PPT，进行讲演。

三、追寻红色足迹，重温峥嵘岁月

参观爱国主义基地、红色旧址，革命历史纪念馆等，通过其展示的图片、文物、故事，重温革命前辈开天辟地敢为人先的壮丽史诗，并分享自己的感悟。

第四单元
品味民俗风情

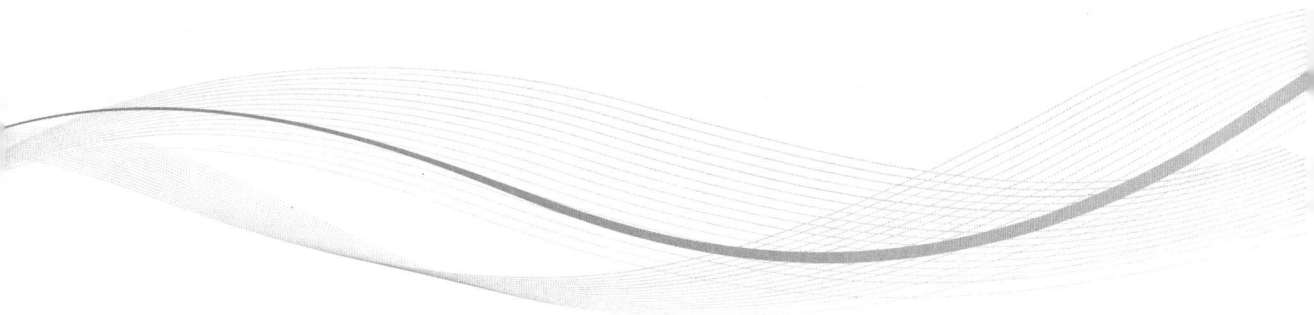

本单元序

　　民俗风情，作为一个地区或民族在长期历史发展过程中形成的独特文化现象，涵盖了衣食住行、婚丧嫁娶、节日庆典、宗教信仰、民间艺术、民间故事等多个方面，是地域文化和民族精神的生动体现，承载了人们对于生活的别样理解和表达，在岁月的流转中不断传承和发展。我国历史悠久、幅员辽阔、民族众多，这使我国的民俗文化异彩纷呈、斑斓多姿。这些民俗风情，不仅是娱乐与习俗，更是民族情感的纽带，将一代又一代的人紧密相连。

　　本单元的课文，有的讲述灵珠子转世为哪吒的神奇经历，以及哪吒成长初期所展现出的非凡能力和英勇事迹；有的探寻中国建筑艺术那充满理性精神与诗意韵味的奇妙世界，解读建筑背后所蕴含的中华民族的智慧与审美追求；有的细腻地勾勒出 20 世纪上半叶我国时装变迁的斑斓画卷，揭示了服饰背后所承载的表达自我、顺应潮流甚至反抗束缚的文化意蕴；有的展现土家族的独特婚丧习俗，引发对生命、死亡、爱情、亲情等话题的深刻思考。这些作品，一定程度上丰富着我国民俗文化的内涵，以其特有的魅力吸引着人们去探索和了解。

陈塘关哪吒出世[1]

许仲琳

文学常识

许仲琳（约1560—约1630），亦作陈仲林，号钟山逸叟，应天府（今江苏省南京市）人，约生活于明代中后期，生平事迹不详，明朝小说家，相传《封神演义》由他编辑成书。这段故事在描绘了哪吒非凡的出生经历的同时，也体现了《封神演义》神话色彩浓厚、想象力丰富的特点。哪吒的出世故事不仅充满了奇幻色彩，也蕴含着丰富的文化内涵和象征意义。它反映了古代人民对于英雄诞生的想象和期盼，同时也寄托了人们对于力量、智慧和勇气的崇尚。哪吒的形象在中国传统文化中极具代表性，他既是正义的化身，也是反抗强权、勇于担当的象征。

诗曰：

> 金光洞[2]里有奇珍，降落尘寰辅至仁。
>
> 周室已生佳气色，纣家应自灭精神。
>
> 从来泰运多梁栋，自古昌期有劫燐。
>
> 戊午时中逢甲子，漫嗟朝野尽沉沦。

话说陈塘关有一总兵官，姓李，名靖，自幼访道修真，拜西昆仑度厄真人为师，学成五行遁术。因仙道难成，故遣下山辅佐纣王，官居总兵，享受人间之富贵。元配殷氏，生有二子：长曰金吒，次曰木吒。殷夫人后又怀孕在身，已及三年零六个月，尚不生产。李靖时常心下忧疑，一日，指夫人之腹，言曰："孕怀三载有余，尚不降生，非妖即怪。"夫人亦烦恼曰："此孕定非吉兆，教我日夜忧心。"李靖听说，心下甚是不乐。当晚夜至三更，夫人睡得正浓，梦见一道人，头挽双髻，身着道服，径进香房。夫人叱曰："这道人甚不知理。此乃内室，如何径进，着实可恶！"道人曰："夫人快接麟儿[3]！"夫人未及答，只见道人将一物往夫人怀中一送，夫人猛然惊醒，骇出一身冷汗。忙唤醒李总兵曰："适才梦中……如此如此……"说了一遍。言未毕时，殷夫人已觉腹中疼痛。靖急起来，至前厅坐下。暗想："怀身三年零六个月，今夜如此，莫非降生，凶吉尚未可知。"正思虑间，只见两个侍儿，慌忙前来："启老爷：夫人生下一个妖精来了！"李靖听说，急忙来至香房，手执宝剑，只见房里一团红气，满屋异香。有一肉球，滴溜溜圆转如轮。李靖大惊，望肉球上一剑砍去，划然有声。分开肉球，跳出一个小孩儿来，满地红光，面如傅粉，右手套一金镯，肚腹上围着一块红绫，金光射目。——这位神圣下世，出在陈塘关，乃姜子牙先行官是也；灵珠子化身。金镯是"乾坤圈"，红绫名曰"混天绫。"此物乃是乾元山镇金光洞之宝。表过不题。——只见李靖砍开肉球，见一孩儿满地上跑。李靖骇异，上前一把抱将起来，分明是个好孩子，又不忍作为妖怪坏他性命。乃递与夫人看。彼此恩爱不舍，各各忧喜。

却说次日，有许多属官，俱来贺喜。李靖刚发放完毕，中军官来禀："启老爷：外面有一道人求见。"李靖原是道门，怎敢忘本。忙道："请来。"军政官急请道人。道人径上大厅，朝上对李靖曰："将军，贫道稽首了。"李靖忙答礼毕，尊道人上坐。道人不谦，便就坐下。李靖曰："老师何处名山？甚么洞府？今到此关，有何见谕？"道人曰："贫道乃乾元山金光洞太乙真人是也。闻得将军生了公子，特来贺喜。借令公子一看，不知尊意如何？"李靖闻道人之言，随唤侍儿抱将出来。侍儿将公子抱将出来。道人接在手，看了一看，问曰："此子落在那个时辰？"李靖答曰："生在丑时。"道人曰："不好。"李靖答曰："此子莫非养不得么？"道人曰："非也。此子生于丑时，正犯了一千七百杀戒。"又问："此子可曾起名否？"

李靖答曰："不曾。"道人曰："待贫道与他起个名，就与贫道做个徒弟，何如？"李靖答曰："愿拜道者为师。"道人曰："将军有几位公子？"李靖答曰："不才有三子；长曰金咤，拜五龙山云霄洞文殊广法天尊为师；次曰木咤，拜九宫山白鹤洞普贤真人为师。老师既要此子为门下，但凭起一名讳，便拜道长为师。"道人曰："此子第三，取名叫做'哪咤'。"李靖谢曰："多承厚德命名，感谢不尽。"唤左右："看斋。"道人乃辞曰："这个不必，贫道有事，即便回山。"着实固辞。李靖只得送道人出府。那道人别过，径自去了。

话说李靖在关上无事，忽闻报天下反了四百诸侯。忙传令出，把守关隘，操演三军，训练士卒，谨提防野马岭要地。鸟飞兔走，瞬息光阴，暑往寒来，不觉七载。哪咤年方七岁，身长六尺。时逢五月，天气炎热，李靖因东伯侯姜文焕反了，在游魂关大战窦荣，因此每日操练三军，教练士卒。不表。

且说三公子哪咤见天气暑热，心下烦躁，来见母亲，参见毕，站立一傍，对母亲曰："孩儿要出关外闲耍⁴一会。禀过母亲，方敢前去。"殷夫人爱子之心重，便叫："我儿，你既要去关外闲玩，可带一名家将领你去，不可贪玩，快去快来。恐怕你爹爹操练回来。"哪咤应道："孩儿晓得。"哪咤同家将出得关来，正是五月天气，也就着实炎热。

但见：

> 太阳真火炼尘埃，绿柳娇禾欲化灰。
>
> 行旅畏威慵举步，佳人怕热懒登台。
>
> 凉亭有暑如烟燎，水阁无风似火埋。
>
> 漫道荷香来曲院，轻雷细雨始开怀。

话说哪吒同家将出关，约行一里之余，天热难行。哪吒走得汗流满面，乃叫家将："看前面树阴之下，可好纳凉？"家将来到绿柳阴中，只见熏风荡荡，烦襟尽解，急忙走回来，对哪吒禀曰："禀公子，前面柳荫之内，甚是清凉，可以避暑。"哪吒听说，不觉大喜；便走进林内；解开衣带，舒放襟怀，甚是快乐。猛忽的见那壁厢清波滚滚，绿水滔滔，真是两岸垂杨风习习，崖傍乱石水潺潺。哪吒立起身来，走到河边，叫家将："我方才走出关来，热极了，一身是汗。如今且在石上洗一个澡。"家将曰："公子仔细，只怕老爷回来，可早些回去。"哪吒曰："不妨。"脱了衣裳，坐在石上，把七尺混天绫放在水里，蘸水洗澡，不知这河是九湾河，是东海口上。哪吒将此宝放在水中，把水俱映红了。摆一摆，江河晃动，摇一摇，乾坤动撼。那哪吒洗澡，不觉那水晶宫已晃得乱响。

不说那哪吒洗澡，且说东海敖光在水晶宫坐，只听得宫阙震响，敖光忙唤左右，问曰："地不该震，为何宫殿幌摇？"传与巡海夜叉李艮，看海口是何物作怪。"夜叉来到九湾河一望，见水俱是红的，光华灿烂，只见一小儿将红罗帕蘸水洗澡。夜叉分水，大叫曰："那孩子将甚么作怪东西，把河水映红，宫殿摇动？"哪吒回头一看，见水底一物，面如蓝靛，发似朱砂，巨口獠牙，手持大斧。哪吒曰："你那畜生，是个甚么东西，也说话？"夜叉大怒："吾奉主公点差巡海夜叉，怎骂我是畜生？"分水一跃，跳上岸来，望哪吒顶上一斧劈来。哪吒正赤身站立，见夜叉来得勇猛，将身躲过，把右手套的乾坤圈望空中一举。此宝原系昆仑山玉虚宫所赐太乙真人镇金光洞之物，夜叉那里经得起，那宝打将下来，正落在夜叉头上，只打的脑浆迸流，即死于岸上。哪吒笑曰："把我的乾坤圈都污了。"复到石上坐下，洗那圈子。水晶宫如何经得起此二宝震撼，险些儿把宫殿俱晃倒了。敖光曰："夜叉去探事未回，怎的这等凶恶！"正说话间，只见龙兵来报："夜叉李艮被一孩童打死在陆地，特启龙君知道。"敖光大惊。"李艮乃灵霄殿御笔点差的，谁敢打死？"敖光传令："点龙兵，待吾亲去，看是何人！"话未了，只见龙王三太子敖丙出来，口称："父王，为何大怒？"敖光将李艮打死的事说了一遍。三太子曰："父王请安。孩儿出去拿来便是。"忙调龙兵，上了逼水兽，提画杆戟，径出水晶宫来。分开水势，浪如山倒，波涛横生，平地水长数尺。哪吒起身看着水，言曰："好大水！好大水！"只见波浪中现一水兽，兽上坐着一人，全装服色，持戟骁雄，大叫曰："是甚人打死我巡海夜叉李艮？"哪吒曰："是我。"敖丙一见，问曰："你是谁人？"哪吒答曰："我乃陈塘关李靖第三子哪吒是也。俺父亲镇守此间，乃一镇之主。我在此避暑洗澡，与他无干；他来骂我，我打死了他，也无妨。"三太子敖丙大惊曰："好泼贼！夜叉李艮乃天王殿差，你敢大胆将他打死，尚敢撒泼乱言！"太子将昼戟便刺，来取哪吒。哪吒手无寸铁，把手一低，攒将过去："少待动手，你是何人？通个姓名，我有道理。"敖丙曰："孤乃东海龙君三太子敖丙是也。"哪吒笑曰："你原来是敖光之子。你妄自尊大。若恼了我，连你那老泥鳅都拿出来，把皮也剥了他的。"三太子大叫一声："气杀我！好泼贼！这等无礼！"又一戟刺来。哪吒急了，把七尺混天绫望空一展，似火块千团，往下一裹，将三太子裹下逼水兽来。哪吒抢一步赶上去，一脚踏住敖丙的颈项，提起乾坤圈，照顶门一下，把三太子的元身打出，是一条龙，在地上挺直。哪吒曰："打出这小龙的本像来了。也罢，把他的筋抽去，做一条龙筋绦与俺父亲束甲。"哪吒把三太子的筋抽了，径带进关来。把家将吓得浑身骨软筋酥，腿慢难行，挨到帅府门前。哪吒来见母夫人。夫人曰："我儿，你往那里耍子，便去这半日？"哪吒曰："关外闲行，不觉来迟。"哪吒说罢，往后园去了。

且说李靖操演回来，发放左右，自卸衣甲，坐于后堂。忧思纣王失政，逼反天下四百诸侯，日见生民涂炭，正在那里烦恼。

且说敖光在水晶宫，只听得龙兵来报说："陈塘关李靖之子哪吒把三太子打死，连筋都抽去了。"敖光听报，大惊曰："吾儿乃兴云布雨滋生万物正神，怎说打死了！李靖，你在西昆仑学道，吾与你也有一拜之交；你敢纵子为非，将我儿子打死，这也是百世之冤，怎敢又将我儿子筋都抽了！言之痛心切骨！"敖光大怒，恨不能即与其子报仇，随化一秀士，径往陈塘关来。至于帅府，对门官曰："你与我传报，有故人敖光拜访。"军政官进内厅禀曰："启老爷，外有故人敖光拜访。"李靖曰："吾兄一别多年，今日相逢，真是天幸。"忙整衣来迎。敖光至大厅，施礼坐下。李靖见敖光一脸怒色，方欲动问，只见敖光曰："李贤弟，你生的好儿子！"李靖笑答曰："长兄，多年未会，今日奇逢，真是天幸，何故突发此言？若论小弟，止有三子：长曰金吒，次曰木吒，三曰哪吒，俱拜名山道德之士为师，虽未见好，亦不是无赖之辈。长兄莫要错见。"敖光曰："贤弟，你错见了，我岂错见！你的儿子在九湾河洗澡，不知用何法术，将我水晶宫几乎震倒。我差夜叉来看，便将我夜叉打死。我第三子来看，又将我第三太子打死，还把他筋都抽了来。……"敖光说至此，不觉心酸，勃然大怒曰："你还说不晓事护短的话！"李靖忙陪笑答曰："不是我家，兄错怪了我。我长子在九龙山学艺；二子在九宫山学艺；三子七岁，大门不出，从何处做出这等大事来？"敖光曰："便是你第三子哪吒打的！"李靖曰："真是异事非常。长兄不必性急，待我教他出来你看。"李靖往后堂来。殷夫人问曰："何人在厅上？"李靖曰："故友敖光。不知何人打死他三太子，说是哪吒打的。如今叫他出去与他认。哪吒今在那里？"殷夫人自思："只今日出门，如何做出这等事来？"不敢回言，只说："在后园里面。"李靖径进后园来叫："哪吒在那里？"叫了半个时辰不应。李靖径走到海棠轩来，见门又关住。李靖在门口大叫，哪吒在里面听见，忙开门来见父亲。李靖便问："我儿，你在此作何事？"哪吒对曰："孩儿今日无事出关，至九湾河顽耍，偶因炎热，下水洗个澡。叵耐有个夜叉李艮，孩儿又不惹他，他百般骂我，还拿斧来劈我，被孩儿一圈打死了。不知又有个甚么三太子叫做敖丙，持画戟刺我。被我把混天绫裹他上岸，一脚踏住颈项，也是一圈，不意打出一条龙来。孩儿想龙筋最贵气，因此上抽了他的筋来，在此打一条龙筋绦，与父亲束甲。"就把李靖只吓得张口如痴，结舌不语；半晌，大叫曰："好冤家！你惹下无涯之祸。你快出去见你伯父，自回他话。"哪吒曰："父亲放心，不知者不坐罪，筋又不曾动他的，他要，原物在此，待孩儿见他去。"

哪吒急走来至大厅，上前施礼，口称："伯父，小侄不知，一时失错，望伯父恕罪。原筋交付明白，分毫未动。"敖光见物伤情，对李靖曰："你生出这等恶子，你适才还说我错了。今他自己供认，只你意上可过的去！况吾子者，正神也；夜叉李艮亦系御笔点差；岂得你父子无故擅行打死！我明日奏上玉帝，问你的师父要你！"敖光径扬长去了。李靖顿足放声大哭："这祸不小！"夫人听见前庭悲哭，忙问左右侍儿，侍儿回报曰："今日三公子因游玩，打死龙王三太子。适才龙王与老爷析辩，明日要奏准天庭。不知老爷为何啼哭。"夫人着忙，急至前庭，来看李靖。李靖见夫人来，忙止泪，恨曰："我李靖求仙未成，谁知你生下这样好儿子，惹此灭门之祸！龙王乃施雨正神，他妄行杀害；明日玉帝准奏施行，我和你多则三日，少则两朝，俱为刀下之鬼！"说罢又哭，情甚惨切。夫人亦泪如雨下，指哪吒而言曰："我怀你三年零六个月，方才生你，不知受了多少苦辛。谁知你是灭门绝户之祸根也！"哪吒见父母哭泣，立身不安，双膝跪下，言曰："爹爹，母亲，孩儿今日说了罢。我不是凡夫俗子，我是乾元山金光洞太乙真人弟子。此宝皆系师父所赐，料敖光怎的不得我。我如今往乾元山上，问我师尊，必有主意。常言道：'一人做事一人当。'岂敢连累父母？"哪吒出了府门，抓一把土，望空一洒，寂然无影。此是生来根本，借土遁往乾元山来。有诗为证，诗曰：

乾元山上叩吾生，诉说敖光东海情。宝德门前施法力，方知仙术不虚名。

话说哪吒借土遁来至乾元山金光洞，候师法旨。金霞童儿忙启师父："师兄候法旨。"太乙真人曰："着他进来。"金霞童子至洞门对哪咤曰："师父命你进去。"哪咤至碧游床倒身下拜。真人问曰："你不在陈塘关，到此有何话说？"哪咤曰："启老师：蒙恩降生陈塘，今已七载。昨日偶到九湾河洗澡，不意敖光子敖丙将恶语伤人，弟子一时怒发，将他伤了性命。今敖光欲奏天庭，父母惊慌，弟子心甚不安，无门可救，只得上山，恳求老师，赦弟子无知之罪，望祈垂救。"真人自思曰："虽然哪咤无知，误伤敖丙，这是天数。今敖光虽是龙中之王，只是布雨兴云，然上天垂象，岂得推为不知！以此一小事干渎天庭，真是不谙事体！"忙叫："哪咤过来，你把衣裳解开。"真人以手指在哪咤前胸画了一道符录，吩咐哪咤："你到宝德门……如此如此。事完后，你回到陈塘关与你父母说，若有事，还有师父，决不干碍父母。你去罢。"

哪咤离了乾元山，径往宝德门来。正是天宫异景非凡像，紫雾红云罩碧空。但见上天，大不相同：

初登上界，乍见天堂，金光万道吐红霓，瑞气千条喷紫雾。只见那南天门：碧沉沉瑠璃造就，明晃晃宝鼎妆成。两旁有四根大柱，柱上盘绕的是兴云布雾赤须龙；正中有二座玉桥，桥上站立的是彩羽凌空丹顶凤。明霞灿烂映天光，碧雾朦胧遮斗日。天上有三十三座仙宫：遣云宫、昆波宫、紫霄宫、太阳宫、太阴宫、化乐宫，一宫宫脊吞金獬豸；又有七十二重宝殿：乃朝会殿、凌虚殿、宝光殿、聚仙殿、传奏殿，一殿殿柱列玉麒麟，寿星台、禄星台、福星台，台下有千千年不卸奇花；炼丹炉、八卦炉、水火炉，炉中有万万载常青绣草。朝圣殿中绛纱衣，金霞灿烂；彤廷楷下芙蓉冠，金碧辉煌。灵霄宝殿，金钉攒玉户；积圣楼前，彩凤舞朱门。伏道回廊，处处玲珑剔透；三檐四簇；层层龙凤翱翔。上面有紫巍巍，明幌幌、圆丢丢、光灼灼、亮铮铮的葫芦顶；左右是紧簇簇、密层层、响叮叮、滴溜溜、明朗朗的玉佩声。正是：天官异物般般有，世上如他件件稀。金阙银鸾并紫府，奇花异草暨瑶天。朝王玉兔坛边过；参圣金乌着底飞。若人有福来天境，不堕人间免污泥。

哪咤到了宝德门，来的尚早，不见敖光；又见天宫各门未开，哪咤站立在聚仙门下。不多时，只见敖光朝服叮当，径至南天门。只见南天门未开。敖光曰："来早了，黄巾力士还不曾至，不免在此间等候。"哪咤看见敖光；敖光看不见哪咤。——哪咤是太乙真人在他前心画了符箓，名曰："隐身符"，故此敖光看不见哪咤。哪咤看见敖光在此等候，心中大怒，撒开大步，提起手中乾坤圈，把敖光后心一圈，打了个饿虎扑食，跌倒在地。哪咤赶上去，一脚踏住后心。不知敖光性命如何，且听下回分解。

注释

1. 《陈塘关哪咤出世》选自《封神演义》第十二回。《封神演义》一般俗称《封神榜》，又名《商周列国全传》《武王伐纣外史》《封神传》，是一部我国古代的神魔小说。全书共一百回，为明代许仲琳（一说是陈仲琳）所作，约成书于明代中后期。哪吒是陈塘关总兵李靖的第三子，他的出世非比寻常，充满了神秘与传奇色彩。

2. 金光洞是哪吒的师傅太乙真人的修道之所，而哪吒是金光洞里的奇珍灵珠子转世。

3. 麟儿，民间多以"麒麟儿""麟儿""麟子"等为美称赞扬别人家的孩子，古时王室成员也可代指自己的孩子。也泛指新生儿。

4. 耍，同"玩"，用不严肃的态度对待；戏弄。

思考探究

1. 请简述哪吒出世的过程。在这一过程中，有哪些神异现象出现？这些现象如何体现哪吒不凡的身份和命运？

2. "哪吒闹海"和"剔骨还父"的情节折射出中国人怎样的观念？

3. 哪吒的形象在众多文学和影视作品中都有呈现，试着说一说在不同作品中哪吒形象有何不同？

建筑艺术[1]

李泽厚

文学常识

李泽厚（1930—2021），湖南宁乡人，哲学家，生前为中国社会科学院哲学研究所研究员、巴黎国际哲学院院士、美国科罗拉多学院荣誉人文学博士，德国图宾根大学、美国密歇根大学、威斯康星大学等多所大学客座教授，主要从事中国近代思想史和哲学、美学研究，代表作《美的历程》。

从新石器时代的半坡遗址等处来看，方形或长方形的土木建筑体制便已开始，它终于成为中国后世主要建筑形式。与世界许多古文明不同，不是石建筑而是木建筑成为中国一大特色，为什么？似乎至今并无解答。在《诗经》等古代文献中，有"如翚斯飞""作庙翼翼"之类的描写，可见当时木建筑已颇具规模，并且具有审美功能。从"翼翼""斯飞"来看，大概已有舒展如翼、四宇飞张的艺术效果。但是，对建筑的审美要求达到真正高峰，则要到春秋战国时期。这时随着社会进入新阶段，一股所谓"美轮美奂"的建筑热潮盛极一时地蔓延开来。不只是为避风雨而且追求使人赞叹的华美，日益成为新兴贵族们的一种重要需要和兴趣所在。《左传》《国语》中便有好些记载，例如"美哉室，其谁有此乎"（《左传·昭公二十六年》），"台美乎"（《国语·晋语》），《墨子·非乐》说吴王夫差筑姑苏之台十年不成，（《左传·庄公三十一年》有春夏秋三季筑台的记述，《国语·齐语》有齐襄公筑台的记述，如此等等。

这股建筑热潮大概到秦始皇并吞六国后大修阿房宫而达到最高点。据文献记载，两千余年前的秦代宫殿建筑是相当惊人的：

秦每破诸侯，写放其官室，作之咸阳北阪上，南临渭，自雍门以东至泾、渭。殿屋复道周阁相属。

始皇以为咸阳人多，先王之宫廷小……乃营作朝宫渭南上林苑中。先作前殿阿房。东西五百步。南北五十丈，上可以坐万人，下可以建五丈旗。周驰为阁道，自殿下直抵南山。表南山之巅以为阙。（《史记·秦始皇本纪》）

从这种文字材料可以看出，中国建筑最大限度地利用了木结构的可能和特点，一开始就不是以单一的独立个别建筑物为目标，而是以空间规模巨大、平面铺开、相互接连和配合的群体建筑为特征的。它重视的是各个建筑物之间的平面整体的有机安排。当年的地面建筑已不可见，但地下始皇陵的规模格局也清晰地表明了这一点。从现在发掘的极为片断的陵的前沿兵马俑坑情况看，那整个场面简直是不可思议的雄伟壮观。从这些陶俑的身材状貌直到建筑材料（秦砖）的厚大坚实，也无不显示出那难以想象的宏大气魄。这完全可以与埃及金字塔相媲美。不同的是，它是平面展开的整体复杂结构，不是一座座独立自足的向上堆起的比较单纯的尖顶。

"百代皆沿秦制度"。建筑亦然。它的体制、风貌大概始终没有脱离先秦奠定下来的这个基础规范。秦汉、唐宋、明清建筑艺术基本保持了和延续着相当一致的美学风格。

这个艺术风格是什么呢？简单说来仍是作为中国民族特点的实践理性精神。

首先，各民族主要建筑多半是供养神的庙堂，如希腊神殿、伊斯兰建筑、哥特式教堂等等。中国主要大都是宫殿建筑，即供世上活着的君主们所居住的场所，

大概从新石器时代的所谓"大房子"开始，中国的祭拜神灵即在现实生活紧相联系的世间居住的中心，而不在脱离世俗生活的特别场所。自儒学替代宗教之后，在观念、情感和仪式中，更进一步发展贯彻了这种神人同在的倾向。于是，不是孤立的、摆脱世俗生活、象征超越人间的出世的宗教建筑，而是入世的、与世间生活环境连在一起的宫殿宗庙建筑，成了中国建筑的代表。从而，不是高耸入云、指向神秘的上苍观念，而是平面铺开、引向现实的人间联想；不是可以使人产生某种恐惧感的异常空旷的内部空间，而是平易的，非常接近日常生活的内部空间组合；不是阴冷的石头，而是暖和的木质，等等，构成中国建筑的艺术特征。在中国建筑的空间意识中，不是去获得某种神秘、紧张的灵魂感、悔悟或激情，而是提供某种明确、实用的观念情调。正和中国绘画理论所说，山水画有"可望""可游""可居"种种，但"可游""可居"胜过"可望""可行"。中国建筑也同样体现了这一精神。即是说，它不重在强烈的刺激或认识，而重在生活情调的感染熏陶，它不是一礼拜才去一次的灵魂洗涤之处，而是能够经常瞻仰或居住的生活场所。在这里，建筑的平面铺开的有机群体，实际已把空间意识转化为时间进程，就是说，不是像哥特式教堂那样，人们突然一下被扔进一个巨大幽闭的空间中，感到渺小恐惧而祈求上帝的保护。相反，中国建筑的平面纵深空间，使人慢慢游历在一个复杂多样楼台亭阁的不断进程中，感受到生活的安适和对环境的和谐。瞬间直观把握的巨大空间感受，在这里变成长久漫游的时间历程。实用的、入世的、理智的、历史的因素在这里占着明显的优势，从而排斥了反理性的迷狂意识。正是这种意识构成许多宗教建筑的审美基本特征。

中国的这种理性精神还表现在建筑物严格对称结构上，以展现严肃、方正、井井有条（理性）。所以，就单个建筑来说，比起基督教、伊斯兰教和佛教建筑来，它确乎相对低矮，比较平淡，应该承认逊色一筹。但就整体建筑群说，它却结构方正，逶迤交错，气势雄浑。它不是以单个建筑物的体状形貌，而是以整体建筑群的结构布局、制约配合而取胜。非常简单的基本单位却组成了复杂的群体结构，形成在严格对称中仍有变化，在多样变化中又保持统一的风貌。即使像万里长城，虽然不可能有任何严格对称之可言，但它的每段体制则是完全雷同的。它盘缠万里，虽不算高大却连绵于群山峻岭之巅，像一条无尽的龙蛇在做永恒的飞舞。它在空间上的连续本身即展示了时间中的绵延，成了我们民族的伟大活力的象征。

这种本质上是时间进程的流动美，在个体建筑物的空间形式上，也同样表现来，这方面又显示出线的艺术特征，因为它是通过线来做到这一点的。中国木结构建筑的屋顶形状和装饰占有重要地位，屋顶的曲线，向上微翘的飞檐（汉以后），使这个本应是异常沉重的往下压的大帽，反而随着线的曲折，显出向上挺举的飞动轻快，配以宽厚的正身和阔大的台基，使整个建筑安定踏实而毫无头重脚轻之感，体现出一种情理协调、舒适实用、有鲜明节奏感的效果，而不同于欧洲或伊斯兰以及印度建筑。就是由印度传来的宗教性质的宝塔，正如同传来的雕塑壁画一样，也终于中国化了。它不再是体积的任意堆积而繁复重累，也不是垂直一线上下同大，而表现为一级一级的异常明朗的数学整数式的节奏美。这使它便大不同于例如吴哥寺那种繁复堆积的美。如果拿相距不远的西安大小雁塔来比，就可以发现，大雁塔更典型地表现出中国式的宝塔的美。那节奏异常单纯而分明的层次，那每个层次之间的疏朗的、明显的差异比例，与小雁塔各层次之间的差距小而近，上下浑如一体，不大相同。后者尽管也中国化了，但比较起来，恐怕更接近于异域的原本情调吧。同样，如果拿1968年在北京发现的元代城门和人们熟悉的明代城门来比，这种民族建筑的艺术特征也很明显。元代城门以其厚度薄而倾斜度略大的形象，便自然具有某种异国风味，例如它似乎有点近于伊斯兰的城门。明代城门和城墙（特别像南京城的城墙）则相反，它厚实直立而更显雄浑。尽管这些都已是后代的发展，但基本线索仍要追溯到先秦理性精神。

也由于是世间生活的宫殿建筑，供享受游乐而不只供崇拜顶礼之用，从先秦起中国建筑便充满了各种供人自由玩赏的精细的美术作品（绘画、雕塑）。《论语》中有"山节藻棁"[2] "朽木不可雕也"，从汉赋中也可以看出当时建筑中绘画雕刻的繁复。斗拱、飞檐的讲究，门、窗形式的自由和多样，鲜艳色彩的极力追求，"金铺玉户" "重轩镂槛" "雕梁画栋"，是对它们的形容描述。延续到近代，也仍然如此。

"庭院深深深几许"。大概随着晚期封建社会中经济生活和意识形态的变化，园林艺术日益发展。显示威严庄重的宫殿建筑的严格的对称性被打破，迂回曲折、趣味盎然、以模拟和接近自然山林为目标的建筑美出现了。空间有畅通，有阻隔，变化无常，出人意料，可以引动更多的想象和情感，"山重水复疑无路，柳暗花明又一村"。这种仍然是以整体有机布局为特点的园林建筑，却表现着封建后期文人士大夫们更为自由的艺术观念和审美理想。与山水画的兴起大有关系，它希求人间的环境与自然界更进一步的联系，它追求人为的场所自然化，尽可能与自然合为一体。它通过各种巧妙的"借景""虚实"的种种方式、技巧，使建筑群与自然山水的美沟通汇合起来，而形成一个更为自由也更为开阔的有机整体的美。连远方的山水也似乎被收进在这人为的布局中，山光、云树、帆影、江波都可以收入建筑之中，更不用说其中真实的小桥、流水、"稻香村"了。它们的浪漫风味更浓了。但在中国古代文艺中，浪漫主义始终没有太多越出古典理性的范围，在建筑中，它们也仍然没有离开平面铺展的理性精神的基本线索，仍然是把空间意识转化为时间过程；渲染表达的仍然是现实世间的生活意绪，而不是超越现实的宗教神秘。实际上，它是以玩赏的自由园林（道）来补足居住的整齐屋宇（儒）罢了。

注释

1. 选自李泽厚《美的历程》，生活·读书·新知三联书店 2017 年出版。
2. 棁（zhuō）：梁上的短柱。

思考探究

1. 结合文章请你说说中国建筑的艺术特征包含哪些？
2. 请选择一处你感兴趣的建筑进行介绍，谈谈其中反映了哪些中国文化精神？
3. 请查阅资料，结合具体实例谈谈你对中西方建筑文化差异的理解。

更衣记[1]

张爱玲

文学常识

张爱玲（1920年9月30日—1995年9月1日左右），原名张煐，笔名梁京，祖籍河北丰润，生于上海，中国现代女作家。7岁开始写小说，12岁开始在校刊和杂志上发表作品。1943至1944年间，创作和发表了《沉香屑·第一炉香》《沉香屑·第二炉香》《茉莉香片》《倾城之恋》《红玫瑰与白玫瑰》等小说。1955年，张爱玲赴美国定居，创作英文小说多部，但仅出版一部。1969年以后主要从事古典小说的研究，著有红学论集《红楼梦魇》。1995年9月在美国洛杉矶去世，终年75岁。有《张爱玲全集》行世。

如果当初世代相传的衣服没有大批卖给收旧货的，一年一度六月里晒衣裳，该是一件辉煌热闹的事罢。你在竹竿与竹竿之间走过，两边拦着绫罗绸缎的墙——那是埋在地底下的古代宫室里发掘出来的甬道。你把额角贴在织金的花绣上。太阳在这边的时候，将金线晒得滚烫，然而现在已经冷了。

从前的人吃力地过了一辈子，所作所为，渐渐蒙上了灰尘；子孙晾衣裳的时候又把灰尘给抖了下来，在黄色的太阳里飞舞着。回忆这东西若是有气味的话，那就是樟脑的香，甜而稳妥，像记得分明的快乐，甜而怅惘，像忘却了的忧愁。

我们不大能够想象过去的世界，这么迂缓，安静，齐整——在满清三百年的统治下，女人竟没有什么时装可言！一代又一代的人穿着同样的衣服而不觉得厌烦。开国的时候，因为"男降女不降"，女子的服装还保留着显著的明代遗风。从十七世纪中叶直到十九世纪末，流行着极度宽大的衫裤，有一种四平八稳的沉着气象。领圈很低，有等于无。穿在外面的是"大袄"。在非正式的场合，宽了衣，便露出"中袄"。"中袄"里面有紧窄合身的"小袄"，上床也不脱去，多半是妖媚的桃红或水红。三件袄子之上又加着"云肩背心"，黑锻宽镶，盘着大云头。

削肩，细腰，平胸，薄而小的标准美女在这一层层衣衫的重压下失踪了。她的本身是不存在的，不过是一个衣架子罢了。中国人不赞成太触目的女人。历史上记载的耸人听闻的美德——譬如说，一只胳膊被陌生男子拉了一把，便将它砍掉——虽然博得普遍的赞叹，知识阶级对之总隐隐地觉得有点遗憾，因为一个女人不该吸引过度的注意；任是铁铮铮的名字，挂在千万人的嘴唇上，也在呼吸的水蒸气里生了锈。女人要想出众一点，连这样堂而皇之的途径都有人反对，何况奇装异服，自然那更是伤风败俗了。

出门时裤子上罩的裙子，其规律化更为彻底。通常都是黑色，逢着喜庆年节，太太穿红的，姨太太穿粉红。寡妇系黑裙，可是丈夫过世多年之后，如有公婆在堂，她可以穿湖色或雪青。裙上的细褶是女人的仪态最严格的试验。家教好的姑娘，莲步姗姗，百褶裙虽不至于纹丝不动，也只限于最轻微的摇颤。不惯穿裙的小家碧玉走起路来便予人以惊风骇浪的印象。更为苛刻的是新娘的红裙，裙腰垂下一条条半寸来宽的飘带，带端系着铃。行动时只许有一点隐约的叮当，像远山上宝塔上的风铃。晚至一九二〇年左右，比较潇洒自由的宽褶裙入时了，这一类的裙子方才完全废除。

民国初建立，有一时期似乎各方面都有浮面的清明气象。大家都认真相信卢梭的理想化的人权主义。学生们热诚拥护投票制度，非孝，自由恋爱。甚至于纯粹的精神恋爱也有人实验过，但似乎不曾成功。

时装上也显出空前的天真，轻快，愉悦。"喇叭管袖子"飘飘欲仙，露出一大截玉腕。短袄腰部极为紧小。上层阶级的女人出门系裙，在家里只穿一条齐膝的短裤，丝袜也只到膝为止，裤与袜的交界处偶然也大胆地暴露了膝盖，存心不良的女人往往从袄底垂下挑拨性的长而宽的淡色丝质的裤带，带端飘着排穗。

民国初年的时装，大部分的灵感是得自西方的。衣领减低了不算，甚至被蠲免[2]了的时候也有。领口挖成圆形，方形，鸡心形，金刚钻形。白色丝质围巾四季都能用。白丝袜脚跟上的黑绣花，象虫的行列，蠕蠕爬到腿肚子上。交际花与妓女常常有戴平光眼镜以为美的。舶来品不分皂白地被接受，可见一斑。

军阀来来去去，马蹄后飞沙走石，跟着他们自己的官员，政府，法律，跌跌绊绊赶上去的时装，也同样的千变万化。短袄的下摆忽而圆，忽而尖，忽而六角形。女人的衣服往常是和珠宝一般，没有年纪的，随时可以变卖，然而在民国的当铺里不复受欢迎了，因为过了时就一文不值。

时装的日新月异并不一定表现活泼的精神与新颖的思想。恰巧相反。它可以代表呆滞；由于其他活动范围内的失败，所有的创造力都流入衣服的区域里去。在政治混乱期间，人们没有能力改良他们的生活情形。他们只能够创造他们贴身的环境——那就是衣服。我们各人住在各人的衣服里。

1921年，女人穿上了长袍。发源于满洲的旗装自从旗人入关之后一直与中土的服装并行着的，各不相犯，旗下的妇女嫌她们的旗袍缺乏女性美，也想改穿较妩媚的袄裤，然而皇帝下诏，严厉禁止了。五族共和之后，全国妇女突然一致采用旗袍，倒不是为了效忠于清朝，提倡复辟运动，而是因为女子蓄意要模仿男子。在中国，自古以来女人的代名词是"三绺梳头，两截穿衣。"一截穿衣与两截穿衣是很细微的区别，似乎没有什么不公平之处，可是1920年的女人很容易地就多了心。她们初受西方文化的熏陶，醉心于男女平权之说，可是四周的实际情形与理想相差太远了，羞愤之下，她们排斥女性化的一切，恨不得将女人的根性斩尽杀绝。因此初兴的旗袍是严冷方正的，具有清教徒的风格。

政治上，对内对外陆续发生的不幸事件使民众灰了心。青年人的理想总有支持不了的一天。时装开始紧缩。喇叭管袖子收小了。1930年，袖长及肘，衣领又高了起来，往年的元宝领的优点在它的适宜的角度，斜斜地切过两腮，不是瓜子脸也变了瓜子脸，这一次的高领却是圆筒式的，紧抵着下颌，肌肉尚未松弛的姑娘们也生了双下巴。

当时欧美流行着的双排钮扣的军人式的外套正和中国人凄厉的心情一拍即合。然而恪守中庸之道的中国女人在那雄赳赳的大衣底下穿着拂地的丝绒长袍，袍叉开到大腿上，露出同样质料的长裤子，裤脚上闪着银色花边。衣服的主人翁也是这样的奇异的配答，表面上无不激烈地唱高调。骨子里还是唯物主义者。

近年来最重要的变化是衣袖的废除。（那似乎是极其艰难危险的工作，小心翼翼地，费了二十年的工夫方才完全剪去。）同时衣领矮了，袍身短了，装饰性质的镶滚也免了，改用盘花钮扣来代替，不久连钮扣也被捐弃了，改用嵌钮。总之，这笔账完全是减法——所有的点缀品，无论有用没用，一概剔去。剩下的只有一件紧身背心，露出颈项、两臂与小腿。

现在要紧的是人，旗袍的作用不外乎烘云托月忠实地将人体轮廓曲曲勾出。革命前的装束却反之，人属次要，单只注重诗意的线条，于是女人的体格公式化，不脱衣服，不知道她与她有什么不同。

男装的近代史较为平淡。只一个极短的时期，民国四年至八九年，男人的衣服也讲究花哨，滚上多道的如意头，而且男女的衣料可以通用，然而生当其时的人都认为那是天下大乱的怪现状之一。目前中国人的西装，固然是谨严而黯淡，遵守西洋绅士的成规，即使中装也长年地在灰色、咖啡色、深青里面打滚，质地与图案也极单调。男子的生活比女子自由得多，然而单凭这一件不自由，我就不愿意做一个男子。

衣服似乎是不足挂齿的小事。刘备说过这样的话："兄弟如手足，妻子如衣服。"可是如果女人能够做到"丈夫如衣服"的地步，就很不容易。有个西方作家曾经抱怨过，多数女人选择丈夫远不及选择帽子一般的聚精会神，慎重考虑。再没有心肝的女子说起她"去年那件织锦缎夹袍"的时候，也是一往情深的。

直到 18 世纪为止，中外的男子尚有穿红着绿的权利。男子服色的限制是现代文明的特征。不论这在心理上有没有不健康的影响，至少这是不必要的压抑。文明社会的集团生活里，必要的压抑有许多种，似乎小节上应当放纵些，作为补偿。有这么一种议论，说男性如果对于衣着感到兴趣些，也许他们会安分一点，不至于千方百计争取社会的注意与赞美，为了造就一己的声望，不惜祸国殃民。若说只消将男人打扮得花红柳绿的，天下就太平了，那当然是笑话。大红蟒衣里面戴着绣花肚兜的官员，照样会淆乱朝纲。但是预言家威尔斯³的合理化的乌托邦里面的男女公民一律穿着最鲜艳的薄膜质的衣裤，斗篷，这倒也值得做我们参考的资料。

因为习惯上的关系，男子打扮得略略不中程式，的确看着不顺眼，中装上加大衣，就是一个例子，不如另加上一件棉袍或皮袍来得妥当，便臃肿些也不妨。有一次我在电车上看见一个年轻人，也许是学生，也许是店伙，用米色绿方格的呢子呢制了太紧的袍，脚上穿着女式红绿条纹短袜，嘴里衔着别致的描花假象牙烟斗，烟斗里并没有烟。他吮了一会，拿下来把它一截截拆开了，又装上去，再送到嘴里吮，面上颇有得色。乍看觉得可笑，然而为什么不呢，如果他喜欢？……秋凉的薄暮，小菜场上收了摊子，满地的鱼腥和青白色的芦粟的皮与渣。一个小孩骑了自行车冲过来，卖弄本领，大叫一声，放松了扶手，摇摆着，轻倩地掠过。在这一刹那，满街的人都充满了不可理喻的景仰之心。人生最可爱的当儿便在那一撒手罢？

注释

1. 选自《流言》，浙江文艺出版社 2002 年出版，有删节。

2. 蠲免：免除。

3. 威尔斯：赫伯特·乔治·威尔斯（Herbert G. Wells，1866—1946）。英国小说家、人类历史学家。一生著作颇丰。代表作《时间机器》《星际战争》。

思考探究

1. 服饰穿着往往能够体现一个时代的审美趣味，文章中的中国服饰发生了哪些变化? 体现了怎样的社会现实和民众心态?

2. 张爱玲是中国现代文学史中一名才华卓越的作家,其文学作品展现了独具匠心的语言风格,请结合本文进行分析。

3. 结合实际,说一说当代以来服饰又有哪些新的变化?

红与白[1]

金克剑

文学常识

金克剑，土家族，现任《旅行》旅游杂志社主编，为中国少数民族作家协会会员、省作家协会会员、湖南民间文艺家协会理事、湖南曲艺家协会会员、湖南民间文艺家协会理事、湖南曲艺家协会会员、中国报告文学研究会会员、张家界市作家协会常务副主席、市三届政协常委、九三学社张家界市委副主委兼秘书长。

红色，是晨起的太阳，是燃烧的火焰，是婴儿临盆出世时的生命之血，是出嫁女儿的红绣衣，是新娘头上的红色露水帕，是大红双喜字，是高高挂着的大红灯笼，是神龛上那一对红蜡烛……

白色，是漫漫飞雪，是素裹的雪松之躯，是飘飞的白色祭幛，是孝子头上的麻布白纱，是胸口一枚枚素洁的纸花，是凝重的无字哀乐，是轻飘的白色纸钱，是渐渐化为灰烬的白色灵屋……

红也喜事。白也喜事。

土家人把死当成喜庆的节日，却为出嫁的喜事哭上十天半月，所谓生也热闹，死也热闹，爱也爱得热热闹闹。又有谁能破译出这生命哲学的深层奥妙呢？

一 、千古绝唱哭嫁歌

喝着清冽冽的山泉水，土家姑娘长大了。小伙子把木叶吹出了杜鹃红，爱情的酒就浓香了。从男方报日起（即向女方告知娶亲的日子），姑娘就不再出门做活，便在吊脚楼闺房架一张方桌，置香茶十碗，邀亲邻九女依次围坐，哭起嫁歌来，俗称"陪十姊妹"。先是由嫁娘撕心裂肺哭出第一声，谓之"哭开声"，于是众女帮腔，依序哭去，不舍昼夜，哭个昏天黑地，哭个路断人稀。哭父母，哭哥嫂，哭姊妹，骂媒人，哭开脸（用丝线扯汗毛、修眉毛，谓之"告别女儿身"），哭上头（梳妆），辞祖宗，哭上轿……短者三五天，长者一两月。追忆父母情，感谢养育恩，诉说别离苦，宣泄心中怨，托兄嫂照护父母，教女儿处世做人……

哭嫁歌多为即兴而作，见谁哭谁，无有定规。也有固定歌词，如比古人、共房哭、十画、十绣、十二月之类，节奏因句式长短而多变，曲调因风习地异而不同，向以"嗡""蛮""啊呀呀""了了呐"为衬词，一泣一诉，一反一复，长歌当哭，哀惋动人。

如"女哭娘"："了了呐，我的娘哎。野雁一声蛮啼落秋，月移花影上木楼。眼泪蛮就像那堤坝水，这边揩了那边流……娘啊娘，儿要走了呐，儿再帮娘啊梳把头。哎，犹记鬓发野花艳，何时额头起了苦瓜皱？摇篮还在耳边响蛮，娘为女儿熬白了头。燕子齐毛蛮离窝去，我的娘哎，衔泥何时得回头？……"

在女哭娘词中，尤哭诉娘的养育之恩最是让人肝肠寸断："娘啊！娘怕儿奶水不够要饿饭蛮，残汤剩水娘不嫌；没有鸡来蛮没有蛋，你背到一边吃薯片。我的娘啊，娘！夜里你把儿睡手腕蛮，一夜你不敢乱翻转；左边尿湿你换右边蛮，右边尿湿你换左边；若是左右蛮都尿湿，娘啊！你把儿抱在心口前。干的地方你让儿睡蛮，湿的地方你沤干。我的娘，哎，娘！"

这使人想到《诗经》"哀哀父母，生我劬劳[2]"的那种伤痛，真是其词也哀，其哭也真，哭者为之动情，听者为之动容。

再听"娘哭女"："儿啊，你莫哭了呐，铜锣花轿催女走蛮，好多话儿没说够。我的儿呀，儿去了蛮娘难留，往后的日子你要重开头，孝敬公婆蛮勤持家，夫妻恩爱哎度春秋……"

也许，娘的情感要理性化一些，在哀哭声中不忘传教女儿未来为人妻为人媳为人母的"做人处世之道"。

山寨里的儿时伙伴，也是恋恋不舍："了了呐，姊妹家，同喝一口水井水蛮，同踩岩板路一根；同村同寨蛮十八年，同玩同耍长成人。日同板凳坐蛮，夜伴灯油过；绩麻同麻篮蛮，磨坊同推磨。姐姐哎，了了呐，如今是一片青篾抽了去蛮，好好的圆桶散了箍。不让走哎也得走，白云过山难挽留……"

伙伴们的哭声无疑触动了嫁娘对父母之命、媒妁之言撮合而成的婚事的不满情绪，一腔的愤懑顿时化作恶言秽语劈头盖脑向媒人泼去。"骂媒人"是哭嫁歌中最戏剧性的章节："板栗开花吊线线啦，那背时媒人想挂面；板栗结果球对球啦，那背时媒人想猪头。豌豆开花蛮荚对荚，那背时媒人烂嘴巴；绵藤开花蛮一根茎，那背时媒人烂舌根。树上的鸟儿你骗得来蛮，岩上的猴子你骗得走。哄得我爹蛮点了头，哄得我娘开了口……"而媒人呢，笑吟吟站在一边，不恼也不怒，不时还假惺惺陪"哭"几句："燕崽崽大了它出花楼，狗崽崽大了它往外走。不是我给你搭个桥蛮，你还在娘家坐天牢；不是我给你做个中蛮（从中说合），你么背起包袱找老公？要是我再隔年把两年不多嘴蛮，只怕你抓住我的两手跪在我的面前磕响头……"这一长一少、一哀一喜、一恼一笑的表演，风趣而又诙谐，让围观者忍俊不禁。

此时，雄鸡啼晓，山岭浑染出一线红，堂屋里即高奏起发轿鼓乐。那一刻，哭嫁声惊天动地，汹涌成感情的波涛，这简直是"生离死别"的哀号啊，就是铁石心肠的人也要陪着抛洒一腔热泪："五更鸡儿蛮声声催，催我要穿露水衣；催我要穿露水鞋蛮，催我要和爹娘来分离。分离苦哎，情依依，一声唢呐一滴泪。山中野猫蛮你瞎了眼，为何不拖五更鸡？五更鸡儿蛮声声催，锣鼓花轿催得急；哥哥背着妹上轿蛮，身影留在堂屋里。辞别祖宗儿远去蛮，不知何日是归期；世上三年逢一闰蛮，为何不闰五更里？……"

在哭嫁歌声中，哥哥背着妹妹下绣楼，进堂屋，踩"金斗"（土家对升子[3]的神话性称谓），辞祖宗，作为骨血的转移，嫁娘以哭向祖宗告别，叫数典不忘其祖，同时，祈求祖宗在天之灵保佑未来之家庭平安幸福，昌隆发达。

灯笼火把一齐点燃了，哥哥背着嫁娘上轿了。土家人天不亮嫁女之俗，称作"提出把"，亦曰"喜把"，它隐约地漫散着古代毕兹卡（土家语：本地人）的"抢婚"遗风。不过，如今嫁娘已有哥哥"保驾"，"抢婚"的故事已不再重演。也因了这份责任的沉重，哥哥"哭上轿"就特别显得悲戚："背妹花巾蛮捧在手，哥拉一头妹拉一头。想起儿时蛮背妹走，笑声撒落野山沟；如今背妹蛮出门去，泪水巴着颈根流。脚像绑了蛮磨子岩，心上好比刀子抠。妹妹哟，你莫哭了呐，蒙帕已经盖了头……"

至此，哭嫁程序已近"尾声"，簇拥着花轿的"十姊妹"一齐抱头哭别："花轿抬着蛮姐姐走，山路弯弯难把姐姐留……花轿走哎溪水流，不见姐姐蛮再回头，不见姐姐再回头……"

火把如游龙般迤逦前行……

"哭嫁歌"的旋律仍在旷空中回荡……

谁也说不清土家女的哭嫁起于何时，也说不清土家女缘何把延续生命的婚典当作一次大歌大悲的情感宣泄和控诉的舞台。更为奇者，在美丽的张家界土家山寨，人们把姑娘会不会哭嫁，作为衡量姑娘聪明与否或知事与否的标准。因而，姑娘们从十一二岁时起，就要拜师学哭嫁，一俟寨中哪家有女出嫁，合寨妹娃子必赶去"学乖"。哭嫁歌，既是一门哭的艺术，又是一门唱的艺术。它容纳了广阔的社会内容，再现了多姿多彩的社会风俗。它是土家妇女集体创作的千古悲歌，更是一种民族精神与个性的重塑与张扬。

哭嫁歌湿透了整个婚仪，它撼动的不仅仅是古老的土家山寨，更撼动了一代又一代土家女人和男人的心……

二、死亡摇滚

暮色苍茫。在白云悠悠的吊脚楼深处，由远及近传来一阵阵粗犷悲怆的伐鼓踏啼之声：

"想起来，想起来，想起姣姣做的鞋（土语读"孩"）；做的鞋又合脚呃，可惜人乖命不乖。乖乖你转来……二十八个小后生，辫子拖齐脚后跟；喂着喂着抬也抬也，抬到望乡台，就在台上埋……"

那是哪家办葬事，乡邻们正在跳丧庆祝呢！

跳丧，又叫打丧鼓，即奔丧者围棺击鼓跳舞唱歌狂欢作乐，这种奇异的葬俗，不知在张家界土家山寨流传了多少年多少代。

土家"老人了"（土语：父母亡故谓之"老人了"），凡远亲近邻，无论人亲人疏乃至叫化子，必从四面八方赶来闹丧，叫"人死饭甑开，不请自然来"。夜色降临时，"坐大夜"开始了。在激越沉重的鼓乐声中，由道士引领，孝子（长子）手捧亡父（母）灵牌，率直戚孝男孝女或百客孝，亦步亦趋，跟着道士绕棺翩然而舞而歌。每当唱完一首，舞者、围观者与鼓乐队必应声而和，而孝男孝女则面棺三拜九叩，拜毕，继又起身且歌且舞，于是者反复十数遍不止，说是让后辈体验前人披荆斩棘的辛劳艰苦。所唱歌词多为追念死者的生平劳绩，养家糊口的种种苦楚之类。歌声高昂凄惋，舞步古朴粗犷。

绕棺歌舞进行到一定时分，鼓乐突然转调，只见道士将拂尘几甩，便从堂屋舞出，来到院坪，先是率众舞者旋转劲舞，继而左穿右插，变换成不同队形，如"六耳结"、"8"字形、"S"形等。这些平时扶犁驶耙的舞者，此刻已忘乎所以，如痴如醉，进入迷幻境界。他们手之舞之，足之蹈之，有的甚而很自然地模拟凤凰展翅、犀牛望月、懒牛擦痒、饿狗春碓、燕儿扑水、猛虎下山等禽兽动作，不断逗引围观者哄然而笑。随着鼓点锣钹加急，道士舞步越来越快，只见灯火中舞影晃动，难辨人形。在穿插"8"字、"六耳结"时，舞者稍有一走神，就会相互碰撞，自然也碰撞出阵阵轰然大笑喝彩！此刻，丧场成了作乐的露天舞台，欢笑声淹没了亲人的哀号悲鸣。

一曲舞罢，过"奈何桥"仪式就跟着开始了。只见院坪一侧，有座用三张大方桌叠成的"品"字形"桥"，两侧饰以翠竹松柏纸花，俨然如一道诗意风景。这是座"假想桥"，桥下是湍急的洪流，是毒蛇与水妖的魔窟，孝子们携儿带女胆战心惊从桥上走啊走，仿佛追随祖先们跋涉在远古大迁徙的漫漫旅途。这是一次心路历程的考验。不料，那位道士像山鬼一样，在桥头架了张凳子，封锁了出路，并根据过桥者不同的身份即兴编词唱歌拦桥，每唱一首，过桥者必丢一份"买路钱"，一直唱到无词可唱方撤障放行。这些土歌，或奉承，或挖苦，或训诫，或搞笑，还不时带点"荤"，掺点"色"，大俗中不失机智，荒诞中不无幽默，唱到精彩处，逗得观者们捧腹大笑，一边有鞭炮助威，锣鼓峥劲，引得一群猴子从山那边赶来看人间热闹。

在猴子们看来，土家闹丧纯粹就是搞笑，简直有悖人情。道士公的解释是：闹丧是专门让神看的，即巫傩文化中的"敬神与娱神"。

跳丧一直跳过了午夜，灵堂里已摆好方桌，上置茶烟糖果酒水之类，二十来个土家老歌师团团围坐，唱丧歌"伴亡"，寨子百客或站或坐，既作听众，又作伴唱。土家人"素以歌死为常典"，故多数土人都能唱。旧志云："家有亲丧，乡邻来吊，至夜不去，曰伴亡。于枢旁击鼓，曰丧鼓。互唱俚歌哀词，曰丧鼓歌。"丧歌分歌头、歌身、歌尾三部分，内容有叙事长诗、神话故事、民间传说、历史演义等。歌师们搜肠刮肚地追忆死者的人生历程，歌颂土家创世英雄的不朽功勋，赞颂先民开疆拓土的千秋伟业，歌唱农家生活的苦难艰辛等。

丧歌虽是普通山民所唱，但多如一首首充满人世哲理的华丽诗章："生无常，死无常，生死无常两茫茫。古来多少英雄汉，恰似南柯梦一场。万里长城今犹在，哪见当年秦始皇。吕后未央斩韩信，霸王自刎在乌江。几多人登山涉水，几多人撒野逞强。到头来，残花三月雨，嫩草一朝霜……"

丧歌内容庞杂，包罗万象，表面似用歌舞以娱诸神，实则借此劝人行孝行善以净化人的心灵。最打动人心的是那支流传了数百年的《十月怀胎》歌："……一岁她在娘身上，两岁她在地上爬……七岁她把厨房下，八岁叫她纺棉花。九岁十岁结姻缘，十七八岁到婆家……"这首古歌从死者出生时唱起，一直唱到她寿终正寝，这无疑是对伟大母亲悲苦命运的诗化颂扬。有时为了调节气氛，就唱"送骆驼"："一只骆驼一条尾，两只耳朵四条腿。两只眼睛一个嘴，它也送亡人。亡人送到望乡坡，转身又送骆驼哥。两只骆驼两条尾，四只耳朵八条腿。四只眼睛两个嘴，它也送亡人……"如此反复唱下去，送的骆驼只数越多，腿、耳、眼、尾、嘴各类相加的数字就越大，这是对歌师心算口算智商的考验，若数字加错了，就要引起听众哄笑。如果唱得疲劳时，就来一个风流韵事的山歌对唱，插科打诨，有情有色，闹得满堂笑声。

丧歌唱到黎明，该是上山（出殡）的时候了，这时掌坛歌师就转了调子唱"送亡人"，这是丧歌的高潮，掌坛歌师一人领，灵堂内外百人和，群情激昂，歌声高亢，挥拳顿足，天摇地晃，似乎大家都在着力送亡人魂上九天，其情其景，让人热血沸腾：

领（白）：大船儿，

众（白）：摇——橹！

领（白）：小船儿，

众（白）：荡——呀！

领（唱）：船头上，

众（唱）：是艄公；

领（唱）：船尾上，

众（唱）：是梅香。

齐（唱）：送亡人哪上天堂啊，上天堂啊，子子孙孙长啊、长啊、长啊（此处反复咏唱，摇头晃脑，如痴如醉）、长是长发祥啊！

这哪里是在奔丧，分明是在跳现代迪士科和摇滚乐舞！

土家人的精神世界就是这样让人震撼不已，让人捉摸不透：为什么用欢乐歌舞来吊唁死去的长者，却用哀哀的哭嫁歌庆祝女儿出嫁的喜事？

或许，这是一支胸怀豁达的民族对生命哲学的逆向解释。新娘子用哭的伤痛历练认命的勇气，从而擦干眼泪义无反顾地迎接新生活的挑战。而用载歌载舞的盛典吊唁死者，既是对死者的慰藉，又是奉献给死者的荣耀——欢送亡灵回到祖先故地，回到最原始的神话的圣殿；而对于生者，亦是一种慰藉和激励——欢乐洗去了生者的悲愁，冲淡了死别的痛楚，从而让生者笑对未来，更重要的是，生者从死者身后的荣耀中也悟出了自己作为一个人的价值。

注释

1. 选自《人文张家界》，中国文联出版社 2005 年出版，有删改。
2. 哀哀父母，生我劬劳：形容父母生育、抚养子女非常辛苦。
3. 升子：量粮食的器具。

思考探究

1. 土家族的哭嫁歌包含哪些内容，其对于表现不同人物的心理和情感有何作用？

2. "土家人把死亡日当成喜庆的节日，却为出嫁的喜事哭上十天半月"，结合课文谈谈你对这句话的理解。

3. 结合你的家乡实际情况，探究婚嫁和丧葬习俗的文化内涵。

本单元语文综合实践活动

在中国这片广袤的土地上，民俗文化多姿多彩，各具特色。春节的鞭炮声、元宵的灯火、端午的龙舟、中秋的圆月，这些节日习俗不仅寄托着人们对美好生活的向往，也凝聚着中华民族的亲情与友情。而各地的民间工艺，如剪纸、泥塑、刺绣等，更是以其精湛的技艺和独特的风格，赢得了世界的赞誉。让我们携手踏上探寻民俗文化的奇妙之旅，去感受那份源自乡土的温暖与力量。

一、介绍家乡民俗文化

随着社会的发展和时代的变迁，传统习俗和仪式得到了有效的保护和传承，许多地方还建立了民俗文化博物馆、传习所等机构来展示和传播民俗文化。同时，民俗文化也在不断地与现代文化相融合和创新，形成了具有时代特色的新文化形态。

以小组为单位，搜集整理家乡民俗文化，如山歌、民间小调、服饰、美食、风俗习惯等，并互相分享。

二、非遗知识竞赛

作为拥有五千年灿烂文明史的国度，中国孕育了丰富多彩的非物质文化遗产。这些遗产不仅是中华民族智慧与创造力的结晶，也是全人类共同的宝贵财富。它们以口头传承、表演艺术、社会实践、仪式节庆、手工艺技能等多种形式存在，承载着深厚的历史文化底蕴和民族精神。

采用问答、抢答或团队竞赛等形式，开展一次有关非物质文化遗产的知识竞赛。

三、解读神话传说

神话是中华民族悠久历史与灿烂文化的重要组成部分，其中蕴含着丰富的想象力、深邃的哲学思想和独特的民族情感。这些神话不仅塑造了众多英雄人物和神奇世界，也深刻影响了中国人的思维方式、价值观念和行为准则。

研究中国古代神话传说中蕴含的宇宙观、民族精神、文化心理等，任选一个角度，形成一篇小论文。

第五单元
传承传统文化

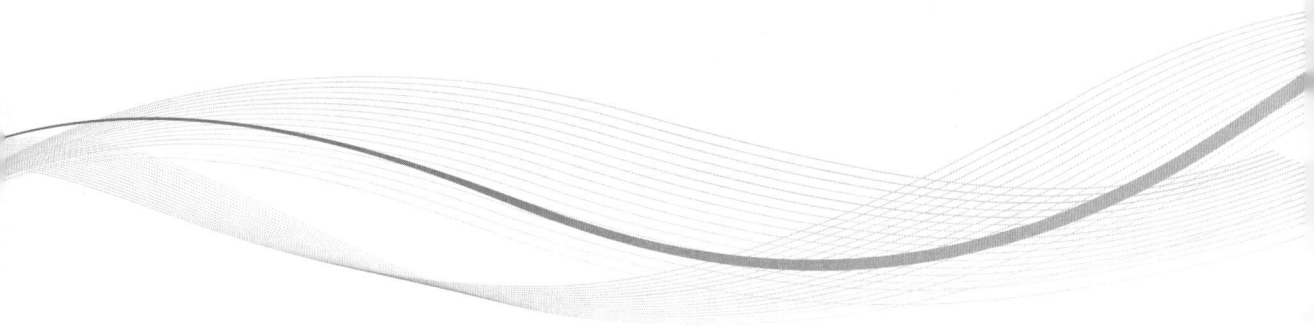

本单元序

　　传统文化，是岁月镌刻的史诗，是民族灵魂的栖息之所。中华传统文化博大精深。博，即广博、丰富、多元。中国历史悠久、人口基数庞大、地理空间广袤。从哲学思想到文学艺术，从科学技术到民俗风情，中华文化涵盖了人类文明的各个方面。大，即大格局、大胸怀、大智慧与大包容。在哲学思想上，追求天人合一的境界；在艺术表现上，追求意境的深远与宏大；在治国理念上，追求天下大同的理想社会。同时，中华文化还善于汲取外来文化的精华，不断延伸发展，展现出强大的生命力和时代感。精，即精致、精妙与精湛。书法之逸、绘画之神、园林之秀、戏曲之魅、工艺之精、美学之韵无一不是中华民族对"精"的生动注解。深，即深邃、深远。中国古代哲学思想，展现出了对自然、社会、人性的深刻洞察。中华文化一向注重内心的修养与精神的追求，强调"内省"与"自得"。这种对人类精神世界的深切关注与滋养，让中华文化在快节奏的现代生活中依然具有强大的生命力与吸引力。历经数千年的传承与积淀，中华文化的影响力已跨越国界，汉字、茶艺、武术、中医……这些独特的文化元素，已成为国际文化交流中不可或缺的璀璨符号，绵延不绝、熠熠生辉。

　　本单元将于古老的哲学思想里，感悟儒家"仁爱"之宽厚、道家"无为"之深邃、法家"法治"之严明；在书法作品中，欣赏汉字书写之美；在对绘画、书法、音乐、建筑等多种艺术形式的细致解读中，认识虚与实和谐共生、相互转化的精妙关系；从文化传统和传统文化的辩证关系中，思考传统文化在当今时代的生存和发展。

百家争鸣

论语

文学常识

孔子是儒家学派的创始者，其政治思想的核心是"仁"，对后世影响很大。《论语》是孔子的弟子及再传弟子记录孔子及其弟子言行而编成的语录文集，成书于战国前期。全书共20篇492章，以语录体为主，叙事体为辅，较为集中地体现了孔子及儒家学派的政治主张、伦理思想、道德观念及教育原则等。作品多为语录，但辞约义富，有些语句、篇章形象生动，其主要特点是语言简练，浅近易懂，而用意深远，有一种雍容和顺、纡徐含蓄的风格，能在简单的对话和行动中展示人物形象。

子曰："其身正，不令而行；其身不正，虽令不从。"

（《论语·为政》）

子贡问政，子曰："足食，足兵[1]，民信之矣。"子贡曰："必不得已而去，于斯三者何先?"曰："去兵。"子贡曰："必不得已而去，于斯二者何先?"曰："去食。自古皆有死，民无信不立。"

（《论语·颜渊》）

子曰："弟子入则孝[2]，出则弟[3]，谨而信[4]，泛爱众，而亲仁[5]。行有余力[6]，则以学文[7]。"

（《论语·学而》）

子夏曰[8]："贤贤易色[9]；事父母，能竭其力；事君，能致其身[10]；与朋友交，言而有信。虽曰未学，吾必谓之学矣。"

（《论语·学而》）

子曰：“君子和而不同，小人同而不和。”

（《论语·子路》）

子曰：“志于道，据于德，依于仁，游于艺[11]。”

（《论语·述而》）

或曰：“以德报怨，何如？”子曰：“何以报德？以直报怨，以德报德。”

（《论语·宪问》）

子曰：“君子不以言举人，不以人废言。”

（《论语·卫灵公》）

子夏曰：“博学而笃志，切问而近思，仁在其中矣。”

（《论语·子张》）

孟子

文学常识

孟子（约公元前372—公元前289），名轲，字子舆，邹国（今山东邹城东南）人。战国时期哲学家、思想家、教育家，是孔子之后、荀子之前的儒家学派的代表人物，与孔子并称“孔孟”。孟子宣扬“仁政”，最早提出“民贵君轻”思想，被韩愈列为先秦儒家继承孔子“道统”的人物，元朝追封其为“亚圣”。孟子曾周游列国，不为诸侯所用，退而与弟子万章等作《孟子》七篇。由于《孟子》文章巧于辩论，语言流畅，富有文采和感染力，对于后代的散文也有较大影响。

“敢问夫子恶乎长？”曰：“我知言[12]，我善养吾浩然之气。”
“敢问何谓浩然之气？”
曰：“难言也。其为气也，至大至刚；以直养而无害[13]，则塞于天地之间。其为气也，配义与道[14]；无是，馁矣。是集义所生者，非义袭而取之也。行有不慊[15]於心，则馁矣。我故曰：告子未尝知义，以其外之[16]也。必有事焉，而勿正[17]，心勿忘[18]，勿助长也。无若宋人然。宋人有闵，其苗之不长而揠之[19]者；芒芒然[20]归，谓其人[21]曰：'今日病[22]矣，予助苗长矣。'其子趋而往视之，苗则槁矣。天下之不助苗长者寡矣。以为无益而舍之者，不耘[23]苗者也。助之长者，揠苗者也。非徒无益，而又害之。"

（《孟子·公孙丑上》）

恻隐之心，仁之端[24]也；羞恶之心，义之端也；辞让之心，礼之端也；是非之心，智之端也。人之有是四端也，犹其有四体也。有是四端而自谓不能者，自贼者也；谓其君不能者，贼其君者也。凡有四端于我者，知皆扩而充之矣。若火之始然[25]，泉之始达。苟能充之，足以保[26]四海；苟不充之，不足以事父母。

（《孟子·公孙丑上》）

道德经

文学常识

《道德经》，春秋时期老子（李耳）的哲学作品，又称《道德真经》《老子》《五千言》《老子五千文》，是中国古代先秦诸子分家前的一部著作，是道家哲学思想的重要来源。道德经分上下两篇，原文上篇《德经》、下篇《道经》，不分章，后改1~37章在前，为《道经》，第38章之后为《德经》，并分为81章。

《道德经》文本以哲学意义之"道德"为纲宗，论述修身、治国、用兵、养生之道，而多以政治为旨归，乃所谓"内圣外王"之学，文意深奥，包涵广博，被誉为万经之王。

《道德经》是中国历史上最伟大的名著之一，对传统哲学、科学、政治、宗教等产生了深刻影响。据联合国教科文组织统计，《道德经》是除了《圣经》以外被译成外国文字发布量最多的文化名著。

天下皆知美之为美，斯恶已[27]，皆知善之为善，斯不善已。故有无相生，难易相成，长短相形，高下相倾，音声相和[28]，前后相随。是以圣人处无为之事[29]，行不言之教，万物作而弗始[30]，生而弗有，为而弗恃[31]，功成而弗居。夫唯弗居，是以不去。

（《道德经》第二章）

为无为，事无事，味无味。大小多少，报怨以德。图³²难于其易，为大于其细；天下难事，必作于易；天下大事，必作于细。是以圣人终不为大，故能成其大。夫轻诺必寡信，多易必多难。是以圣人犹难之，故终无难矣。

（《道德经》第六十三章）

天下莫柔弱于水，而攻坚强者莫之能胜，以其无以易之。弱之胜强，柔之胜刚，天下莫不知，莫能行。是以圣人云：受国之垢³³，是谓社稷主；受国不祥³⁴，是为天下王。正言若反。

（《道德经》第七十八章）

小国寡民，使民有什伯之器而不用，使民重死而不远徙。虽有舟舆，无所乘之。虽有甲兵，无所陈之。使民复结绳而用之。甘其食，美其服，安其居，乐其俗。邻国相望，鸡犬之声相闻，民至老死不相往来。

（《道德经》第八十章）

韩非子

文学常识

韩非，韩国（在今河南省西北部及陕西省东部）的公子。生年不详，卒于公元前233年（秦始皇十四年）。韩非是法家思想之集大成者，集商鞅的"法"、申不害的"术"和慎到的"势"于一身，将辩证法、朴素唯物主义与法融为一体，成为中国封建社会时期统治阶级治国的思想基础。《韩非子》是后人收集整理其文章《孤愤》《五蠹》《内储说》《外储说》《说林》《说难》等编纂而成，共五十五篇。文章以说理精密、文笔犀利见长，又善用浅近语言说明抽象道理。

法不阿贵，绳不挠曲。法之所加，智者弗能辞，勇者弗敢争。刑过不辟大臣，赏善不遗匹夫。故矫上之失，诘下之邪，治乱决缪，绌羡齐非，一民之轨，莫如法。厉官威民，退淫殆，止诈伪，莫如刑。刑重，则不敢以贵易贱；法审，则上尊而不侵。上尊而不侵，则主强而守要，故先王贵之而传之。人主释法用私，则上下不别矣。

（《韩非子·有度》）

注释

1. 兵：武器，指军备。

2. 弟子：有二义，一是指年幼之人，弟系对兄而言，子系对父而言，故曰弟子；二是指学生。此处取前义。入：古时父子分别住在不同的居处，学习则在外舍。入是入父宫，指进到父亲住处；或说在家。

3. 出：与"入"相对而言，指外出拜师学习。出则弟，是说要用悌道对待师长，也可泛指年长于自己的人。

4. 谨：寡言少语称之为谨。

5. 仁：指具有仁德的人，即温和、善良的人。此形容词用作名词。

6. 行有余力：指有闲暇时间或剩余的精力。

7. 文：指诗、书、礼、乐等文化知识。

8. 子夏：姓卜，名商，字子夏，孔子的高足，以文学著称。比孔子小 44 岁，生于公元前 507 年。孔子死后，他在魏国宣传孔子的思想主张。

9. 贤贤：第一个"贤"字作动词用，尊重的意思。贤贤即尊重贤者。易：有两种解释，一是改变的意思；二是轻视的意思，即尊重贤者而看轻女色。

10. 致其身：致，意为"奉献""尽力"。这里是要尽忠的意思。

11. 艺：指六艺，包括礼、乐、射、御、书、数。

12. 知言：说话得体。详见杨逢彬《论语新注新译》20.3 的《考证》（二）。

13. 无害：没有损害，没有危害。逢彬按，不能读为"毋害"；如果这样，"害"就是及物动词，而"毋"（无）修饰及物动词时，宾语必须出现，如："鸡豚狗彘之畜，无失其时，七十者可以食肉矣。"（《孟子·梁惠王上》）详见杨逢彬《孟子新注新译》。

14. 配义与道：配合辅助义和道；配，配合。逢彬按，"配"的宾语所指往往为主要的，而主语（或未出现的主语）所指则为次要的，用来配合宾语的某些事物。所以，该"配"字应译为"配合""辅助"，而不能译为"和……相配"。详见杨逢彬《孟子新注新译》。

15. 慊：同"惬"，音 qiè，满足，畅快。

16. 外之：把它看作外在的。

17. 必有事焉，而勿正：事，服事，帮助；正，使正，扶正它。逢彬按，这一

"正"，由其受"勿"修饰可知，它在句中作谓语。《孟子》时代语言中"正"作谓语者，绝大多数都是"使正"的意思。这句也不例外。"必有事焉，而勿正；心勿忘，勿助长也"意为，对于"义"，一定要培养它，却不刻意扶持它；时刻惦记它，却不刻意助它成长。然后以"揠苗助长"故事为比喻，可谓一气贯通。详见杨逢彬《孟子新注新译》。

18. 心勿忘：逢彬按，焦循《孟子正义》说："'忘'通'妄'，即《易》'无妄'之'妄'。"恐非。先秦典籍中未见"勿妄"；因为"妄"是性质形容词，不能受"勿"修饰。"勿"修饰"忘"则没有滞碍。"忘"是及物动词，如："志士不忘在沟壑，勇士不忘丧其元。"（《孟子·滕文公下》）而当"勿"修饰及物动词时，其宾语不能出现，如："齐桓公问管子曰：'吾念有而勿失，得而勿忘，为之有道乎？'"（《管子·桓公问》）"心勿忘"也是这样。详见杨逢彬《孟子新注新译》。

19. 闵其苗之不长而揠之：闵，今作"悯"，忧虑；揠，音 yà，拔。

20. 芒芒然：疲惫貌。

21. 其人：其家人。

22. 病：疲倦。

23. 耘：又作"芸"，除草。

24. 端：发端，开始。

25. 然："燃"的本字。

26. 保：定。

27. 已：语气词，可译为"了"。

28. 音声：古代音和声是有区别的。单调的、无节奏的叫"声"，复杂的、有节奏的叫"音"。

29. 是以：疑为后人所加。本章的前八句是老子的相对论，后八句是老子的政治论，文意不相连。圣人：老子理想中的"与道同体"的人物，他与儒家圣人有很大不同，是"有道的人"。

30. 始：管理、干涉的意思。

31. 恃：依赖，依靠。

32. 图：计划。

33. 垢：屈辱。

34. 祥：吉利的。

思考探究

1. 选文中有哪些关于个人修养的论述？

2. 孟子所说的"四端之心"指的是什么？你从中获得了什么启示？

3. 韩非子的法治思想和今天的法治思想有何异同？

汉字书写之美[1]

祝 勇

文学常识

祝勇（1968年8月15日—），男，生于辽宁省沈阳市，原籍山东东明。作家，学者，艺术学博士，北京作家协会合同制作家，第十届全国青联委员，1990年毕业于北京国际关系学院，现供职于故宫博物院故宫学研究所。历任时事出版社编辑部编辑、副主任。1991年开始发表作品。1998年加入中国作家协会。担任多部大型历史纪录片总撰稿。先后荣获第21届中国电视星光奖，第25届、26届大众电视金鹰奖优秀纪录片奖，中国十佳纪录片奖，中国纪录片学院奖，与《舌尖上的中国》并列获得第18届中国纪录片年度特别作品奖等等。已出版作品40余种：长篇历史小说《旧宫殿》《血朝廷》，历史散文集《纸天堂》《反阅读：革命时期的身体史》等。2013年由东方出版社推出了《祝勇作品系列》20卷中前6卷。

汉字是世界上最具造型感的文字，而软笔书写，又使汉字呈现出变幻无穷的线条之美。中国人写字，不只是为了传递信息，也是一种美的表达，于是在书写中，产生了"书法"。书法透射书写者的情感、精神，线条不仅是线条，更是世界。

只有中国人，让"书"上升为"法"

"书法"，原本是指"书之法"，即书写的方法——唐代书学家张怀瓘把它归结为三个方面："第一用笔，第二识势，第三裹束。"周汝昌先生将其简化为：用笔、结构、风格。它侧重于写字的过程，而非指结果（书法作品）。"法书"，则是指向书写的结果，即那些由古代名家书写的、可以作为楷模的范本，是对先贤墨迹的敬称。

只有中国人，让"书"上升为"法"。西方人据说也有书法，我在欧洲的博物馆里，见到过印刷术传入之前的书籍，全部是"手抄本"，书写工整漂亮，加以若干装饰，色彩艳丽，像"印刷"的一样，可见"工整"是西方人对于美的理想之一，连他们的园林，也要把蓬勃多姿的草木修剪成标准的几何形状，仿佛想用艺术来证明他们的科学理性。周汝昌认为，西方人"'最精美'的书法可以成为图案画"，但是与中国的书法比起来，实在是小儿科。这缘于"西洋笔尖是用硬物制造，没有弹力（俗语或叫'软硬劲儿'），或有亦不多。中国笔尖是用兽毛制成，第一特点与要求是弹力强"[2]。

与西方人以工整为美的"书法"比起来，中国法书更感性，也更自由。尽管秦始皇（通过李斯）缔造了帝国的"标准字体"——小篆，但这一"标准"从来不曾限制书体演变的脚步。《泰山刻石》是小篆的极致，却不是中国法书的极致，中国法书没有极致，因为在一个极致之后，紧跟着另一个极致，任何一个极致都有阶段性，江山代有才人出，各领风骚数百年，使中国书法，从高潮涌向高潮，从胜利走向胜利，自由变化，好戏连台。工具方面的原因，正是在于中国人使用的是一支有弹性的笔，这样的笔让文字有了弹性，点画勾连，浓郁枯淡，变化无尽，在李斯的铁画银钩之后，又有了王羲之的秀美飘逸、张旭的飞舞流动、欧阳询的法度庄严、苏轼的"石压蛤蟆"、黄庭坚的"树梢挂蛇"、宋徽宗"瘦金体"薄刃般的锋芒、徐渭犹如暗夜哭号般的幽咽顿挫……同样一支笔，带来的风格流变，几乎是无限的，就像中国人的自然观，可以"万类霜天竞自由"，亦如太极功夫，可以在闪展腾挪、无声无息中，产生雷霆万钧的力度。

我想起金庸在小说《神雕侠侣》里写到侠客朱子柳练就一身"书法武功"，与蒙古王子霍都决战时，兵器竟只有一支毛笔。决战的关键回合，他亮出的就是《石门颂》的功夫，让观战的黄蓉不觉惊叹："古人言道'瘦硬方通神'，这一路'褒斜道石刻'当真是千古未有之奇观。"以书法入武功，这发明权想必不在朱子柳，而应归于中国传统文化造诣极深的金庸。

《石门颂》的书写者王升，就是一个有"书法武功"的人。康有为说《石门颂》："胆怯者不能写，力弱者不能写。"我胆怯，我力弱，但我不死心，每次读《石门颂》拓本，都让人血脉偾张，被它煽动着，立刻要研墨临帖。但《石门颂》看上去简单，实际上非常难写。我们的笔触一落到纸上，就不是那么回事了。原因很简单：我身上的功夫不够，一招一式，都学不到位。《石门颂》像一个圈套，不动声色地诱惑我们，让我们放松警惕，一旦进入它的领地，立刻丢盔卸甲，溃不成军。

书法作为艺术，价值在于表达人的情感、精神

对中国人来说，美，是对生活、生命的升华，但它们从来不曾脱离生活，而是与日常生活相连、与内心情感相连。从来没有一种凌驾于日常生活之上、孤悬于生命欲求之外的美。今天陈列在博物馆里的名器，许多被奉为经典的法书，原本都是在生活的内部产生的，到后来，才被孤悬于殿堂之上。我们看秦碑汉简、晋人残纸，在上面书写的

人，许多连名字都没有留下，但他们对美的追求却丝毫没有松懈。时光掩去了他们的脸，他们的毛笔在暗中舞动，在近两千年之后，成为被我们仁望的经典（如北宋欧阳修《灼艾帖》）。

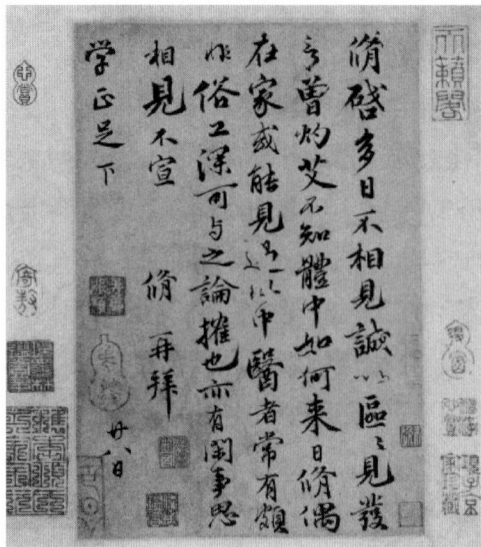

北宋欧阳修《灼艾帖》卷北京故宫博物院藏

故宫博物院收藏着大量的秦汉碑帖，在这些碑帖中，我独爱《石门颂》。因为那些碑石铭文，大多是出于公共目的书写的，记录着王朝的功业（如《石门颂》）、事件（如《礼器碑》）、祭祀典礼（如《华山庙碑》）、经文（如《熹平石经》），因而它的书写，必定是权威的、精英的、标准化的，也必定是浑圆的、饱满的、均衡的。其中，唯有《石门颂》是一个异数，因为它在端庄的背后，掺杂着调皮和搞怪，比如"高祖受命"的"命"字，那一竖拉得很长，让一个"命"字差不多占了三个字的高度。"高祖受命"这么严肃的事，他居然写得如此"随意"。很多年后的宋代，苏东坡写《寒食帖》，把"但见乌衔纸"中"纸"（"帋"）字的一竖拉得很长很长，我想他说不定看到过《石门颂》的拓本。或许，是一纸《石门颂》拓片，怂恿了他的任性。

故宫博物院还收藏着大量的汉代简牍，这些简牍，就是一些书写在竹简、木简上的信札、日志、报表、账册、契据、经籍。与高大厚重的碑石铭文相比，它们更加亲切。这些汉代简牍（比如居延汉简、敦煌汉简），大多是由普通人写的，一些身份微末的小吏，用笔墨记录下他们的工作，他们的字不会出现在显赫的位置上，不会展览在众目睽睽之下，许多就是寻常的家书，它的读者只是远方的某一个人，甚至有许多家书，根本就无法抵达家人的手里。因此那些文字，更无拘束，没有表演性，更加随意、潇洒、灿烂，也更合乎"书法"的本意，即："书法"作为艺术，价值在于表达人的情感、精神

（舞蹈、音乐、文学等艺术门类莫不如此），而不是一种真空式的"纯艺术"。

在草木葱茏的古代，竹与木几乎是最容易得到的材料。因而在纸张发明以前，简书也成为最流行的书写方式。汉简是写在竹简、木简上的文字。"把竹子剖开，一片一片的竹子用刀刮去上面的青皮，在火上烤一烤，烤出汗汁，用毛笔直接在上面书写。写错了，用刀削去上面薄薄一层，下面的竹简还是可以用。"[3] 烤竹子时，里面的水分渗出，好像竹子在出汗，所以叫"汗青"。文天祥说"留取丹心照汗青"，就源于这一工序，用竹简（"汗青"）比喻史册。竹子原本是青色，烤干后青色消失，这道工序被称为"杀青"。

面对这些简册（所谓的"册"，其实就是对一条一条的"简"捆绑串联起来的样子的象形描述），我几乎可以感觉到毛笔在上面点画勾写时的流畅与轻快，没有碑书那样肃括宏深、力敌万钧的气势，却有着轻骑一般的灵动洒脱，让我骤然想起唐代卢纶的那句"欲将轻骑逐，大雪满弓刀"。当笔墨的流动受到竹木纹理的阻遏，便产生了一种滞涩感，更产生一种粗朴的美感。

其实简书也包含着一种"武功"——一种"轻功"，它不像飞檐那样沉重，具有一种庄严而凌厉的美，但它举重若轻，以轻敌重。它可以在荒野上疾行，也可以在飞檐上奔走。轻功在身，它是自由的行者，没有什么能够限制它的脚步。

那些站立在书法艺术巅峰上的人，正是在这一肥沃的书写土壤里产生的，是这一浩大的、无名的书写群体的代表人物。我们看得见的是他们，看不见的，是他们背后那个庞大到无边无际的书写群体。他们的书法老师，也是从前那些寂寂无名的书写者，所以清代金石学家、书法家杨守敬在《平碑记》里说，那些秦碑，那些汉简，"行笔真如野鹤闲鸣，飘飘欲仙，六朝疏秀一派皆从此出"。

如果说那些"无名者"在汉简牍、晋残纸上写下的字迹代表着一种民间书法，有如"民歌"的嘶吼，不加修饰，率性自然，带着生命中最真挚的热情、最真实的痛痒，那么，我在《故宫的书法风流》一书里面写到的李斯、王羲之、李白、颜真卿、蔡襄、欧阳修、苏东坡、黄庭坚、米芾、岳飞、辛弃疾、陆游、文天祥等人，则代表着知识群体对书法艺术的凝练与升华。唐朝画家张璪说"外师造化，中得心源"，我的理解是，所谓造化，不仅包括山水自然，也包括红尘人间，其实就是我们身处的整个世界，在经过心的熔铸之后，变成他们的艺术。书法是线条艺术，在书法者那里，线条不是线条，是世界，就像石涛在阐释自己的"一画论"时所说："此一画收尽鸿蒙之外，即亿万万笔墨，未有不始于此而终于此。"

他们许多是影响到一个时代的巨人，但他们首先不是以书法家的身份被记住的。在我看来，不以"专业"书法家自居的他们，写下的每一片纸页，都要比今天的"专业"书法家更值得我们欣赏和铭记。书法是附着在他们的生命中，内置于他们的精神世界里的。他们才是真正意义上的书法家，笔迹的圈圈点点，横横斜斜，牵动着他们生命的回转、情感的起伏。像张旭，肚子痛了，写下《肚痛帖》；像怀素，吃一条鱼，写下《食鱼帖》；像蔡襄，脚气犯了，不能行走，写下《脚气帖》；更不用说苏东坡，在一个凄风苦雨的寒食节，把他的委屈与愤懑、呐喊与彷徨全部写进了《寒食帖》；李白《上阳台帖》、米芾《盛制帖》、辛弃疾《去国帖》、范成大《中流一壶帖》、文天祥《上宏斋帖》，无不是他们内心世界最真切的表达。当然也有颜真卿《祭侄文稿》《裴将军诗》这样洪钟大吕式的震撼人心之作，但它们也无不是泣血椎心之作，书写者直率的性格、喷涌的激情和向死而生的气魄，透过笔端贯注到纸页上。他们信笔随心，所以他们的法书浑然天成，不见营谋算计。书法，就是一个人同自己说话，是世界上最美的独语。一个人心底的话，不能被听见，却能被看见，这就是书法的神奇之处。我们看到的，不应只是它表面的美，不只是它起伏顿挫的笔法，而是它们所透射出的精神与情感。

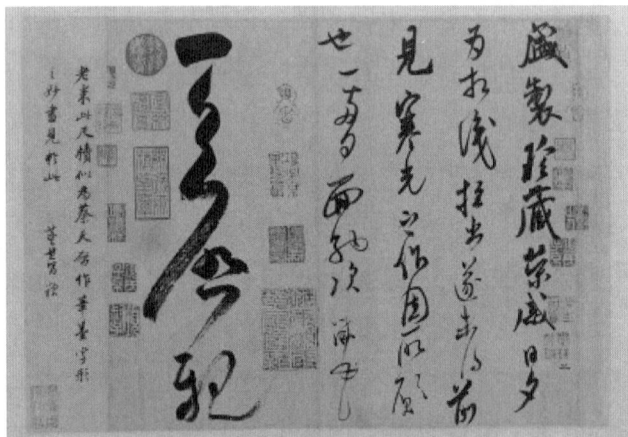

北宋米芾《盛制帖》页北京故宫博物院藏

他们之所以成为今人眼中的"千古风流人物"，秘诀在于他们的法书既是从生命中来，不与生命相脱离，又不陷于生活的泥潭不能自拔。他们的法书，介于人神之间，闪烁着人性的光泽，又不失神性的光辉。一如古中国的绘画，永远以45度角俯瞰人间（以《清明上河图》为代表），离世俗很近，触手可及，又离天空很近，仿佛随时可以摆脱地心引力，飞天而去。所谓潇洒，意思是既是红尘中人，又是红尘外人。中国古代艺术家把"45度角哲学"贯彻始终，在我看来，这是艺术创造的最佳角度，也是中华艺术优越于西方艺术的原因所在。西方绘画要么像宗教画那样在天国漫游，要么彻底下降到人间，像文艺复兴以后的绘画那样以正常人的身高为视点平视。

我们有时会忽略他们的书法家身份，第一，是因为他们在其他领域的光芒太过耀眼（如李斯、李白、"唐宋八大家"、岳飞、辛弃疾、文天祥），遮蔽了他们在法书领域的光环。比如李白《上阳台帖》，卷后附宋徽宗用他著名的瘦金体写下的题跋："太白尝作行书，乘兴踏月，西入酒家，不觉人物两忘，身在世外，一帖，字画飘逸，豪气雄健，乃知白不特以诗鸣也。"根据宋徽宗的说法，李白的字，"字画飘逸，豪气雄健"，与他的诗歌一样，"身在世外"，随意中出天趣，气象不输任何一位书法大家。黄庭坚也说："今其行草殊不减古人"，只不过他诗名太盛，掩盖了他的书法知名度，所以宋徽宗见了这张帖，才发现了自己的无知，原来李白的名声，并不仅仅从诗歌中取得。第二，是因为许多人并不知道他们还有亲笔书写的墨迹留到今天，更无从感受他们遗留在那些纸页上的生命气息。从这个意义上说，我们应该感谢历代的收藏者，感谢今天的博物院、博物馆，让汉字书写的痕迹，没有被时间抹去。有了这些纸页，他们的文化价值才能被准确地复原，他们的精神世界才能完整地重现，我们的汉字世界才更能显示出它的瑰丽妖娆。

唐代李白《上阳台帖》（原件拍摄版，局部）北京故宫博物院藏

人们常说"见字如面"，见到这些字，写字者本人也就鲜活地站在我们面前。他们早已随风而逝，但这些存世的法书告诉我们，他们没有真的消逝。他们在飞扬的笔画里活着，在舒展的线条里活着。逝去的是朝代，而他们，须臾不曾离开。

天下三大行书

永乐九年的兰亭雅集，王羲之趁着酒兴，用鼠须笔和蚕茧纸一气呵成《兰亭序》，后被列为"天下行书第一"。"永和九年，岁在癸丑，暮春之初，会于会稽山阴之兰亭"，文字开始时还是明媚的，是被阳光和山风洗濯后的通透，是呼朋唤友、无事一身轻的轻松，但写着写着，调子却陡然一变，文字变得沉痛起来，真是一个醉酒忘情之人，笑着笑着，就失声痛哭起来。那是因为对生命的追问到了深处，便是悲观。这种悲观，不再是对社稷江山的忧患，而是一种与生俱来又无法摆脱的孤独。《兰亭序》寥寥324 字，却把一个东晋文人的复杂心境一层一层地剥给我们看。于是，乐成了悲，美丽成了凄凉。实际上，庄严繁华的背后，是永远的凄凉。打动人心的，是美，更是这份凄凉。

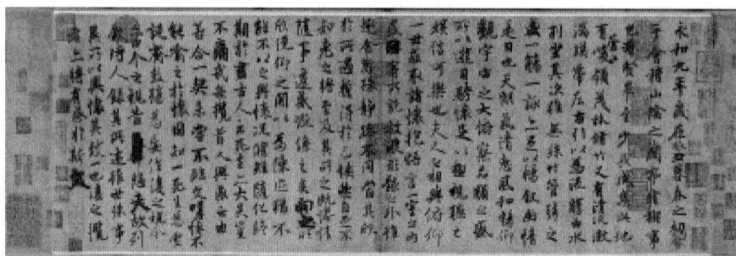

东晋王羲之《兰亭集序》卷（唐代冯承素摹）北京故宫博物院藏

唐太宗之喜爱《兰亭序》，一方面因其在书法史的演变中，创造了一种俊逸、雄健、流美的新行书体，代表了那个时代中国书法的最高水平。赵孟頫称《兰亭序》是"新体之祖"，认为"右军手势，古法一变，其雄秀之气出于天然，故古今以为师法"，但主要还是因为它写出了这份绝美背后的凄凉。我想起扬之水评价生于会稽的元代词人王沂孙的话，在此也颇为适用："他有本领写出一种凄艳的美丽，他更有本领写出这美丽的消亡。这才是生命的本质，这才是令人长久感动的命运的无常。它小到每一个生命的个体，它大到由无数生命个体组成的大千世界。他又能用委曲、吞咽、沉郁的思笔，把感伤与凄凉雕琢得玲珑剔透。他影响于读者的有时竟不是同样的感伤，而是对感伤的欣赏。因为他把悲哀美化了，变成了艺术。"

苏东坡《寒食帖》，被称为"天下行书第三"，因此广为人知。自元丰三年抵达黄州，苏东坡就被一个又一个的困境压迫着，以至于在到黄州的第三个寒食节，他在凄风苦雨、病痛交加中写下的《寒食帖》，至今让我们感到浑身发冷。时隔九个多世纪，我们依然从《寒食帖》里，目睹苏东坡居住的那个漏风漏雨的小屋："小屋如渔舟，濛濛水云里。"不仅苏东坡的人生千疮百孔，到处都是漏洞，连他居住的小屋都充满漏洞。风雨中的小屋，就像大海上的孤舟，在苍茫水云间无助地漂流，随时都有倾覆的可能。

《寒食帖》里透露出的冷，不仅是萧瑟苦雨带来的冷，更是弥漫在他心里的冷。官场上的苏东坡，从失败走向失败，从贬谪走向贬谪，一生浪迹天涯，这样的一生，就涵盖在这风雨、孤舟的意象里了。

在我看来，《寒食帖》是苏东坡书法的转折之作，少了几分从前的流丽优雅，多了几分沧桑，但苏东坡晚年在海南写下的《渡海帖》（又称《致梦得秘校尺牍》），才是苏东坡的成熟之作。那是苏东坡渡海北归前，去澄迈寻找好友马梦得，与马梦得失之交臂后写下的一通尺牍，在那点画线条间随意无羁的笔法，已如入无人之境，达到藐视一切障碍的纯熟境界，它"布满人生的沧桑，散发出灵魂彻悟的灵光"[4]，是苏东坡晚年书法的代表之作。黄庭坚看到这幅字时，不禁赞叹："沉著痛快，乃似李北海。"这件珍贵的尺牍历经宋元明清，流入清宫内府，被著录于《石渠宝笈续编》，现在是台北故宫博物院《宋四家小品》卷之一。

被称为"天下行书第二"的，是颜真卿的《祭侄文稿》。"安史之乱"中，颜氏一门报效朝廷，死于叛军刀锯者三十余口。公元758年，即《祭侄文稿》开头所说的"乾元元年"，颜真卿让颜泉明去河北寻找颜氏一族的遗骨，颜泉明只找到了颜真卿的弟弟颜杲卿的一只脚和侄子颜季明的头颅，那，就是他们父子二人的全部遗骸了。悲愤之余，颜真卿写下了这纸《祭侄文稿》。

在《祭侄文稿》中，我看到了以前从颜字中从来不曾看到的速度感，似一只射出的响箭，直奔他选定的目标。虽然《祭侄文稿》不像明末连绵草（以傅山为代表）那样有连绵不断的笔势，但我感觉颜真卿从提笔蘸墨起，他的书写就没有停过。《祭侄文稿》是在极短的时间内书写完毕，一气呵成的。

这是一篇椎心泣血的文稿，文字包含着一些极度悲痛的东西，假如我们的知觉系统还没有变得迟钝，那么它的字字句句，都会刺痛我们的心脏。在这种极度悲痛的驱使下，颜真卿手中的笔，几乎变成了一匹野马，在旷野上义无反顾地狂奔，所有的荆丛，所有的陷阱，全都不在乎了。他的每一次蘸墨，写下的字迹越来越长，枯笔、涂改也越来越多，以至于到了"父陷子死，巢倾卵覆"之后，他连续书写了接近六行，看得出他伤痛的心情已经不可遏制，这个段落也是整个《祭侄文稿》中书写最长的一次，虽然笔画越来越细，甚至在涂改处加写了一行小字，却包含着雷霆般的力道，虚如轻烟，实如巨山。

《祭侄文稿》里，有对青春与生命的怀悼，有对山河破碎的慨叹，有对战争狂徒的诅咒，它的情绪，是那么复杂，复杂到了不允许颜真卿去考虑他书法的"美"，而只要他内心情感的倾泻。因此他书写了中国书法史上最复杂的文本，不仅它的情感复杂，连写法都是复杂的，仔细看去，里面不仅有行书，还有楷书和草书，是一个"跨界"的文本。即使行书，也在电光火石间，展现出无穷的变化。有些笔画明显是以笔肚抹出，却无薄、扁、瘦、枯之弊，点画粗细变化悬殊，产生了干湿润燥的强烈对比效果。

苏东坡喜欢颜真卿的，正是他文字里透露出的简单、直率、真诚，说白了，就是不装。苏东坡少时也曾迷恋王羲之，如美国的中国艺术史研究者倪雅梅所说，苏东坡的书法风格，就是"建立在王羲之侧锋用笔的方式之上"，这一书写习惯，他几乎一生没有改变。但在晚年，苏东坡却把颜真卿视为儒家文人书法的鼻祖，反复临摹颜真卿的作品（其中，苏东坡临颜真卿《争座位帖》以拓本形式留存至今），甚至承认颜真卿的中锋用笔不仅是"一种正当的书法技巧"，它甚至可以被看作"道德端正的象征"[5]。

《祭侄文稿》不是一件单纯意义上的书法作品，我说它是"超书法"，是因为书法史空间太小，容不下它；颜真卿也不是以书法家的身份写下《祭侄文稿》的，《祭侄文稿》只是颜真卿平生功业的一部分。正因如此，当安禄山反于范阳，颜真卿或许就觉得，身为朝廷命臣，不挺身而出就是一件可耻的事。像初唐诗人那样沉浸于风月无边，已经是一种难以企及的梦想，此时的他，必须去面对生与死之间横亘的关隘。

我恍然看见颜真卿写完《祭侄文稿》，站直了身子，风满襟袖，须发皆动，有如风中的一棵老树。

注释

1. 选自《光明日报》（2021年03月12日13版）。
2. 周汝昌：《永字八法——书法艺术讲义》，广西师范大学出版社，2015年版。
3. 蒋勋：《汉字书法之美》，广西师范大学出版社，2009年版。
4. 赵权利：《苏轼》，河北教育出版社，2004年版。
5. 倪雅梅：《中正之笔——颜真卿书法与宋代文人政治》，江苏人民出版社，2018年版。

思考探究

1. 结合文章和你对"书法"的理解，谈谈为什么作者说"只有中国人，让'书'上升为'法'"？

2. 作者说"书法作为艺术，价值在于表达人的情感、精神"，请选一幅你喜欢的书法作品，谈谈其中所蕴含的情感和精神。

中国艺术表现里的虚和实[1]

宗白华

文学常识

宗白华（1897—1986），江苏常熟人，生于安徽安庆。美学家、文艺理论家、诗人、翻译家。著有诗集《流云》、文集《美学散步》《美学与意境》及《宗白华美学文学译文选》等，其著作汇编为《宗白华全集》，译有康德的《判断力批判》。宗白华认为，艺术表现中的"实"是客观存在的具体物象，而"虚"则是通过艺术手法引发出的想象空间和意境。虚实结合，不仅丰富了艺术作品的层次，还提升了作品的艺术感染力和审美价值。这种虚实相生的表现手法，是中国艺术独有的美学特征之一。

先秦哲学家荀子是中国第一个写了一篇较有系统的美学论文——《乐论》的人。他有一句话说得极好，他说："不全不粹不足以谓之美。"这话运用到艺术美上就是说：艺术既要极丰富地全面地表现生活和自然，又要提炼地去粗存精，提高，集中，更典型，更具普遍性地表现生活和自然。

由于"粹"，由于去粗存精，艺术表现里有了"虚"，"洗尽尘滓，独存孤迥[2]"（恽南田语）。由于"全"，才能做到孟子所说的" 充实之谓美，充实而有光辉之谓大[3]"。"虚"和"实"辩证的统一，才能完成艺术的表现，形成艺术的美。

但"全"和"粹"是相互矛盾的。既去粗存精，那就似乎不全了，全就似乎不应"拔萃"。又全又粹，这不是矛盾吗？

然而只讲"全"而不顾"粹"，这就是我们现在所说的自然主义[4]；只讲"粹"而不能反映"全"，那又容易走上抽象的形式主义[5]的道路；既粹且全，才能在艺术表现里做到真正的"典型化"，全和粹要辩证地结合、统一，才能谓之美，正如荀子在两千年前所正确地指出的。

清初文人赵执信[6]在他的《谈艺录》序言里有一段话很生动地形象化地说明这全和粹、虚和实辩证的统一才是艺术的最高成就。他说：

钱塘洪防思[7]（按即洪升，《长生殿》曲本的作者）久于新城[8]（按即王渔洋，提倡诗中神韵说[9]者）之门矣。与余友。一日在司寇（渔洋）论诗，防思嫉时俗之无章也，曰："诗如龙然，首尾鳞鬣，一不具，非龙也。"司寇哂之曰："诗如神龙，见其首不见其尾，或云中露一爪一鳞而已，安得全体？是雕塑绘画耳！"余曰："神龙者，屈伸变化，固无定体，恍惚望见者第指其一鳞一爪，而龙之首尾完好固宛然在也。若拘于所见，以为龙具在是，雕绘者反有辞矣！"

洪防思重视"全"而忽略了"粹"，王渔洋依据他的神韵说看重一爪一鳞而忽视了"全体"；赵执信指出一鳞一爪的表现方式要能显示龙的"首尾完好宛然存在"。艺术的表现正在于一鳞一爪具有象征力量，使全体宛然存在，不削弱全体丰满的内容，把它们概括在一鳞一爪里。提高了，集中了，一粒沙里看见一个世界。这是中国艺术传统中的现实主义的创作方法，不是自然主义的，也不是形式主义的。

但王渔洋、赵执信都以轻视的口吻说着雕塑绘画，好像它们只是自然主义地刻画现实。这是大大的误解。中国大画家所画的龙正是像赵执信所要求的，云中露出一鳞一爪，却使全体宛然可见。

中国传统的绘画艺术很早就掌握了这虚实相结合的手法。例如近年出土的晚周帛画凤夔人物、汉石刻人物画、东晋顾恺之[10]《女史箴图》、唐阎立本[11]《步辇图》、宋李公麟[12]《免胄图》、元颜辉[13]《钟馗出猎图》、明徐渭[14]《驴背吟诗》，这些赫赫名迹都是很好的例子。我们见到一片空虚的背景上突出地集中地表现人物行动姿态，删略了背景的刻画，正像中国舞台上的表演一样。（汉画上正有不少舞蹈和戏剧表演）

关于中国绘画处理空间表现方法的问题，清初画家笪重光[15]在他的一篇《画筌》（这是中国绘画美学里的一部杰作）里说得很好，而这段论画面空间的话，也正相通于中国舞台上空间处理的方式。他说：

空本难图，实景清而空景现。神无可绘，真境逼而神境生。位置相戾，有画处多属赘疣。虚实相生，无画处皆成妙境。

这段话扼要地说出中国画里处理空间的方法，也叫人联想到中国舞台艺术里的表演方式和布景问题。中国舞台表演方式是有独创性的，我们愈来愈见到它的优越性。而这种艺术表演方式又是和中国独特的绘画艺术相通的，甚至也和中国诗中的意境相通。（我在1949年写过一篇《中国诗画中所表现的空间意识》）中国舞台上一般地不设置逼真的布景（仅用少量的道具桌椅等）。老艺人说得好："戏曲的布景是在演员的身上。"演员结合剧情的发展，灵活地运用表演程式[16]和手法，使得"真境逼而神境生"。演员集中精神用程式手法、舞蹈行动，"逼真地"表达出人物的内心情感和行动，就会使人忘掉对于剧中环境布景的要求，不需要环境布景阻碍表演的集中和灵活，"实景清而空景现"，留出空虚来让人物充分地表现剧情，剧中人和观众精神交流，深入艺术创作的最深意趣，这就是"真境逼而神境生"。这个"真境逼"是在现实主义的意义里的，不是自然主义里所谓逼真。这是艺术所启示的真，也就是"无可绘"的精神的体现，也就是美。"真""神""美"在这里是一体。

做到了这一点，就会使舞台上"空景"的"现"，即空间的构成，不须借助于实物的布置来显示空间，恐怕"位置相戾，有画处多属赘疣"，排除了累赘的布景，可使"无景处都成妙境"。例如川剧《刁窗》一场中虚拟的动作既突出了表演的"真"，又同时显示了手势的"美"，因"虚"得"实"。《秋江》剧里船翁一支桨和陈妙常的摇曳的舞姿可令观众"神游"江上。八大山人[17]画一条生动的鱼在纸上，别无一物，令人感到满幅是水。我最近看到故宫陈列齐白石画册里一幅上画一枯枝横出，站立一鸟，别无所有，但用笔的神妙，令人感到环绕这鸟是一无垠的空间，和天际群星相接应，真是一片"神境"。

中国传统的艺术很早就突破了自然主义和形式主义的片面性，创造了民族的独特的现实主义的表达形式，使真和美、内容和形式高度地统一起来。反映这艺术发展的美学思想也具有独创的宝贵的遗产，值得我们结合艺术的实践来深入地理解和汲取，为我们从新的生活创造新的艺术形式提供借鉴和营养资料。

中国的绘画、戏剧和中国另一特殊的艺术——书法，具有着共同的特点，这就是它们里面都是贯穿着舞蹈精神（也就是音乐精神），由舞蹈动作显示虚灵的空间。唐朝大书法家张旭[18]观看公孙大娘剑器舞而悟书法，吴道子[19]画壁请裴将军舞剑以助壮气。而舞蹈也是中国戏剧艺术的根基。中国舞台动作在二千年的发展中形成一种富有高度节奏感和舞蹈化的基本风格，这种风格既是美的，同时又能表现生活的真实，演员能用一两个极洗炼而又极典型的姿势，把时间、地点和特定情景表现出来。例如"趟马[20]"这个动作，可以使人看出有一匹马在跑，同时又能叫人觉得是人骑在马上，是在什么情境下骑着的。如果一个演员在趟马时"心中无马"，光在那里卖弄武艺，卖弄技巧，那他的动作就是程式主义的了。——我们的舞台动作，确是能通过高度的艺术真实，表现出生活的真实的。也证明这是几千年来，一代又一代的，经过广大人民运用他们的智慧，积累而成的优秀的民族表现形式。如果想一下子取消这种动作，代之以纯现实的，甚至是自然主义的做工，那就是取消民族传统，取消戏曲。（见焦菊隐：《表演艺术上的三个主要问题》，《戏剧报》1954年11月号）

中国艺术上这种善于运用舞蹈形式，辩证地结合着虚和实，这种独特的创造手法也贯穿在各种艺术里面。大而至于建筑，小而至于印章，都是运用虚实相生的审美原则来处理，而表现出飞舞生动的气韵。《诗经》里《斯干[21]》那首诗里赞美周宣王的宫室时就是拿舞的姿式来形容这建筑，说它"如跂斯翼，如矢斯棘，如鸟斯革，如翚斯飞[22]"。

由舞蹈动作伸延，展示出来的虚灵的空间，是构成中国绘画、书法、戏剧、建筑里的空间感和空间表现的共同特征，而造成中国艺术在世界上的特殊风格。它是和西洋从埃及以来所承受的几何学的空间感有不同之处。研究我们古典遗产里的特殊贡献，可以有助于人类的美学探讨和艺术理解的进展。

（原载《文艺报》1961年第5期）

注释

1. 选自宗白华《美学散步》，上海人民出版社1981年出版。

2. 洗尽尘滓，独存孤迥。清初画家恽南田（1633—1690）的话。意思是去粗存精。孤迥，意为孤立、孤单，这里指少。

3. 充实之谓美，充实而有光辉之谓大。这是《孟子·尽心下》中的话。意思是，充满（美好的品德）就叫作"美"；充满而且光辉地表现出来就叫作"大"。

4. 自然主义。文艺创作的一种倾向。着重描写现实生活的个别现象和琐碎细节，追求事物的外在真实，忽视对生活现象的分析、概括，忽视揭示社会生活的本质方面。

5. 形式主义，文艺创作中的一种错误倾向，它忽视内容，片面强调表现形式。

6. 赵执信（1662—1744），清代益都（现山东寿光）人，字伸符，号秋谷、饴山，康熙进士。

7. 洪防思（1645—1704），号稗畦。清初戏曲作家。钱塘（现在浙江杭州）人。著有传奇《长生殿》。

8. 新城，指王渔洋（1634—1711），名士（祯），字子贞，号阮亭、渔洋山人。清代文学家。新城（现山东桓台）人。官至刑部尚书，清时俗称大司寇，著有《带经堂集》《渔洋诗话》《池北偶谈》等。

9. 神韵说，强调"兴会神到"，追求"得意忘言"，主张以清淡闲远的风神韵致为诗歌的最高境界。

10. 顾恺之（约345—406）东晋画家。晋陵无锡，现在江苏无锡人，字长康，小字虎头。官至散骑常侍。他的"以形写神"的绘画理论，对中国画发展有重大影响。

11. 阎立本（？—673））唐代画家。雍州万年（现陕西西安）人。工书法，尤精肖像，善于刻画人物性格。

12. 李公麟（1049—1109），北宋画家。庐州舒城（今属安徽）人，字伯时。擅画人物鞍马及历史故事画，用"白描"，对后世影响很大。

13. 颜辉，元吉州庐陵（现江西吉安）人，字秋月。善画道教传说中的鬼神、人物。

14. 徐渭（1521—1593），明代文学家、画家。山阴（现浙江绍兴）人，字文清，更字文长，号天池山人、青藤道士等。才能、兴趣极广，诗文、书画、音乐、戏曲无不擅长。著有《四声猿》《南词叙录》《徐文长集》等。

15. 笪（dá）重光，清代句容（今属江苏人），字在辛，号江上外史。顺治进士，曾任御史。工书画。

16. 程式，戏剧术语，指经过艺术夸张、提炼加工而定型的格式化、规范化的表演动作。

17. 八大山人（约1626—约1705），即朱耷（dā），清初画家。南昌人。八大山人是他的别号。擅长画水墨花卉禽鸟，笔墨简练，形象夸张，也画山水，意境冷寂。

18. 张旭，唐代书法家。吴（现江苏苏州）人。精通楷书，草书最为知名。与李白诗歌、裴旻（mín）剑舞，时称"三绝"。

19. 吴道子，唐代画家。阳翟（现河南禹县）人。善画佛道人物，也工山水。所绘人物，尤为当时所重。有"画圣"之称。

20. 趟马，戏曲表演程式动作。通过成套的、连续的舞蹈动作，表现策马疾行。一般都是单人趟马，也有双人趟马的。

21. 斯干，《诗经·小雅》篇名。这是一首祝颂周天子宫室落成的诗。斯，此。干，通"涧"，这里指涧水。

22. 如跂斯翼，如矢斯棘，如鸟斯革，如翚斯飞。这几句是说宫殿建筑得雄伟壮观。翼，建筑物的飞檐。"如矢斯棘"，是说宫殿四隅有棱角，像箭头一样。棘，棱角。"如鸟斯革"，是说栋宇宏伟如鸟类举翅。革，鸟的羽翼。翚，五彩的山鸡。飞，指屋檐上翘，如鸟飞。

思考探究

1. 中国绘画、书法、戏剧、建筑在表现空间方面有什么共同特征？
2. 说说对下列引文的理解。

"不全不粹之不足以为美也。"

"洗尽尘滓，独存孤迥。"

"空本难图，实景清而空景现。神无可绘，真境逼而神境生。位置相戾，有画处多属赘疣。虚实相生，无画处皆成妙境。"

3. 课文指出，中国绘画处理空间的表现方式，同中国诗中的意境相通，请你举例说明。

传统文化与文化传统[1]

庞　朴

文学常识

庞朴，字若木，原名声禄，1928年10月出生于江苏省淮阴县，1954年中国人民大学哲学专业研究生毕业。曾任山东大学讲师、《历史研究》主编等职，现为中国社会科学院研究员、山东大学教授、山东大学儒学研究中心主任，致力于中国哲学史、思想史、文化史以及出土简帛方面的研究。著有《〈公孙龙子〉研究》《一分为三——中国传统思想考释》《当代学者自选文库——庞朴卷》《竹帛〈五行〉篇校注及研究》等。

经过了一个多世纪的代价巨大的社会实验，中国人终于懂得了一个真理：为了走向未来，需要的不是同过去的一切彻底决裂，将过去彻底砸烂，而是应该妥善地利用过去，在过去这块既定的地基上构筑未来大厦。如果只愿在白纸上描绘未来，那么，所走向的绝不会是真正的未来，而只能是过去的某些糟糕的角落。

这里所要讨论的"过去"，主要指的是传统，即那个在已往的历史中形成的，铸造了过去、诞生了现在、孕育了未来的民族精神及其表现。

一个民族的传统无疑与其文化密不可分。离开了文化，无从寻觅和捉摸什么传统；没有传统，也不成其为民族文化。我们常常看到"文化传统""传统文化"的说法，这些概念，往往交叉使用，内容含糊。弄清这两个概念，很有必要，因为文化传统与传统文化并不一样，两者差别之大，几乎可以跟蜂蜜和蜜蜂的差别相媲美。

传统文化

传统文化的全称大概是"传统的文化"，落脚在文化，是对应于当代文化和外来文化而言的。其内容当为历代存在过的种种物质的、制度的和精神的文化实体和文化意识。例如民族服饰、生活习俗、古典诗文、忠孝观念之类，也就是通常所说的文化遗产。

传统文化产生于过去，带有过去时代的烙印；传统文化创成于本民族祖先，带有自己民族的色彩。文化的时代性和民族性，在传统文化身上表现得最为鲜明。

传统文化中的各个成分，在其发生的时候，是应运而生的，在历史上起过积极作用。及至时过境迁，它们或者与时俱进，演化出新的内容与形式；或者抱残守缺，化为明日黄花。也有的播迁他邦，重振雄风；也有的昙花一现，未老而先亡。但是，不管它们内容的深浅，作用的大小，时间的久暂，空间的广狭，只要它们存在过，它们便都是传统文化。

凡是存在过的，都曾经是合理的。凡是存在过的，都有其影响；问题在于影响的大小。因此，对后人来说，就有一个对传统文化进行分析批判的任务，明辨其时代风貌，确认其历史地位，接受或拒绝其余风遗响。在我国，所谓的发掘抢救、批判继承、古为今用等等办法和方针，都是针对传统文化而言的；所有的吃人的礼教、东方的智慧等等贬褒不一的议论，也多是围绕传统文化而发的。

文化传统

文化传统的全称大概是"文化的传统"，落脚在传统。

文化传统与传统文化不同，它不具备有形的实体，不可捉摸，仿佛无所在，但它却无所不在，既存在于一切传统文化之中，也存在于一切现实文化之中，还在你我的灵魂之中。文化传统是不死的民族魂。它产生于民族的历代生活，成长于民族的反复实践，形成为民族的集体意识和集体无意识。简单说来，文化传统就是民族精神。

一个民族有一个民族的共同生活、共同语言，从而也就有它们共同的意识和无意识，或者叫共同的心理状态。民族的每个成员，正是在这种共同生活中诞生、成长，通过民族共同语言来认识世界、体验生活、形成意识、表达愿望的。生活对于他们就是一片园地，语言对于他们便是一种工具，大凡在这种生活里不存在的现象和愿望，由这种生活导不出的方式和方法，为这种语言未曾表达过的意念，用这种语言无法道出来的思想，自然不会形成为这一民族的共同心理；即使有时这个民族的某个或某些成员会酿出某些独特的心理，也往往由于禁忌、孤立等社会力量的威慑，不是迅速销声匿迹，便是陷于孤芳自赏，而很难挤进民族的共同圈子里去，除非有了变化着的共同生活做后盾。惟有那些为这一民族生活所孕育、所熟悉、所崇尚的心理，才能时刻得到鼓励和提倡，包括社会的推崇和个人的向往，其道大行，成为巨大的精神财富和物质力量。这样，日积月累，暑往寒来，文化传统于是乎形成。

一般说来，文化传统是一种惰性力量。它制约着人们的思维方法，支配着人们的行为习俗，控制着人们的情感抒发，左右着人们的审美趣味，规定着人们的价值取向，悬置着人们的终极关怀（灵魂归宿）。个人的意志自由，在这里没有多少绝对意义，它超越不出文化传统。但也正因如此，文化传统便成了一种无声的指令，凝聚的力量，集团的象征。没有文化传统，我们很难想像一个民族如何能存在，一个社会如何能稳定，一个国家如何能巩固。

当然，这并非说文化传统是不变的。因为随着时间的变化，传统中某些成分会变得无处可用而逐渐淡化以至衰亡；生活中某些新的因素会慢慢积淀，并经过筛选、整合而成为传统的新成分。但是必须注意，文化传统的变化无论如何总是缓慢的、渐进的，不会一蹴而就，即使在社会急剧变幻的革命时期也是如此。

当然，这并非说文化传统不会接受外部世界的影响而变化自己的内容。不同民族不同文化只要存在，便可能有接触；只要有接触，便有交流；只要有交流，便有变化。但是，从接触到交流到变化，中间有着一系列复杂的过程。大体上说，两种不同文化（带着自己的文化传统）由于婚姻、交通、贸易、侵略、扩张等原因相接触而互播时，起先往往互相惊奇，彼此观望；而后则互相攻讦，彼此拒斥；最后乃互相学习，彼此交流。而学习所取、交流所得，仍需经过自己文化传统这个"有机体"的咀嚼、消化和吸收，或者叫做整合，才会成为传统中的一个新成分，带来传统的变化。这时候，反观其与原型的同异，虽然未必面目全非，却让人觉得很陌生。这是历史和现实所反复证明了的。

财富和包袱

设想一下，如果某个民族没有自己的传统文化和文化传统，每一天都在从头开始去练习生存本领，那情景是不堪设想的。因此，称传统文化为祖宗的丰富遗产，说文化传统是我们的宝贵财富，是不为过分的。

但是不能忘记，传统是一种惰性的力量，保守的因素，它具有钳制思想、束缚行动的本性，常常造成原地踏步的局面，也会引出某种不堪设想和不忍设想的后果。因此，说传统是民族沉重的负荷，社会前进的包袱，也是不为过分的。

既是财富，又是包袱。辩证地了解和掌握传统的这两重属性，运用它而不被其吞没，防止它而不拒之千里之外，是一种艺术，是人类发挥其主观能动作用的重要表现和广阔场所。

能理解这一点和做到这一点，看来并非易事。我们容易看到的，常常是与之相左的情况。比如说，一种人以为传统像服装，服装以入时为美，而去追求时髦。这时，具有惰性的传统，只会被斥为阻碍趋势的包袱。另一种人以为传统像文物，文物惟古是尚，应该保持斑驳陆离的面貌，切忌刮垢磨光。这时，传统所不幸具有的惰性，倒又成了他们心目中的财富。

传统的确是财富，但财富不在它的惰性；传统也的确是包袱，但包袱也不因它的非时装。传统不是可以随气温变化而穿脱的外衣，甚至也不是可以因发育而定期蜕除的角质表皮。传统是内在物，是人体本身；精确点说，是人群共同体的品格和精神。它无法随手扔掉，难以彻底决裂。

但是传统也不是神赐的，天生的，它原是人们共同生活的产物，必定也会随共同生活的变化而更新。谁要想拉住传统前进的脚步，阻挡传统变化的趋势，纵或得逞于一时，终将徒劳无功，而且往往要激起逆反心理，促成精神危机。这是有史可稽的。

注释

1. 选自《儒家精神 听庞朴讲传统文化》，中国华侨出版社出版。

思考探究

1. 根据课文，请你谈谈传统文化和文化传统的内涵和特征分别是什么？并举例说明。

2. 为什么说传统既是财富也是包袱？我们应持什么态度对待传统？

本单元语文综合实践活动

国家之魂，文以化之，文以铸之。中国传统文化是中华民族的精神命脉与智慧结晶，承载着千年的历史记忆与文化精髓，它包含哲学思想、文学艺术、道德伦理、科学技术、宗教信仰、传统节日、饮食文化、建筑艺术等方方面面。习近平总书记强调："有文化自信的民族，才能立得住、站得稳、行得远"。继承与发扬传统文化是我们每一个中华儿女不可推卸的责任与使命。继承，意味着我们要深刻理解传统文化的精髓，尊重并保护那些历经岁月洗礼的智慧与艺术；发扬，则要求我们以创新的眼光，将传统文化的元素与现代生活相融合，使之焕发新的生命力。

一、探究中国古代思想流派

春秋战国是思想和文化最为辉煌灿烂、群星闪烁的时代。这一时期形成了儒、墨、道、法、阴阳、农、名、兵家等各种流派。各家各派都著书立说，议论政治，既互相批判，又互相影响，出现了"百家争鸣"的局面。选一个你感兴趣的流派深入研究，并形成小论文。

二、汉字听写大赛

汉字不仅是一种书写系统，更是承载和传承了数千年文化和历史的载体。在数字化时代，汉字的传承与发展面临着新的机遇与挑战。

请开展一次常用汉字听写大赛。

三、结合实例谈谈中西方建筑的差异

中国建筑与西方建筑在布局、风格、材料、结构等方面都有很大差异，各有特点。查找资料，各选一个代表建筑，结合图片，阐述中国建筑与西方建筑的差异体现在哪些地方。

第六单元
畅享诗意人生

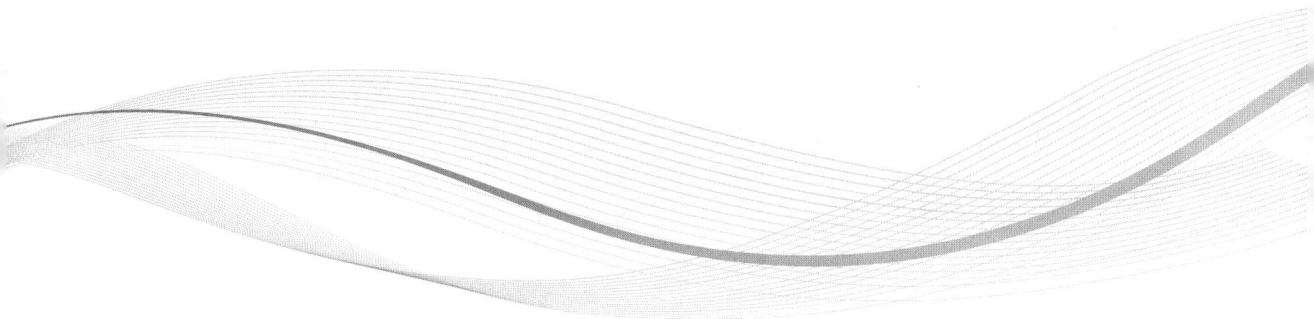

本单元序

　　在纷繁复杂的世界中，我们时常渴望一种充满诗意的生活。诗意人生，不仅仅是对外在美的欣赏，更是一种内在的精神体验与心灵的宁静，它蕴含着对自然、人性、情感与理想的深刻理解与感悟。诗意并不拘泥于形式，它可以是对日常生活的细腻体察，也可以是对远大理想的执着追求。无论是在大自然的美景中驻足、在书卷中品味历史人物的智慧，还是在现代社会的快节奏中停下来，细细感受片刻的宁静，诗意都在引领我们走向心灵的丰富与精神的升华。它带来的是对生命深刻意义的领悟，使我们在平凡的生活中发现不平凡的闪光点。这种生活方式让人始终怀有热爱，带着追求美好、探索未知的态度，超越现实的束缚，追求精神的富足。诗意人生并不遥远，它潜藏于我们对生活的每一次用心感受与每一瞬细腻体验之中，最终使生命绽放出独特的光彩。

　　本单元选取的四篇文章，从不同的角度诠释了诗意人生的丰富内涵。有的于动荡中选择以洒脱和从容的姿态坚守内心宁静，展示出一种超然于外界喧嚣的生活态度。有的在大观园内以诗会友，展现他们的才情雅趣。有的在科幻的广袤世界里，深入探索诗歌与文明的融合。有的则是在快节奏的现代社会中主动放慢脚步，用心去发掘平凡事物中的非凡之处，于喧嚣之中为自己构筑一方宁静的天地。这些不同视角的表达，引领我们领悟到诗意人生不仅是对外在美的感知，更是对内在精神世界的深刻追寻与坚持。

《世说新语》[1] 九则

刘义庆

文学常识

刘义庆（403—444），字季伯，彭城（今江苏徐州）人，南朝宋文学家。刘宋宗室，曾追随刘裕北伐，袭封临川王。自幼才华出众，爱好文学，广招四方文学之士聚于门下。代表作有志人小说《世说新语》，志怪小说《幽明录》。

《世说新语》是南朝刘义庆招聚才学之士编纂的一本笔记体小说集，是魏晋南北朝志人小说的杰出代表。本名《世说新书》，简称《世说》。全书分为德行、言语、政事、文学等36门，共一千一百三十则。文辞隽永，以"段子集"的方式，记载了东汉至魏晋二百多年间士族名人的言谈风尚和锁闻逸事，是我国古代轶事小说的典范。鲁迅先生称其为"一部名仕的教科书"。

东床坦腹

郗太傅在京口[2]，遣门生与王丞相[3]书，求女婿。丞相语郗信[4]："君往东厢，任意选之。"门生归白[5]郗曰："王家诸郎亦皆可嘉，闻来觅婿，咸自矜[6]，唯有一郎在东床上坦腹卧，如不闻。"郗公云："正此好！"访之，乃是逸少[7]，因嫁女与焉。"

（《世说新语·雅量》）

谢公围棋

谢公[8]与人围棋，俄而谢玄淮上信至[9]，看书竟[10]，默然无言，徐向局[11]。客问淮上利害[12]，答曰："小儿辈[13]大破贼。"意色[14]举止，不异于常。

（《世说新语·雅量》）

张季鹰见机

张季鹰辟齐王东曹掾在洛[15]，见秋风起，因思吴中[16]菰菜羹、鲈鱼脍[17]，曰："人生贵得适意尔[18]，何能羁宦数千里以要名爵[19]！"遂命驾便归。俄而齐王败，时人皆谓为见机[20]。

(《世说新语·识鉴》)

殷候答桓公

桓公[21]少与殷候[22]齐名，常有竞心。桓问殷："卿何如我?"殷云："我与我周旋久，宁作我。"

(《世说新语·品澡》)

驴鸣送丧

王仲宣[23]好驴鸣。既葬，文帝临其丧[24]，顾语同游曰："王好驴鸣，可各作一声以送之。"赴客[25]皆一作驴鸣。

(《世说新语·伤逝》)

刘伶裸行

刘伶恒纵酒放达[26]，或脱衣裸形在屋中，人见讥之。伶曰："我以天地为栋宇，屋室为裤衣[27]，诸君何为入我裤中!"

(《世说新语·任诞》)

江东步兵

张季鹰纵任不拘，时人号为江东步兵。或谓之曰："卿乃可纵适一时，独不为身后名邪?"答曰："使我有身后名，不如即时一杯酒!"

(《世说新语·任诞》)

王子猷种竹

王子猷[28]尝暂寄人空宅住，便令种竹。或问："暂住何烦尔!"王啸咏良久，直指竹曰："何可一日无此君[29]!"

(《世说新语·任诞》)

桓子野吹笛

王子猷出都，尚在渚下。旧闻桓子野³⁰善吹笛，而不相识。遇桓于岸上过，王在船中，客有识之者，云是桓子野，王便令人与相闻³¹，云："闻君善吹笛，试为我一奏。"桓时已贵显，素闻王名，踞³²胡床，为作三调。弄毕³³，便上车去，客主不交一言。

（《世说新语·任诞》

注释

1. 选自刘义庆撰，刘孝标注、余嘉锡笺疏《世说新语笺疏》，中华书局 1983 年出版。

2. 郗太傅：郗鉴，字道徽。高平金乡（今属山东）人。曾兼徐州刺史，镇守京口。京口：古地名，今江苏镇江。

3. 王丞相：王导，字茂弘。琅琊郡临沂县（今山东省临沂市）人，晋元帝时任丞相。晋朝政治家、书法家，东晋开国元勋。

4. 信：使者。即郗太傅所派使者。

5. 白：禀告。

6. 矜持：指拘谨，保持端庄严肃的样子。

7. 逸少：王羲之，字逸少，是王导的堂侄。世称王右军，东晋时期大臣、文学家、书法家。淮南太守王旷之子。此处是成语"东床快婿"的出处。

8. 谢公：谢安。字安石，陈郡阳夏（今河南太康）人。年少以清淡知名，长期隐居不仕。中年入仕，政绩卓著。谢安以宰相身份兼任征讨大将军指挥淝水之战，以少胜多击溃前秦苻坚大将军，继而北伐收复今河南、山东等地区失地。官至宰相，死后追赠太傅。

9. 谢玄：字幼度，小字遏，谢安之侄。淝水之战中任前锋都督，是作战的直接指挥者，与谢石等大破苻坚军，取得以少胜多的战果，死后追赠军骑将军。淮上：淮河上，淝水是淮河上游的支流，故称淮上。

10. 书：信。竟：完毕。

11. 徐：从容地，徐徐地。局：棋局。

12. 厉害：胜负。

13. 小儿辈：谢安被任为征讨大都督，他派遣弟谢石、侄谢玄、子谢琰率军北上拒敌，诸谢多为其子侄，故称小儿辈。

14. 意色：意态神色。

15. 张季鹰：张翰，字季鹰，吴郡吴县（今江苏苏州市）人。西晋文学家，留侯张良后裔。齐王同时为大司马东曹掾。才华横溢，性格不羁，当时人将其跟阮籍相比，号为"江东步兵"。辟（bì），被征召。齐王：司马囧（jiǒng），袭封为齐王。东曹掾（yuàn）：东曹的属官。曹，官署中分科办事的机构。掾：署官的通称。

16. 吴中：吴地，苏州。

17. 菰（gū）菜：茭白，果实叫"菰米"，生长在池沼中，嫩茎可做蔬菜食用。鲈鱼脍（kuài）：鲈鱼切片或切碎做的菜。

18. 尔：罢了，而已。

19. 羁臣：在异乡做官。要（yāo）：谋求，谋取。名爵：功名，地位。

20. 见机：洞察事物的苗头。

21. 桓公：桓（huán）温（312—373），字元子，东晋谯国龙亢（今安徽省蚌埠市怀远县龙亢镇）人。曾数次北伐，战功累累，官至大司马、都督中外诸军事、行尚书事，威势极盛。曾欲篡位，受制于朝中王、谢势力而未能如愿。

22. 殷侯：殷浩，东晋时期大臣、将领。

23. 王仲宣：王粲（177—217），字仲宣。山阳郡高平县（今山东省济宁市微山县两城镇）人。先依刘表，未得重用，后为曹操幕僚，官至侍中。以诗、赋著称，三国时期的文学家，"建安七子"之一。

24. 文帝：指的是魏文帝曹丕。临（lìn）：哭吊死者。

25. 赴客：送葬的客人。

26. 刘伶：字伯伦，西晋沛国（今安徽省淮北市濉溪县）人，竹林七贤之一，魏晋时期作家，名士。曾任魏建威将军，晋武帝泰始初（约265年），对朝廷策问，强调"无为而治"，以"无用"被黜。恒：经常。

27. 裈（kūn）：裤子。

28. 王子猷（yóu）：王徽之，字子猷，王羲之的儿子。琅琊临沂（今山东省临沂市）人，有才气，放诞不羁。历大司马桓温参军，黄门侍郎等职。

29. 君：此处以"君"称竹，是把竹子比作气质高雅之士。

30. 桓子野：桓伊，为人谦素，善吹笛，号称"江左第一"，有"笛圣"之称，著名琴曲《梅花三弄》就是根据他的笛谱改编的。

31. 相闻：相通。

32. 踞：蹲，蹲坐。

33. 弄：演奏。

思考探究

1. 选文中记述的这些人你最欣赏谁，为什么？

2. 根据课文，说一说《世说新语》反映了当时怎样的社会风貌和文化特点？

秋爽斋偶结海棠社[1]

曹雪芹

文学常识

曹雪芹（1715—1763），名霑，字梦阮，号雪芹，又号芹圃、芹溪。清朝小说家。他爱好广泛，金石、诗书、绘画、园林、中医、织补、工艺、饮食，无一不晓，尤工于小说。《红楼梦》是曹雪芹对中国文学和中国文化的伟大贡献，其以自身亲历亲闻的生活为基础，以"真事隐去""假语村言"的方式，书写人生阅历和感悟。

这年贾政又点了学差，择于八月二十日起身。是日拜过宗祠及贾母起身，宝玉诸子弟等送至洒泪亭。

却说贾政出门去后，外面诸事不能多记。单表宝玉每日在园中任意纵性的逛荡，真把光阴虚度，岁月空添。这日正无聊之际，只见翠墨进来，手里拿着一副花笺送与他。宝玉因道："可是我忘了，才说要瞧瞧三妹妹去的，可好些了，你偏走来。"翠墨道："姑娘好了，今儿也不吃药了，不过是凉着一点儿。"宝玉听说，便展开花笺看时，上面写道：

娣探谨奉二兄文几：前夕新霁，月色如洗，因惜清景难逢，讵忍就卧，时漏已三转，犹徘徊于桐槛之下，未防风露所欺，致获采薪之患[2]。昨蒙亲劳抚嘱，复又数遣侍儿问切，兼以鲜荔并真卿墨迹见赐，何痌瘝[3]惠爱之深哉！今因伏几凭床处默之时，因思及历来古人中处名攻利敌之场，犹置一些山滴水[4]之区，远招近揖，投辖攀辕[5]，务结二三同志盘桓于其中，或竖词坛，或开吟社，虽一时之偶兴，遂成千古之佳谈。娣虽不才，窃[6]同叨栖处于泉石之间，而兼慕薛林之技。风庭月榭，惜未宴集诗人；帘杏溪桃，或可醉飞吟盏。孰谓莲社[7]之雄才，独许须眉；直以东山[8]之雅会，让馀脂粉。若蒙棹雪而来[9]，娣则扫花以待[10]。此谨奉。

宝玉看了，不觉喜的拍手笑道："倒是三妹妹的高雅，我如今就去商议。"一面说，一面就走，翠墨跟在后面。

刚到了沁芳亭，只见园中后门上值日的婆子手里拿着一个字帖走来，见了宝玉，便迎上去，口内说道："芸哥儿请安，在后门只等着，叫我送来的。"宝玉打开看时，写道是：

　　不肖男芸恭请父亲大人万福金安。男思自蒙天恩，认于膝下，日夜思一孝顺，竟无可孝顺之处。前因买办花草，上托大人金福，竟认得许多花儿匠，并认得许多名园。因忽见有白海棠一种，不可多得。故变尽方法，只弄得两盆。大人若视男是亲男一般，便留下赏玩。因天气暑热，恐园中姑娘们不便，故不敢面见。奉书恭启，并叩台安。

　　　　　　　　　　　　　　　　　　　　　　　　　　　　　男芸跪书

　　宝玉看了，笑道："独他来了，还有什么人?"婆子道："还有两盆花儿。"宝玉道："你出去说，我知道了，难为他想着。你便把花儿送到我屋里去就是了。"一面说，一面同翠墨往秋爽斋来，只见宝钗、黛玉、迎春、惜春已都在那里了。

　　众人见他进来，都笑说："又来了一个。"探春笑道："我不算俗，偶然起个念头，写了几个帖儿试一试，谁知一招皆到。"宝玉笑道："可惜迟了，早该起个社的。"黛玉道："你们只管起社，可别算上我，我是不敢的。"迎春笑道："你不敢谁还敢呢。"宝玉道："这是一件正经大事，大家鼓舞起来，不要你谦我让的。各有主意自管说出来大家平章[11]。宝姐姐也出个主意，林妹妹也说个话儿。"宝钗道："你忙什么，人还不全呢。"

　　一语未了，李纨也来了，进门笑道："雅的紧！要起诗社，我自荐我掌坛。前儿春天我原有这个意思的。我想了一想，我又不会作诗，瞎乱些什么，因而也忘了，就没有说得。既是三妹妹高兴，我就帮你作兴起来。"

　　黛玉道："既然定要起诗社，咱们都是诗翁了，先把这些姐妹叔嫂的字样改了才不俗。"李纨道："极是，何不大家起个别号，彼此称呼则雅。我是定了'稻香老农'，再无人占的。"

　　探春笑道："我就是'秋爽居士'罢。"宝玉道："居士，主人到底不恰，且又累赘。这里梧桐芭蕉尽有，或指梧桐芭蕉起个倒好。"探春笑道："有了，我最喜芭蕉，就称'蕉下客'罢。"众人都道别致有趣。黛玉笑道："你们快牵了他去，炖了脯子吃酒。"众人不解。黛玉笑道："古人曾云'蕉叶覆鹿'[12]。他自称'蕉下客'，可不是一只鹿了？快做了鹿脯来。"众人听了都笑起来。

　　探春因笑道："你别忙中使巧话来骂人，我已替你想了个极当的美号了。"又向众人道："当日娥皇女英洒泪在竹上成斑，故今斑竹又名湘妃竹。如今他住的是潇湘馆，他又爱哭，将来他想林姐夫，那些竹子也是要变成斑竹的。以后都叫他做'潇湘妃子'就完了。"大家听说，都拍手叫妙。林黛玉低了头方不言语。

　　李纨笑道："我替薛大妹妹也早已想了个好的，也只三个字。"惜春、迎春都问是什么。李纨道:"我是封他'蘅芜君'了,不知你们如何。"探春笑道:"这个封号极好。"

宝玉道:"我呢?你们也替我想一个。"宝钗笑道:"你的号早有了,'无事忙'三字恰当的很。"李纨道:"你还是你的旧号'绛洞花主'就好。"宝玉笑道:"小时候干的营生,还提他做什么。"探春道:"你的号多的很,又起什么。我们爱叫你什么,你就答应着就是了。"宝钗道:"还得我送你个号罢。有最俗的一个号,却于你最当。天下难得的是富贵,又难得的是闲散,这两样再不能兼有,不想你兼有了,就叫你'富贵闲人'也罢了。"宝玉笑道:"当不起,当不起,倒是随你们混叫去罢。"

李纨道:"二姑娘四姑娘起个什么号?"迎春道:"我们又不大会诗,白起个号做什么?"探春道:"虽如此,也起个才是。"宝钗道:"他住的是紫菱洲,就叫他'菱洲';四丫头在藕香榭,就叫他'藕榭'就完了。"

李纨道:"就是这样好。但序齿我大,你们都要依我的主意,管情说了大家合意。我们七个人起社,我和二姑娘四姑娘都不会作诗,须得让出我们三个人去。我们三个各分一件事。"探春笑道:"已有了号,还只管这样称呼,不如不有了。以后错了,也要立个罚约才好。"李纨道:"立定了社,再定罚约。我那里地方大,竟在我那里做社。我虽不能作诗,这些诗人竟不厌俗客,我做个东道主人,我自然也清雅起来了。若是要推我做社长,我一个社长自然不够,必要再请两位副社长,就请菱洲藕榭二位学究来,一位出题限韵,一位誊录监场。亦不可拘定了我们三个人不作,若遇见容易些的题目韵脚,我们也随便作一首。你们四个却是要限定的。若如此便起,若不依我,我也不敢附骥[13]了。"迎春、惜春本性懒于诗词,又有薛、林在前,听了这话便深合己意,二人皆说"极是"。

探春等也知此意,见他二人悦服,也不好强,只得依了。因笑道:"这话也罢了,只是自想好笑,好好的我起了个主意,反叫你们三个来管起我来了。"宝玉道:"既这样,咱们就往稻香村去。"李纨道:"都是你忙,今日不过商议了,等我再请。"宝钗道:"也要议定几日一会才好。"探春道:"若只管会的多,又没趣了。一月之中,只可两三次才好。"宝钗点头道:"一月只要两次就够了。"拟定日期,风雨无阻。除这两日外,倘有高兴的,他情愿加一社的,或情愿到他那里去,或附就了来,亦可使得,岂不活泼有趣。众人都道:"这个主意更好。"

探春道:"只是原系我起的意,我须得先做个东道主人,方不负我这兴。"李纨道:"既这样说,明日你就先开一社如何?"探春道:"明日不如今日,此刻就很好。你就出题,菱洲限韵,藕榭监场。"迎春道:"依我说,也不必随一人出题限韵,竟是拈阄公道。"李纨道:"方才我来时,看见他们抬进两盆白海棠来,倒是好花。你们何不就咏起他来？"迎春道："都还未赏，先倒作诗。"宝钗道："不过是白海棠，又何必定要见了才作。古人的诗赋，也不过都是寄兴写情耳。若都是等见了作，如今也没这些诗了。"

迎春道："既如此，待我限韵。"说着，走到书架前抽出一本诗来，随手一揭，这首竟是一首七言律，递与众人看了，都该作七言律。迎春掩了诗，又向一个小丫头道："你随口说一个字来。"那丫头正倚门立着，便说了个"门"字。迎春笑道："就是门字韵，'十三元'了。头一个韵定要这'门'字。"说着，又要了韵牌匣子[14]过来，抽出"十三元"一屉，又命那小丫头随手拿四块。那丫头便拿了"盆""魂""痕""昏"四块来。宝玉道："这'盆''门'两个字不大好作呢！"

待书一样预备下四份纸笔，便都悄然各自思索起来。独黛玉或抚梧桐，或看秋色，或又和丫鬟们嘲笑。迎春又令丫鬟炷了一支"梦甜香"。原来这"梦甜香"只有三寸来长，有灯草粗细，以其易烬，故以此烬为限，如香烬未成便要罚。

一时探春便先有了，自提笔写出，又改抹了一回，递与迎春。因问宝钗："蘅芜君，你可有了？"宝钗道："有却有了，只是不好。"宝玉背着手，在回廊上踱来踱去，因向黛玉说道："你听，他们都有了。"黛玉道："你别管我。"宝玉又见宝钗已誊写出来，因说道："了不得！香只剩了一寸了，我才有了四句。"又向黛玉道："香就完了，只管蹲在那潮地下做什么？"黛玉也不理。宝玉道："可顾不得你了，好歹也写出来罢。"说着也走在案前写了。

李纨道："我们要看诗了，若看完了还不交卷是必罚的。"宝玉道："稻香老农虽不善作却善看，又最公道，你就评阅优劣，我们都服的。"众人都道："自然。"于是先看探春的稿上写道是：

咏白海棠限门盆魂痕昏

斜阳寒草带重门[15]，苔翠盈铺雨后盆。

玉是精神难比洁，雪为肌骨易销魂。

芳心一点娇无力，倩影三更月有痕。[16]

莫谓缟仙能羽化[17]，多情伴我咏黄昏。

大家看了，称赏一回。又看宝钗的是：

珍重芳姿昼掩门[18]，自携手瓮灌苔盆。

胭脂洗出秋阶影，冰雪招来露砌魂。[19]

淡极始知花更艳，愁多焉得玉无痕。[20]

欲偿白帝凭清洁，不语婷婷日又昏。[21]

李纨笑道："到底是蘅芜君。"说着又看宝玉的，道是：

秋容浅淡映重门，七节攒成雪满盆。[22]

出浴太真冰作影，捧心西子玉为魂。[23]

晓风不散愁千点，宿雨还添泪一痕。[24]

独倚画栏如有意，清砧怨笛送黄昏。[25]

大家看了，宝玉说探春的好，李纨才要推宝钗这诗有身份，因又催黛玉。黛玉道："你们都有了？"说着提笔一挥而就，掷与众人。李纨等看他写道是：

半卷湘帘[26]半掩门，碾冰为土玉为盆。

看了这句，宝玉先喝起彩来，只说："从何处想来！"又看下面道：

偷来梨蕊三分白，借得梅花一缕魂。

众人看了也都不禁叫好，说："果然比别人又是一样心肠。"又看下面道是：

月窟仙人缝缟袂[27]，秋闺怨女拭啼痕。

娇羞默默同谁诉，倦倚西风夜已昏。

众人看了，都道是这首为上。李纨道："若论风流别致，自是这首；若论含蓄浑厚，终让蘅稿。"探春道："这评的有理，潇湘妃子当居第二。"李纨道："怡红公子是压尾，你服不服？"宝玉道："我的那首原不好了，这评的最公。"又笑道："只是蘅潇二首还要斟酌。"李纨道："原是依我评论，不与你们相干，再有多说者必罚。"宝玉听说，只得罢了。

李纨道："从此后，我定于每月初二十六这两日开社，出题限韵都要依我。这其间你们有高兴的，你们只管另择日子补开，那怕一个月每天都开社，我只不管。只是到了初二、十六这两日，是必往我那里去。"宝玉道："到底要起个社名才是。"探春道："俗了又不好，特新了，刁钻古怪也不好。可巧才是海棠诗开端，就叫个海棠社罢。虽然俗些，因真有此事，也就不碍了。"说毕大家又商议了一回，略用些酒果，方各自散去。也有回家的，也有往贾母、王夫人处去的。当下别人无话。

注释

1. 节选自《红楼梦》第三十七回，人民文学出版社1996年12月出版。

2. 采薪之患：即"采薪之忧"，见《孟子·公孙丑下》，意思是有病不能打柴。后用作自称有病的婉辞。

3. 疴瘝：古代帝王常用"疴瘝乃身""疴瘝在抱"一类的话表示其视民间疾苦犹如自身病痛。在这里探春用以表示宝玉对自己生病的关切。

4. 些山滴水：供玩赏的小巧的盆景山水之类。这里指园林泉石。

5. 投辖攀辕：极言留客之殷切。辖：穿在车轴头上使轮子不致脱落的零件，多用金属制成。投辖：《汉书·陈遵传》记陈遵嗜酒好客，宴饮时常将客人的车辖投入井中，使客人不得离去。辕：车辕。攀辕：牵挽住车辕子不让走。《六帖》："汉侯霸为临淮太守，被征，百姓攀辕卧辙，愿留期年。"

6. 窃：私下、内心之意，常用作表示个人意见的谦词。

7. 莲社：东晋名僧慧远居庐山虎溪东林寺所结成的一个文社，因寺内有白莲，故称莲社。见梁代释惠皎《高僧传》。

8. 东山：今浙江会稽。东晋时谢安曾隐居东山，常邀集友人在此遨游山水，吟诗作文。见《晋书·谢安传》。

9. 棹（zhào）雪而来：即乘兴而来。《世说新语·任诞》记述王子猷冒雪"夜乘小船"访戴安道，刚到门口就回转了。人家问他为什么，他说："吾本乘兴而行，兴尽而返，何必见戴。"棹：船桨，这里作动词用，相当于"划"。

10. 扫花以待：杜甫《客至》诗有"花径不曾缘客扫，蓬门今始为君开"的句子。这里借用诗意表示主人待客的诚意。

11. 平章：品评；议论。

12. 蕉叶覆鹿：《列子·周穆王》记述郑国有个樵夫打死了一只鹿，恐人看见，急忙藏在隍（无水池）中，覆之以蕉，那知过后忘了所藏的地方，便以为是一场梦。后常用"蕉鹿"比喻世事变幻。这里只是取蕉下有鹿的字面意思来打趣。

13. 附骥：古有"苍蝇附骥尾而致千里"的说法，见《史记·伯夷列传》司马贞索隐。比喻依附他人而成名。后常以"附骥"作为自谦之辞。骥：好马，喻有才德的人。

14. 门字韵、十三元、韵牌匣子：近体诗所用的诗韵，共分一○六韵部。各部都以该韵部的第一个字作为此韵部的名称。"十三元"即上平声中以"元"字起首的第十三韵部的简称。"门字韵"就是用"十三元"韵部中的"门"字作韵。在现代普通话中"门"与"元"并不协韵，是由于古今或不同地区读音变化之故。把每个字做成小牌，按韵部分屉，置于一箱匣内，叫韵牌匣子。

15. "斜阳"句：寒草：经霜的衰草。带：连接。重门：一层层院门。

16. "芳心"二句：芳心：指女子的情意，这里喻花蕊。倩影：俏丽的身影。月有痕：指白海棠在月光下映出的投影。痕：这里指影子。

17. "莫谓"句：缟仙：白衣仙女。缟，白绢。羽化：道家称得道成仙飞升为"羽化"。

18. "珍重"句：借白海棠自喻，极写豪门闺秀端庄矜持的仪态，故脂批说："宝钗诗全是自写身分"。珍重：加意爱惜。

19. "胭脂"二句：秋阶之上映有洗去红粉的白海棠淡雅的姿影，露水未干的台阶招来白海棠冰雪般素洁的精魂。

20. "淡极"二句："淡极"句以花自赞；"愁多"句"讽刺林、宝二人"（脂批）。

21. "欲偿"二句：白帝：古代神话传说中五天帝之一，掌管西方之神，五行属白，季节属秋，故常以白帝代指秋天。婷婷形容女子姿态窈窕美丽，这里指白海棠花。

22. "秋容"二句：秋容：指白海棠素淡的姿容。据"五行"之说秋色属白，故借秋以喻素白。七节：形容海棠枝节繁多。攒：丛聚。

23. "出浴"二句：太真：杨贵妃的号。唐玄宗曾赐她沐浴华清池，又曾以海棠睡未足喻贵妃醉态。"捧心西子"指西施"捧心而颦"的病态美。二句均借古代美人喻白海棠。

24. "晓风"二句：据脂批，"晓风"句宝玉借以自况。"宿雨"句喻黛玉。愁千点：指枝上盛开的朵朵白花，若含无限哀愁。

25. "独倚"二句：把白海棠喻为独守空闺思念情郎的女子。如有意：像有所思虑。清砧：指清冷的捣衣声，古时妇女为远人作寒衣多于秋夜将衣捣平，故砧声多用以表达妇女秋夜捣衣怀念远人的意境。怨笛：哀怨幽咽的笛声。

26. 湘帘：湘妃竹做的帘子。

27. "月窟"句：月窟：月宫。缟袂：代指白绢做的衣服。

思考探究

1. 请简述"秋爽斋偶结海棠社"这一事件的过程（起因、经过、结果）。

2. 请结合选文，分析不同人物的性情。

3. 选文中咏白海棠的诗歌中你最喜欢哪一首？说说理由。

诗云[1]

刘慈欣

刘慈欣，1963 年 6 月出生，山西阳泉人，中国当代科幻小说的代表作家。代表作有长篇小说《超新星纪元》《球状闪电》《三体》三部曲等，中短篇小说《流浪地球》《乡村教师》《朝闻道》《全频带阻塞干扰》等。其中《三体》三部曲获第 73 届世界科幻大会颁发的雨果奖最佳长篇小说奖，为亚洲作品首次获奖，被普遍认为是中国科幻文学的里程碑之作，将中国科幻推上了世界的高度。

刘慈欣的作品宏伟大气、想象绚丽。既注重极端空灵与厚重现实的结合，也讲求科学的内涵与美感，具有浓郁的中国特色和鲜明的个人风格，为中国科幻确立了新高度。

引子

伊依一行三人乘坐一艘游艇在南太平洋上做吟诗航行，他们的目的地是南极，如果几天后能顺利到达那里，他们将钻出地壳去看诗云。

今天，天空和海水都很清澈，对于做诗来说，世界显得太透明了。抬头望去，平时难得一见的美洲大陆清晰地显示在天空中，在东半球构成的覆盖世界的巨大穹顶上，大陆好像是墙皮脱落的区域……

哦，现在人类生活在地球里面，更准确地说，人类生活在气球里面，哦，地球已变成了气球。地球被掏空了，只剩下厚约一百公里的一层薄壳，但大陆和海洋还原封不动地存在着，只不过都跑到里面了，球壳的里面。大气层也还存在，也跑到球壳里面了，所以地球变成了气球，一个内壁贴着海洋和大陆的气球。空心地球仍在自转，但自转的意义与以前已大不相同：它产生重力，构成薄薄地壳的那点质量产生的引力是微不足道的，地球重力现在主要由自转的离心力来产生。但这样的重力在世界各个区域是不平均的：赤道上最强，约为 1。5 个原地球重力，随着纬度增高，重力也渐渐减小，两极地区的重力为零。现在吟诗游艇航行的纬度正好是原地球的标准重力，但很难令伊依找到已经消失的实心地球上旧世界的感觉。

空心地球的球心悬浮着一个小太阳，现在正以正午的阳光照耀着世界。这个太阳的光度在二十四小时内不停地变化，由最亮渐变至熄灭，给空心地球里面带来昼夜更替。在适当的夜里，它还会发出月亮的冷光，但只是从一点发出的，看不到满月。

游艇上的三人中有两个其实不是人，他们中的一个是一头名叫大牙的恐龙，它高达十米的身躯一移动，游艇就跟着摇晃倾斜，这令站在船头的吟诗者很烦。吟诗者是一个干瘦老头儿，同样雪白的长发和胡须混在一起飘动，他身着唐朝的宽大古装，仙风道骨，仿佛是海天之间挥洒写就的一个狂草字。

这就是新世界的制造者，伟大的——李白。

第一章　礼物

事情是从十年前开始的，当时，吞食者帝国刚刚完成了对太阳系长达两个世纪的掠夺，来自远古的恐龙驾驶着那个直径五万公里的环形世界飞离太阳，航向天鹅座方向。吞食帝国还带走了被恐龙掠去当作小家禽饲养的十二亿人类。但就在接近土星轨道时，环形世界突然开始减速，最后竟沿原轨道返回，重新驶向太阳系内层空间。

在吞食帝国开始它的返程后的一个大环星期，使者大牙乘它那艘如古老锅炉般的飞船飞离大环，它的衣袋中装着一个叫伊依的人类。

"你是一件礼物！"

大牙对伊依说，眼睛看着舷窗外黑暗的太空，它那粗放的嗓音震得衣袋中的伊依浑身发麻。

"送给谁？"伊依在衣袋中仰起头大声问，他能从袋口看到恐龙的下颚，像是一大块悬崖顶上突出的岩石。

"送给神！神来到了太阳系，这就是帝国返回的原因。"

"是真的神吗？"

"它们掌握了不可思议的技术，已经纯能化，并且能在瞬间从银河系的一端跃迁到另一端，这不就是神了。如果我们能得到那些超级技术的百分之一，吞食帝国的前景就很光明了。我们正在完成一个伟大的使命，你要学会讨神喜欢！"

"为什么选中了我，我的肉质是很次的。"伊依说，他三十多岁，与吞食帝国精心饲养的那些肌肤白嫩的人类相比，他的外貌有些沧桑感。

"神不吃虫子，只是收集，我听饲养员说你很特别，你好像还有很多学生？"

"我是一名诗人，现在在饲养场的家禽人中教授人类的古典文学。"伊依很吃力地念出了"诗"、"文学"这类在吞食语中很生僻的词。

"无用又无聊的学问，你那里的饲养员默许你授课，是因为其中的一些内容在精神上有助于改善虫子们的肉质……我观察过，你自视清高且目空一切，对于一个被饲养的小家禽来说，这应该是很有趣的。"

"诗人都是这样！"伊依在衣袋中站直，明知道大牙看不见，还是骄傲地昂起头。

"你的先辈参加过地球保卫战吗？"

伊依摇摇头："我在那个时代的先辈也是诗人。"

"一种最无用的虫子，在当时的地球上也十分稀少了。"

"他生活在自己的内心世界里，对外部世界的变化并不在意。"

"没出息……呵，我们快到了。"

听到大牙的话，伊依把头从衣袋中伸出来，透过宽大的舷窗向外看，看到了飞船前方那两个发出白光的物体，那是悬浮在太空中的一个正方形平面和一个球体，当飞船移动到与平面齐平时，它在星空的背景上短暂地消失了一下，这说明它几乎没有厚度；那个完美的球体悬浮在平面上方，两者都发出柔和的白光，表面均匀得看不出任何特征。这两个东西仿佛是从计算机的图库中取出的两个元素，是这纷乱的宇宙中两个简明而抽象的概念。

"神呢？"伊依问。

"就是这两个几何体啊，神喜欢简洁。"

距离拉近，伊依发现平面有足球场大小，飞船在向平面上降落，它的发动机喷出的火流首先接触到平面，仿佛只是接触到一个幻影，没有在上面留下任何痕迹，但伊依感到了重力和飞船接触平面时的震动，这说明它不是幻影。大牙显然以前已经来过这里，没有丝毫犹豫就拉开舱门走了出去，伊依看到他同时打开了气密过渡舱的两道舱门，心一下抽紧了，但他并没有听到舱内空气涌出时的呼啸声，当大牙走出舱门后，衣袋中的伊依嗅到了清新的空气，伸出外面的脸上感到了习习的凉风……这是人和恐龙都无法理解的超级技术，它温柔和漫不经心地展示震慑了伊依，与人类第一次见到吞食者时相比，这震慑更加深入灵魂。他抬头望望，以灿烂的银河为背景，球体悬浮在他们上方。

"使者，这次你又给我带来了什么小礼物？"神问，他说的是吞食语，声音不高，仿佛从无限远处的太空深渊中传来，让伊依第一次感觉到这种粗陋的恐龙语言听起来很悦耳。

大牙把一只爪子伸进衣袋，抓出伊依放到平面上，伊依的脚底感到了平面的弹性，大牙说："尊敬的神，得知您喜欢收集各个星系的小生物，我带来了这个很有趣的小东西：地球人类。"

"我只喜欢完美的小生物，你把这么肮脏的虫子拿来干什么？"神说，球体和平面发出的白光微微地闪动了两下，可能是表示厌恶。

"您知道这种虫子？"大牙惊奇地抬起头。

"只是听这个旋臂的一些航行者提到过，不是太了解。在这种虫子不算长的进化史中，这些航行者曾频繁地光顾地球，这种生物的思想之猥琐，行为之低劣，其历史之混乱和肮脏，都很让他们恶心，以至于直到地球世界毁灭之前，没有一个航行者屑于同他们建立起联系……快把他扔掉。"

大牙抓起伊依，转动着硕大的脑袋看看可往哪儿扔。"垃圾焚化口在你后面。"神说。大牙一转身，看到身后的平面上突然出现了一个小圆口，里面闪着蓝幽幽的光……

"你不要这样说！人类建立了伟大的文明！"伊依用吞食语声嘶力竭地大喊。

球体和平面的白光又颤动了两次，神冷冷笑了两声："文明？使者，告诉这个虫子什么是文明。"

大牙把伊依举到眼前，伊依甚至听到了恐龙的两个大眼球转动时骨碌碌的声音："虫子，在这个宇宙中，对于一个种族文明程度的统一度量就是这个种族所进入的空间维度，只有进入六维以上空间的种族才具备加入文明大家庭的起码条件，我们尊敬的神的一族已能够进入十一维空间。吞食帝国已能在实验室中小规模地进入四维空间，只能算是银河系中一个未开化的原始群落，而你们，在神的眼里也就是杂草和青苔一类的东西。"

"快扔了，脏死了。"神不耐烦催促道。

大牙说完，举着伊依向垃圾焚化口走去，伊依拼命挣扎，从衣袋中掉出了许多白色的纸片。当那些纸片飘荡着下落时，从球体中射出一条极细的光线，当那束光线射到其中一张纸上时，它便在半空中悬住了，光线飞快地在纸上面扫描了一遍。

"唔，等等，这是什么东西？"

大牙把伊依悬在焚化口上方，扭头看着球体。

"那是……是我的学生的作业！"伊依在恐龙的巨掌中吃力地挣扎着说。

"这种方形的符号很有趣，它们组成的小矩阵也很好玩儿。"神说，从球体中射出的光束又飞快地扫描了已落在平面上的另外几张纸。

"那是汉……汉字，这些是用汉字写的古诗！"

"诗？"神惊奇地问，收回了光束，"使者，你应该懂一些这种虫子的文字吧？"

"当然，尊敬的神，在吞食帝国吃掉地球前，我在它们的世界生活了很长的时间。"大牙把伊依放到焚化口旁边的平面上，弯腰拾起一张纸，举到眼前吃力地辨认着上面的小字，"它的大意是……"

"算了吧，你会曲解它的！"伊依挥手制止大牙说下去。

"为什么？"神很感兴趣地问。

"因为这是一种只能用古汉语表达的艺术，即使翻译成人类的其它语言，也会失去大部分内涵和魅力，变成另一种东西了。"

"使者，你的计算机中有这种语言的数据库吗？还有有关地球历史的一切知识，好的，给我传过来吧，就用我们上次见面时建立的那个信道。"

大牙急忙返回飞船上，在舱内的电脑上捣鼓了一阵儿，嘴里嘟囔着："古汉语部分没有，还要从帝国的网络上传过来，可能有些时滞。"伊依从敞开的舱门中看到，恐龙的大眼球中映射着电脑屏幕上变幻的彩光。当大牙从飞船上走出来时，神已经能用标准的汉语读出一张纸上的中国古诗了：

"白日依山尽，黄河入海流，欲穷千里目，更上一层楼。"

"您学得真快！"伊依惊叹道。

神没有理他，只是沉默着。

大牙解释说："它的意思是：恒星已在行星的山后面落下，一条叫黄河的河流向着大海的方向流去，哦，这河和海都是由那种由一个氧原子和两个氢原子构成的化合物质组成，要想看得更远，就应该在建筑物上登得更高些。"

神仍然沉默着。

"尊敬的神，你不久前曾君临吞食帝国，那里的景色与写这首诗的虫子的世界十分相似，有山有河也有海，所以……"

"所以我明白诗的意思，"神说，球体突然移动到大牙头顶上，伊依感觉它就像一只盯着大牙看的没有眸子的大眼睛，"但，你，没有感觉到些什么？"

大牙茫然地摇摇头。

"我是说，隐含在这个简洁的方块符号矩阵的表面含义后面的一些东西？"

大牙显得更茫然了，于是神又吟诵了一首古诗：

"前不见古人，后不见来者，念天地之悠悠，独怆然而涕下。"

大牙赶紧殷勤地解释道："这首诗的意思是：向前看，看不到在遥远过去曾经在这颗行星上生活过的虫子；向后看，看不到未来将要在这行星上生活的虫子；于是感到时空太广大了，于是哭了。"

神沉默。

"呵，哭是地球虫子表达悲哀的一种方式，这时它们的视觉器官……"

"你仍没感觉到什么？"神打断了大牙的话问，球体又向下降了一些，几乎贴到大牙的鼻子上。

大牙这次坚定地摇摇头："尊敬的神，我想里面没有什么的，一首很简单的小诗。"

接下来，神又连续吟诵了几首古诗，都很简短，且属于题材空灵超脱的一类，有李白的《下江陵》《静夜思》和《黄鹤楼送孟浩然之广陵》、柳宗元的《江雪》、崔颢的《黄鹤楼》、孟浩然的《春晓》等。

大牙说："在吞食帝国，有许多长达百万行的史诗，尊敬的神，我愿意把它们全部献给您！相比之下，人类虫子的诗是这么短小简单，就像它们的技术……"

球体忽地从大牙头顶飘开去，在半空中沿着随意的曲线飘行着："使者，我知道你们最大的愿望就是希望我回答一个问题：吞食帝国已经存在了八千万年，为什么其技术仍徘徊在原子时代？我现在有答案了。"

大牙热切地望着球体说："尊敬的神，这个答案对我们很重要！求您……"

"尊敬的神，"伊依举起一只手大声说，"我也有一个问题，不知能不能问？"

大牙恼怒地瞪着伊依，像要把他一口吃了似的，但神说："我仍然讨厌地球虫子，但那些小矩阵为你赢得了这个权利。"

"艺术在宇宙中普遍存在吗？"

球体在空中微微颤动，似乎在点头："是的，我就是一名宇宙艺术的收集和研究者，我穿行于星云间，接触过众多文明的各种艺术，它们大多是庞杂而晦涩的体系，用如此少的符号，在如此小巧的矩阵中涵含着如此丰富的感觉层次和含义分支，而且这种表达还要在严酷得有些变态的诗律和音韵的约束下进行，这，我确实是第一次见到……使者，现在可以把这虫子扔了。"

大牙再次把伊依抓在爪子里："对，该扔了它，尊敬的神，吞食帝国中心网络中存储的人类文化资料是相当丰富的，现在您的记忆中已经拥有了所有资料，而这个虫子，大概就记得那么几首小诗。"说着，它拿着伊依向焚化口走去。"把这些纸片也扔了。"神说，大牙又赶紧返身去用另一只爪子收拾纸片，这时伊依在大爪中高喊：

"神啊，把这些写着人类古诗的纸片留做纪念吧！您收集到了一种不可超越的艺术，向宇宙中传播它吧！"

"等等，"神再次制止了大牙，此时伊依已经悬到了焚化口上方，他感到了下面蓝色火焰的热力。球体飘过来，在距伊依的额头几厘米处悬定，他同刚才的大牙一样受到了那只没有眸子的巨眼的逼视。

"不可超越？"

"哈哈哈……"大牙举着伊依大笑起来，"这个可怜的虫子居然在伟大的神面前说这样的话，滑稽！人类还剩下什么？你们失去了地球上的一切，即便能带走的科学知识也忘得差不多了，有一次在晚餐桌上，我在吃一个人之前问它：地球保卫战争中的人类原子弹是用什么做的？他说是原子做的！"

"哈哈哈哈……"神也让大牙豆得大笑起来，球体颤动得成了椭圆，"不可能有比这更正确的回答了，哈哈哈……"

"尊敬的神，这些脏虫子就剩下那几首小诗了！哈哈哈……"

"但它们是不可超越的！"伊依在大爪中挺起胸膛庄严地说。

球体停止了颤动，用近似耳语的声音说："技术能超越一切。"

"这与技术无关，这是人类心灵世界的精华，不可超越！"

"那是因为你不知道技术最终能具有什么样的力量，小虫子，小小的虫子。你不知道。"神的语气变得父亲般的温柔，但潜藏在深处阴冷的杀气让伊依不寒而栗，神说："看着太阳。"

伊依按神的话做了，这是位于地球和火星轨道之间的太空，太阳的光芒使他眯起了双眼。

"你最喜欢的颜色是什么？"神问。

"绿色。"

话音刚落，太阳变成了绿色，那绿色妖艳无比，太阳仿佛是一只突然浮现在太空深渊中的猫眼，在它的凝视下，这个宇宙都变得诡异无比。

大牙爪子一颤，把伊依掉在平面上。当理智稍稍恢复后，他们都意识到另一个比太阳变绿更加震撼的事实：从这里到太阳，光需行走十几分钟，但这一切都发生在一瞬间！

半分钟后，太阳恢复原状，又发出耀眼的白光。

"看到了吗？这就是技术，是这种力量使我们的种族从海底淤泥中的鼻涕虫变为神。其实技术本身才是真正的神，我们都很崇拜它。"

伊依眨着昏花的双眼说："但神并不能超越那样的艺术，我们也有神，想像中的神，我们崇拜它们，但并不认为它们能写出李白和杜甫那样的诗。"

神冷笑了两声，对伊依说："真是一只无比固执的虫子，这使你更让人厌恶。不过，就让我来超越一下你们的矩阵艺术。"

伊依也冷笑了两声："不可能的，首先你不是人，不可能有人的心灵感受，人类艺术家在你那里只是石板上的花朵，技术并不能使你超越这个障碍。"

"技术超越这个障碍易如反掌，给我你的基因！"

伊依不知所措，"给神一根头发！"大牙提醒说，伊依伸手拔下一根头发，一股无形的吸力将头发吸向球体，后来那根头发又从球体中飘落到平面上，神只是提取了发根带着的一点点皮屑。

球体中的白光涌动起来，渐渐变得透明了，里面充满了清澈的液体，浮起串串水泡。接着，伊依在液体中看到一个蛋黄大小的球，它在射入液球的阳光中呈淡红色，仿佛自己会发光。小球很快长大，伊依认出了那是一个蜷曲着的胎儿，他肿胀的双眼紧闭着，大大的脑袋上交错着红色的血管，胎儿继续成长，小身体终于伸展开来，像青蛙似的在液体中游动着。液体渐渐变得浑浊了，透过液球的阳光只映出一个模糊的影子，看得出那个影子仍在飞速成长，最后变成了一个游动着的成人的身影。这时液球又恢复成原来那样完全不透明的白色光球，一个赤裸的人从球中掉出来，落到平面上。伊依的克隆体摇摇晃晃地站了起来，阳光在他湿漉漉的身体上闪亮，他的头发和胡子老长，但看得出来只有三四十岁的样子，除了一样的精瘦外，一点也不像伊依本人。克隆体僵僵地站着，呆滞的目光看着无限远方，似乎对这个他刚刚进入的宇宙茫然不知。在他的上方，球体的白光在暗下来，最后完全熄灭了，球体本身也像蒸发似的消失了。但这时，伊依感觉到什么东西又亮了起来，很快发现那是克隆体的眼睛，它们由呆滞突然充满了智慧的灵光。后来伊依知道，神的记忆这时已全部转移到克隆体中了。

"冷，这就是冷？"一阵清风吹来，克隆体双手抱住湿乎乎的双肩，浑身打颤，但声音充满了惊喜，"这就是冷，这就是痛苦，精致的、完美的痛苦，我在星际间苦苦寻觅的感觉，尖锐如洞穿时空的十维弦，晶莹如类星体中心的纯能钻石，啊——"他伸开皮包骨头的双臂仰望银河，"前不见古人，后不见来者，念宇宙之……"一阵冷颤使克隆体的牙齿咯咯作响，赶紧停止了出生演说，跑到焚化口边烤火了。

克隆体把手放到焚化口的蓝色火焰上烤着，哆哆嗦嗦地对伊依说："其实，我现在进行的是一项很普通的操作，当我研究和收集一种文明的艺术时，总是将自己的记忆借宿于该文明的一个个体中，这样才能保证对该艺术的完全理解。"

这时，焚化口中的火焰亮度剧增，周围的平面上也涌动着各色的光晕，使得伊依感觉整个平面像是一块漂浮在火海上的毛玻璃。

大牙低声对伊依说："焚化口已转化为制造口了，神正在进行能——质转换。"看到伊依不太明白，他又解释说："傻瓜，就是用纯能制造物品，上帝的活计！"

制造口突然喷出了一团白色的东西，那东西在空中展开并落了下来，原来是一件衣服，克隆体接住衣服穿了起来，伊依看到那竟是一件宽大的唐朝古装，用雪白的丝绸做成，有宽大的黑色镶边，刚才还一副可怜相的克隆体穿上它后立刻显得飘飘欲仙，伊依实在想像不出它是如何从蓝色火焰中被制造出来的。

又有物品被制造出来，从制造口飞出一块黑色的东西，像一块石头一样咚地砸在平面上，伊依跑过去拾起来，不管他是否相信自己的眼睛，手中拿着的分明是一块沉重的石砚，而且还是冰凉的。接着又有什么啪地掉下来，伊依拾起那个黑色的条状物，他没猜错，这是一块墨！接着被制造出来的是几支毛笔，一个笔架，一张雪白的宣纸，（从火里飞出的纸！）还有几件古色古香的案头小饰品，最后制造出来的也是最大的一件东西：一张样式古老的书案！伊依和大牙忙着把书案扶正，把那些小东西在案头摆放好。

"转化这些东西的能量，足以把一颗行星炸成粉末。"大牙对伊依耳语，声音有些发颤。

克隆体走到书案旁，看着上面的摆设满意地点点头，一手理着刚刚干了的胡子，说：

"我，李白。"

伊依审视着克隆体问："你是说想成为李白呢，还是真把自己当成了李白？"

"我就是李白，超越李白的李白！"

伊依微笑着摇摇头。

"怎么，到现在你还怀疑吗？"

伊依点点头说："不错，你们的技术远远超过了我的理解力，已与人类想像中的神力和魔法无异，即使是在诗歌艺术方面也有让我惊叹的东西：跨越如此巨大的文化和时空的鸿沟，你竟能感觉到中国古诗的内涵……但理解是一回事，我仍然认为你面对的是不可超越的艺术。"

克隆体——李白的脸上浮现出高深莫测的笑容，但转瞬即逝，他手指书案，对伊依大喝一声："研墨！"然后径自走去，在几乎走到平面边缘时站住，理着胡须遥望星河沉思起来。

伊依从书案上的一个紫砂壶中向砚上倒了一点清水，拿起那条墨研了起来，他是第一次干这个，笨拙地斜着墨条边角。看着砚中渐渐浓起来的墨汁，伊依想到自己正身处距太阳1。5个天文单位的茫茫太空中，这个无限薄的平面（即使在刚才由纯能量制造物品时，从远处看，它仍没有厚度）仿佛是一个漂浮在宇宙深渊中的舞台，在它上面，一头恐龙、一个被恐龙当做肉食家禽饲养的人类、一个穿着唐朝古装准备超越李白的技术之神，正在演出一场怪诞到极点的活剧，想到这里，伊依摇头苦笑起来。

当觉得墨研得差不多了时，伊依站起来，同大牙一起等待着，这时平面上的清风已经停止，太阳和星河静静地发着光，仿佛整个宇宙都在期待。李白静立在平面边缘，由于平面上的空气层几乎没有散射，他在阳光中的明暗部分极其分明，除了理胡须的手不时动一下外，简直就是一尊石像。伊依和大牙等啊等，时间在默默地流逝，书案上蘸满了墨的毛笔渐渐有些发干了，不知不觉，太阳的位置已移动了很多，把他们和书案、飞船的影子长长地投在平面上，书案上平铺的白纸仿佛变成了平面的一部分。终于，李白转过身来，慢步走回书案前，伊依赶紧把毛笔重新蘸了墨，用双手递了过去，但李白抬起一只手回绝了，只是看着书案上的白纸继续沉思着，他的目光中有了些新的东西。

伊依得意地看出，那是困惑和不安。

"我还要制造一些东西，那都是……易碎品，你们去小心接着。"李白指了指制造口说，那里面本来已暗淡下去的蓝焰又明亮起来，伊依和大牙刚刚跑过去，就有一股蓝色的火舌把一个球形物推出来，大牙手疾眼快地接住了它，细看是一个大坛子。接着又从蓝焰中飞出了三只大碗，伊依接住其中的两只，有一只摔碎了。大牙把坛子抱到书案上，小心地打开封盖，一股浓烈的酒味溢了出来，它与伊依惊奇地对视了一眼。

"在我从吞食帝国接收到的地球信息中，有关人类酿造业的资料不多，所以这东西造得不一定准确。"李白说，同时指着酒坛示意伊依尝尝。

伊依拿碗从中舀了一点儿抿了一口，一股火辣从嗓子眼流到肚子里，他点点头："是酒，但是与我们为改善肉质喝的那些相比太烈了。"

"满上。"李白指着书案上的另一个空碗，待大牙倒满烈酒后，端起来咕咚咚一饮而尽，然后转身再次向远处走去，不时走出几个不太稳的舞步。达到平面边缘后又站在那里对着星海深思，但与上次不同的是他的身体有节奏地左右摆动，像在和着某首听不见的曲子。这次李白沉思的时间不长就走回到书桌前，回来的一路上全是舞步了，他一把抓过伊依递过来的笔扔到远处。

"满上。"李白眼睛直勾勾地盯着空碗说。

……

一小时后，大牙用两个大爪小心翼翼地把烂醉如泥的李白放到已清空的书案上，但他又一骨碌翻身下来，嘴里嘀咕着恐龙和人类都听不懂的语言。他已经红红绿绿地吐了一大摊（真不知是什么时候吃进的这些食物），宽大的古服上也吐得脏污一片，那一摊呕吐物被平面发出的白光透过，形成了一幅很抽象的图形。李白的嘴上黑乎乎的全是墨，这是因为在喝光第四碗后，他曾试图在纸上写什么，但只是把蘸饱墨的毛笔重重地戳到桌面上，接着，李白就像初学书法的小孩子那样，试图用嘴把笔理顺……

"尊敬的神？"大牙伏下身来小心翼翼地问。

"哇咦卡啊……卡啊咦唉哇。"李白大着舌头说。

大牙站起身，摇摇头叹了一口气，对伊依说："我们走吧。"

第二章　另一条路

伊依所在的饲养场位于吞食者的赤道上，当吞食者处于太阳系内层空间时，这里曾经是一片夹在两条大河之间的美丽草原。吞食者航出木星轨道后，严冬降临了，草原消失大河封冻，被饲养的人类都转到地下城中。当吞食者受到神的召唤而返回后，随着太阳的临近，大地回春，两条大河很快解冻了，草原也开始变绿。

当天气好的时候，伊依总是独自住在河边自己搭的一间简陋的草棚中，自己种地过日子。对于一般人来说这是不被允许的，但由于伊依在饲养场中讲授的古典文学课程有陶冶性情的功能，他的学生的肉有一种很特别的风味，所以恐龙饲养员也就不干涉他了。

这是伊依与李白初次见面两个月后的一个黄昏，太阳刚刚从吞食帝国平直的地平线上落下，两条映着晚霞的大河在天边交汇。在河边的草棚外，微风把远处草原上欢舞的歌声隐隐送来，伊依独自一人自己和自己下围棋，抬头看到李白和大牙沿着河岸向这里走来。这时的李白已有了很大的变化，他头发蓬乱，胡子老长，脸晒得很黑，左肩背着一个粗布包，右手提着一个大葫芦，身上那件古装已破烂不堪，脚上穿着一双已磨得不像样子的草鞋，伊依觉得这时的他倒更像一个人了。

李白走到围棋桌前，像前几次来一样，不看伊依一眼就把葫芦重重地向桌上一放，说："碗！"待伊依拿来两个木碗后，李白打开葫芦盖，把两个碗里倒满酒，然后从布包中拿出一个纸包，打开来，伊依发现里面竟放着切好的熟肉，并闻到扑鼻的香味，不由拿起一块嚼了起来。

大牙只是站在两三米远处静静地看着他们，有前几次的经验，它知道他们俩又要谈诗了，这种谈话他既无兴趣也没资格参与。

"好吃，"伊依赞许地点点头，"这牛肉也是纯能转化的？"

"不，我早就回归自然了。你可能没听说过，在距这里很遥远的一个牧场，饲养着来自地球的牛群。这牛肉是我亲自做的，是用山西平遥牛肉的做法，关键是在炖的时候放——"李白凑到伊依耳边神秘地说，"尿碱。"

伊依迷惑不解地看着他。

"哦，这是人类的小便蒸干以后析出的那种白色的东西，能使炖好的肉外观红润，肉质鲜嫩，肥而不腻，瘦而不柴。"

"这尿碱……也不是纯能做出来的？"伊依恐惧地问。

"我说过自己已经回归自然了！尿碱是我费了好大劲儿从几个人类饲养场收集来的，这是很正宗的民间烹饪技艺，在地球毁灭前就早已失传。"

伊依已经把嘴里的牛肉咽下去了，为了抑制呕吐，他端起了酒碗。

李白指指葫芦说："在我的指导下，吞食帝国已经建立了几个酒厂，已经能够生产大部分地球名酒，这是他们酿制的正宗竹叶青，是用汾酒浸泡竹叶而成。"

伊依这才发现碗里的酒与前几次李白带来的不同，呈翠绿色，入口后有甜甜的草药味。

"看来，你对人类文化已了如指掌了。"伊依感慨地对李白说。

"不仅如此，我还花了大量时间亲身体验，你知道，吞食帝国很多地区的风景与李白所在的地球极为相似，这两个月来，我浪迹于这山水之间，饱览美景，月下饮酒山颠吟诗，还在遍布各地的人类饲养场中有过几次艳遇……""那么，现在总能让我看看你的诗作了吧。"

李白呼地放下酒碗，站起身不安地踱起步来："是作了一些诗，而且是些肯定让你吃惊的诗，你会看到，我已经是一个很出色的诗人了，甚至比你和你的祖爷爷都出色，但我不想让你看，因为我同样肯定你会认为那些诗作没有超越李白，而我……"他抬头遥望天边落日的余辉，目光中充满了迷离和痛苦，"也这么认为。"

远处的草原上，舞会已经结束，快乐的人们开始丰盛的晚餐。有一群少女向河边跑来，在岸边的浅水中嬉戏。她们头戴花环，身上披着薄雾一样的轻纱，在暮色中构成一幅醉人的画面。伊依指着距草棚较近的一个少女问李白："她美吗？"

"当然。"李白不解地看着伊依说。"想像一下，用一把利刃把她切开，取出她的每一个脏器，剜出她的眼球，挖出她的大脑，剔出每一根骨头，把肌肉和脂肪按其不同部位和功能分割开来，再把所有的血管和神经分别理成两束，最后在这里铺上一大块白布，把这些东西按解剖学原理分门别类地放好，你还觉得美吗？"

"你怎么在喝酒的时候想到这些？恶心。"李白皱起眉头说。

"怎么会恶心呢？这不正是你所崇拜的技术吗？"

"你到底想说什么？"

"李白眼中的大自然就是你现在看到的河边少女，而同样的大自然在技术的眼睛中呢，就是那张白布上那些井然有序但鲜血淋淋的部件，所以，技术是反诗意的。"

"你好像对我有什么建议？"李白理着胡子若有所思地说。

"我仍然不认为你有超越李白的可能，但可以为你的努力指出一个正确的方向：技术的迷雾蒙住了你的双眼，使你看不到自然之美。所以，你首先要做的是把那些超级技术全部忘掉，你既然能够把自己的全部记忆移植到你现在的大脑中，当然也可以删除其中的一部分。"

李白抬头和大牙对视了一下，两者都哈哈大小起来，大牙对李白说："尊敬的神，我早就告诉过您，多么狡诈的虫子，您稍不小心就会跌入她们设下的陷阱。"

"哈哈哈哈，是狡诈，但也有趣。"李白对大牙说，然后转向伊依，冷笑着说，"你真的认为我是来认输的？"

"你没能超越人类诗词艺术的颠峰，这是事实。"

李白突然抬起一只手指着大河，问："到河边去有几种走法？"

伊依不解地看了李白几秒钟："好像……只有一种。"

"不，是两种，我还可以向这个方向走，"李白指着与河相反的方向说，"这样一直走，绕吞食帝国的大环一周，再从对岸过河，也能走到这个岸边，我甚至还可以绕银河系一周再回来，对于我们的技术来说，这也易如反掌。技术可以超越一切！我现在已经被逼得要走另一条路了！"

伊依努力想了好半天，终于困惑地摇摇头："就算是你有神一般的技术，我还是想不出超越李白的另一条路在哪儿。"

李白站起来说："很简单，超越李白的两条路是：一、把超越他的那些诗写出来；二、把所有的诗都写出来！"

伊依显得更糊涂了，但站在一旁的大牙似有所悟。

"我要写出所有的五言和七言诗，这是李白所擅长的；另外我还要写出常见词牌的所有的词！你怎么还不明白？我要在符合这些格律的诗词中，试遍所有汉字的所有组合！"

"啊，伟大！伟大的工程！"大牙忘形地欢呼起来。

"这很难吗？"伊依傻傻地问。

"当然难，难极了！如果用吞食帝国最大的计算机来进行这样的计算，可能到宇宙末日也完成不了！"

"没那么多吧。"伊依充满疑问地说。

"当然有那么多!"李白得意地点点头,"但使用你们还远未掌握的量子计算技术,就能在可以接受的时间内完成这样的计算。到那时,我就写出了所有的诗词,包括所有以前写过的和以后可能写的,特别注意,所有以后可能写的!超越李白的巅峰之作自然包括在内。事实上我终结了诗词艺术,知道宇宙毁灭,所出现的任何一个诗人,不管他们达到了怎样的高度,都不过是个抄袭者,他的作品肯定能在我那巨大的存贮器中检索出来。"

大牙突然发出了一声低沉的惊叫,看着李白的目光由兴奋变为震惊:"巨大的……存贮器?尊敬的神,您该不是说,要把量子计算机写出的诗都……都存起来吧?"

"写出来就删除有什么意思呢?当然要存起来!这将是我的种族留在这个宇宙中的艺术丰碑之一!"

大牙的目光由震惊变为恐惧,把粗大的双爪向前伸着,两腿打弯,像要给李白跪下,声音也像要哭出来似的:"使不得,尊敬的神,这使不得啊!"

"是什么把你吓成这样?"伊依抬头惊奇地看着大牙问。

"你个白痴!你不是知道原子弹是原子做的吗?那存贮器也是原子做的,它的存贮精度最高只能达到原子级别!知道什么是原子级别的存贮吗?就是说一个针尖大小的地方,就能存下人类所有的书!不是你们现在那点书,是地球被吃掉前上面所有的书!"

"啊,这好像是有可能的,听说一杯水中的原子数比地球上海洋中水的杯数都多。那,他写完那些诗后带根儿针就行了。"伊依指指李白说。

大牙恼怒已极,来回急走几步,总算挤出了一点儿耐性:"好,好,你说,按神说的那些五言七言诗,还有那些常见的词牌,各写一首,总共有多少字?"

"不多,也就两三千字吧,古典诗词是最精练的艺术。"

"那好,我就让你这个白痴虫子看看它有多么精练!"大牙说着走到桌前,用爪指着上面的棋盘说:"你们管这种无聊的游戏叫什么,哦,围棋,这上面有多少个交叉点?"

"纵横各 19 行,共 361 点。"

"很好,每点上可以放黑子和白子或空着,共三种状态,这样,每一个棋局,就可以看作由三个汉字写成的一首 19 行 361 个字的诗。"

"这比喻很妙。"

"那么,穷尽这三个汉字在这种诗上的组合,总共能写出多少首诗呢?让我告诉你:3 的 361 次幂,或者说,嗯,我想想,10 的 271 次幂!"

"这……很多吗?"

"白痴!"大牙第三次骂出这个词,"宇宙中的全部原子只有……啊——"它气恼得说不下去了。

"有多少？"伊依仍然是那副傻样。

"只有 10 的 80 次幂个！你个白痴虫子啊——"

直到这时，伊依才表现出了一点儿惊奇："你是说，如果一个原子存贮一首诗，用光宇宙中的所有原子，还存不完他的量子计算机写出的那些诗？"

"差远呢！差 10 的 92 次幂呢！再说，一个原子哪能存下一首诗？人类虫子的存贮器，存一首诗用的原子数可能比你们的人口都多，至于我们，用单个原子存贮一位二进制还仅仅处于实验室阶段……唉。"

"使者，在这一点上是你目光短浅了，想像力不足，是吞食帝国技术进步缓慢的原因之一。"李白笑着说，"使用基于量子多态叠加原理的量子存贮器，只用很少量的物质就可以存下那些诗，当然，量子存贮不太稳定，为了永久保存那些诗作，还需要与更传统的存贮技术结合使用，即使这样，制造存贮器需要的物质量也是很少的。"

"是多少？"大牙问，看那样子显然心已提到了嗓子眼儿。

"大约为 10 的 57 次幂个原子，微不足道微不足道。"

"这……这正好是整个太阳系的物质量！"

"是的，包括所有的太阳行星，当然也包括吞食帝国。"

李白最后这句话是轻描淡写地随口说出的，但在伊依听来像晴天霹雳，不过大牙反倒显得平静下来，当长时间受到灾难预感的折磨后，灾难真正来临时反而有一种解脱感。

"您不是能把能量转换成物质吗？"大牙问。

"得到如此巨量的物质需要多少能量你不会不清楚，这对我们也是不可想象的，还是用现成的吧。"

"这么说，皇帝的忧虑不无道理。"大牙自语道。

"是的是的，"李白欢快地说，"我前天已向吞食皇帝说明，这个伟大的环形帝国将被用于一个更伟大的目的，所有的恐龙应该为此感到自豪。"

"尊敬的神，您会看到吞食帝国的感受。"大牙阴沉地说，"还有一个问题：与太阳相比，吞食帝国的质量实在是微不足道，为了得到这九牛一毛的物质，有必要毁灭一个进化了几千万年的文明吗？"

"你的这个疑问我完全理解，但要知道，熄灭、冷却和拆解太阳是需要很长时间的，在这之前对诗的量子计算应已经开始，我们需要及时地把结果存起来，清空量子计算机的内存以继续计算，这样，可以立即用于制造存贮器的行星和吞食帝国的物质就是必不可少的了。"

"明白了，尊敬的神，最后一个问题：有必要把所有的组合结果都存起来吗？为什么不能在输出端加一个判断程序，把那些不值得存贮的诗作删除掉。据我所知，中国古诗是要遵从严格的格律的，如果把不符合格律的诗去掉，那最后结果的总量将大为减少。"

"格律？哼，"李白不屑地摇摇头，"那不过是对灵感的束缚，中国南北朝以前的古体诗并不受格律的限制，即使是在唐代以后严格的近体诗中，也有许多古典诗词大师不遵从格律，写出了许多卓越的变体诗，所以，在这次终极吟诗中我将不考虑格律。"

"那，您总该考虑诗的内容吧？最后的计算结果中肯定有百分之九十九的诗是毫无意义的，存下这些随机的汉字矩阵有什么用？"

"意义？"李白耸耸肩说，"使者，诗的意义并不取决于你的认可，也不取决于我或其他的任何人，它取决于时间。许多在当时无意义的诗后来成了旷世杰作，而现今和今后的许多杰作在遥远的过去肯定也曾是无意义的。我要作出所有的诗，亿亿亿万年之后，谁知道伟大的时间把其中的哪首选为颠峰之作呢？"

"这简直荒唐！"大牙大叫起来，它粗放的嗓音惊奇了远处草丛中的几只鸟，"如果按现有的人类虫子的汉字字库，您的量子计算机写出的第一首诗应该是这样的：

啊啊啊啊啊

啊啊啊啊啊

啊啊啊啊啊

啊啊啊啊唉请问，伟大的时间会把这首选为杰作？"

一直不说话的伊依这时欢叫起来："哇！还用什么伟大的时间来选？它现在就是一首颠峰之作耶！前三行和第四行的前四个字都是表达生命对宏伟宇宙的惊叹，最后一个字是诗眼，它是诗人在领略了宇宙之浩渺后，对生命在无限时空中的渺小发出的一声无奈的叹息。"

"呵呵呵呵呵，"李白抚着胡须乐得合不上嘴，"好诗，伊依虫子，真的是好诗，呵呵呵……"说着拿起葫芦给伊依倒酒。

大牙挥起巨爪一巴掌把伊依打了老远："混帐虫子，我知道你现在高兴了，可不要忘记，吞食帝国一旦毁灭，你们也活不了！"

伊依一直滚到河边，好半天才能爬起来，他满脸沙土，咧大了嘴，既是痛的也是在笑，他确实很高兴，"哈哈有趣，这个宇宙真＊＊＊不可思议！"他忘形地喊道。

"使者，还有问题吗？"看到大牙摇头，李白接着说，"那么，我在明天就要离去，后天，量子计算机将启动作诗软件，终极吟诗将开始，同时，熄灭太阳，拆解行星和吞食帝国的工程也将启动。"

"尊敬的神，吞食帝国在今天夜里就能做好战斗准备！"大牙立正后庄严地说。

"好好，真是很好，往后的日子会很有趣的，但这一切发生之前，还是让我们喝完这一壶吧。"李白快乐地点点头说，同时拿起了酒葫芦，倒完酒，他看着已笼罩在夜幕中的大河，意犹未尽地回味着，"真是一首好诗，第一首，呵呵，第一首就是好诗。"

第三章　终极吟诗

吟诗软件其实十分简单，用人类的 C 语言表达可能超不过两千行代码，另外再加一个存贮所有汉字字符的不大的数据库。当这个软件在位于海王星轨道上的那台量子计算机（一个漂浮在太空中的巨大透明锥体）上启动时，终极吟诗就开始了。

这时吞食帝国才知道，李白只是那个超级文明种族中的一个个体，这与以前的预想不同，当时恐龙们都认为进化到这样技术级别的社会在意识上早就融为一个整体了，吞食帝国在过去的一千万年中遇到的五个超级文明都是这种形态。李白一族保持了个体的存在，也部分解释了他们对艺术超常的理解力。当吟诗开始时，李白一族又有大量的个体从外太空的各个方位跃迁到太阳系，开始了制造存贮器的工程。

吞食帝国上的人类看不到太空中的量子计算机，也看不到新来的神族，在他们看来，终极吟诗的过程，就是太空中太阳数目的增减过程。

在吟诗软件启动一个星期后，神族成功地熄灭了太阳，这时太空中太阳的数目减到零，但太阳内部核聚变的停止使恒星的外壳失去了支撑，使它很快坍缩成一颗新星，于是暗夜很快又被照亮，只是这颗太阳的亮度是以前的上百倍，使吞食者表面草木生烟。新星又被熄灭了，但过一段时间后又爆发了，就这样亮了又灭灭了又亮，仿佛太阳是一只九条命猫，在没完没了地挣扎。但神族对于杀死恒星其实很熟练，他们从容不迫地一次次熄灭新星，使它的物质最大比例地聚变为制造存贮器所需的重元素，当第十一次新星熄灭后，太阳才真正咽了气，这时，终极吟诗已经开始了三个地球月。早在这之前，在第三次新星出现时，太空中就有其它太阳出现，这些太阳此起彼伏地在太空中的不同位置亮起或熄灭，最多时天空中出现过九个新太阳。这些太阳是神族在拆解行星时的能量释放，由于后来恒星太阳的闪烁已变得暗弱，人们就分不清这些太阳的真假了。

对吞食帝国的拆解是在吟诗开始后第五个星期进行的，这之前，李白曾向帝国提出一个建议：由神族将所有恐龙跃迁到银河系另一端的一个世界，那里有一个文明，比神族落后很多，仍未纯能化，但比吞食文明要先进得多。恐龙们到了那里后，将作为一种小家禽被饲养，过着衣食无忧的快乐生活。但恐龙们宁愿玉碎不为瓦全，愤怒地拒绝了这个提议。

李白接着提出了另一个要求：让人类返回他们的母亲星球。其实，地球也被拆解了，它的大部分用于制造存贮器，但神族还是剩下了其中的一小部分物质为人类建造了一个空心地球。空心地球的大小与原地球差不多，但其质量仅为后者的百分之一。说地球被掏空了是不确切的，因为原地球表面那层脆弱的岩石根本不可能用来做球壳，球壳的材料可能取自地核，另外球壳上像经纬线般交错的、虽然很细但强度极高的加固圈，是用太阳坍缩时产生的简并态中子物质制造的。

令人感动的是：吞食帝国不但立即答应了李白的要求，允许所有人类离开大环世界，还把从地球掠夺来的海水和空气全部还给了地球，神族借此在空心地球内部恢复了原地球所有的大陆、海洋和大气层。

接着，惨烈的大环保卫战开始了。吞食帝国向太空中的神族目标大量发射核弹和伽玛射线激光，但这些对敌人毫无作用。在神族发射的一个无形的强大力场推动下，吞食者大环越转越快，最后在超速自转产生的离心力下解体了。这时，伊依正在飞向空心地球的途中，他从一千二百万公里的距离上目睹了吞食帝国毁灭的全过程：

大环解体的过程很慢，如同梦幻，在漆黑太空的背景上，这个巨大的世界如同一团浮在咖啡上的奶沫一样散开来，边缘的碎块渐渐隐没于黑暗之中，仿佛被太空融解了，只有不时出现的爆炸的闪光才使它们重新现形。（选自《吞食者》）

这个来自古老地球的充满阳刚之气的伟大文明就这样被毁灭了，伊依悲哀万分。只有一小部分恐龙活了下来，与人类一起回归地球，其中包括使者大牙。

在返回地球的途中，人类普遍都很沮丧，但原因与伊依不同：回到地球后是要开荒种地才有饭吃的，这对于已在长期被饲养的生活中变得四体不勤五谷不分的人们来说，确实像场噩梦。

但伊依对地球世界的前途充满信心，不管前面有多少磨难，人将重新成为人。

第四章　诗云

吟诗航行的游艇到达了南极海岸。

这里的重力已经很小，海浪的运行很缓慢，像是一种描述梦幻的舞蹈。在低重力下，拍岸浪把水花送上十几米高处，飞上半空的海水由于表面张力而形成无数水球，大的像足球，小的如雨滴，这些水球在缓慢地下落，慢到可以用手在它们周围画圈，它们折射着小太阳的光芒，使上岸后的伊依、李白和大牙置身于一片晶莹灿烂之中。低重力下的雪也很奇特，呈一种蓬松的泡沫状，浅处齐腰深，深处能把大牙都淹没，但在被淹没后，他们竟能在雪沫中正常呼吸！整个南极大陆就覆盖在这雪沫之下，起伏不平地一片雪白。

伊依一行乘一辆雪地车前往南极点，雪地车像是一艘掠过雪沫表面的快艇，在两侧激起片片雪浪。

第二天他们到达了南极点，极点的标志是一座高大的水晶金字塔，这是为纪念两个世纪前的地球保卫战而建立的纪念碑，上面没有任何文字和图形，只有晶莹的碑体在地球顶端的雪沫之上默默地折射着阳光。

从这里看去，整个地球世界尽收眼底，光芒四射的小太阳周围，围绕着大陆和海洋，使它看上去仿佛是从北冰洋中浮出来似的。

"这个小太阳真的能够永远亮这吗？"伊依问李白。

"至少能亮到新的地球文明进化到具有制造新太阳的能力的时候，它是一个微型白洞。"

"白洞？是黑洞的反演吗？"大牙问。

"是的，它通过空间虫洞与二百万光年外的一个黑洞相连，那个黑洞围绕着一颗恒星运行，它吸入的恒星的光从这里被释放出来，可以把它看作一根超时空光纤的出口。"

纪念碑的塔尖是拉格朗日轴线的南起点，这是指连接空心地球南北两极的轴线，因战前地月之间的零重力拉格朗日点而得名，这是一条长一万三千公里的零重力轴线。以后，人类肯定要在拉格朗日轴线上发射各种卫星，比起战前的地球来，这种发射易如反掌：只需把卫星运到南极或北极点，愿意的话用驴车运都行，然后用脚把它向空中踹出去就行了。

就在他们观看纪念碑时，又有一辆较大的雪地车载来了一群年轻的旅行者，这些人下车后双腿一弹，径直跃向空中，沿拉格朗日轴线高高飞去，把自己变成了卫星。从这里看去，有许多小黑点在空中标出了轴线的位置，那都是在零重力轴线上漂浮的游客和各种车辆。本来，从这里可以直接飞到北极，但小太阳位于拉格朗日轴线中部，最初有些沿轴线飞行的游客因随身携带的小型喷气推进器坏了，无法减速而一直飞到太阳里，其实在距小太阳很远的距离上他们就被蒸发了。

在空心地球，进入太空也是一件很容易的事，只需要跳进赤道上的五口深井（也叫地门）中的一口，向下（上?）堕落一百公里穿过地壳，就被空心地球自转的离心力抛进太空了。

现在，伊依一行为了看诗云也要穿过地壳，但他们走的是南极的地门，在这里地球自转的离心力为零，所以不会被抛入太空，只能到达空心地球的外表面。他们在南极地门控制站穿好轻便太空服后，就进入了那条长一百公里的深井，由于没有重力，叫它隧道更为恰当。在失重状态下，他们借助于太空服上的喷气推进器前进，这比在赤道的地门中堕落要慢得多，用了半个小时才来到外表面。

空心地球外表面十分荒凉，只有纵横的中子材料加固圈，这些加固圈把地球外表面按经纬线划分成了许多个方格，南极点正是所有经向加固圈的交点，当伊依一行走出地门后，看到自己身处一个面积不大的高原上，地球加固圈像一道道漫长的山脉，以高原为中心放射状地向各个方向延伸。

抬头，他们看到了诗云。

诗云处于已消失的太阳系所在的位置，是一片直径为一百个天文单位的旋涡状星云，形状很像银河系。空心地球处于诗云边缘，与原来太阳在银河系中的位置也很相似，不同的是地球的轨道与诗云不在同一平面，这就使得从地球上可以看到诗云的一面，而不是像银河系那样只能看到截面。但地球离开诗云平面的距离还远不足以使这里的人们观察到诗云的完整形状，事实上，南半球的整个天空都被诗云所覆盖。

诗云发出银色的光芒，能在地上照出人影。据说诗云本身是不发光的，这银光是宇宙射线激发出来的。由于空间的宇宙射线密度不均，诗云中常涌动着大团的光雾，那些色彩各异的光晕滚过长空，好像是潜行在诗云中的发光巨鲸。也有很少的时候，宇宙射线的强度急剧增加，在诗云中激发出粼粼的光斑，这时的诗云已完全不像云了，整个天空仿佛是一个月夜从水下看到的海面。地球与诗云的运行并不是同步的，所以有时地球会处于旋臂间的空隙上，这时透过空隙可以看到夜空和星星，最为激动人心的是，在旋臂的边缘还可以看到诗云的断面形状，它很像地球大气中的积雨云，变幻出各种宏伟的让人浮想联翩的形体，这些巨大的形体高高地升出诗云的旋转平面，发出幽幽的银光，仿佛是一个超级意识没完没了的梦境。

伊依把目光从诗云收回，从地上拾起一块晶片，这种晶片散布在他们周围的地面上，像严冬的碎冰般闪闪发亮。伊依举起晶片对着诗云密布的天空，晶片很薄，有半个手掌大小，正面看全透明，但把它稍倾斜一下，就看到诗云的亮光在它的表面映出的霓彩光晕。这就是量子存贮器，人类历史上产生的全部文字信息，也只能占它们每一片存贮器的几亿分之一。诗云就是由 10 的 40 次幂片这样的存贮器组成的，它们存贮了终极吟诗的全部结果。这片诗云，是用原来构成太阳和它的九大行星的全部物质所制造，当然还包括吞食帝国。

"真是伟大的艺术品！"大牙由衷地赞叹道。

"是的，它的美在于其内涵：一片直径一百亿公里的，包含着全部可能的诗词的星云，这太伟大了！"伊依仰望着星云激动地说，"我，也开始崇拜技术了。"

一直情绪低落的李白长叹一声："看来我们都在走向对方，我看到了技术在艺术上的极限，我……"他抽泣起来，"我是个失败者，呜呜……"

"你怎么能这样讲呢？"伊依指着上空的诗云说，"这里面包含了所有可能的诗，当然也包括那些超越李白的诗！"

"可我却得不到它们！"李白一跺脚，飞起了几米高，又在地壳那十分微小的重力下缓缓下落，"在终极吟诗开始时，我就着手编制诗词识别软件，这时，技术在艺术中再次遇到了那道不可逾越的障碍，到现在，具备古诗鉴赏力的软件也没能编出来。"他在半空中指指诗云，"不错，借助伟大的技术，我写出了诗词的颠峰之作，却不可能把它们从诗云中检索出来，唉……"

"智慧生命的精华和本质，真的是技术所无法触及的吗？"大牙仰头对着诗云大声问，经历过这一切，它变得越来越哲学了。

"既然诗云中包含了所有可能的诗，那其中自然有一部分诗，是描写我们全部的过去和所有可能与不可能的未来的，伊依虫子肯定能找到一首诗，描述他在三十年前的一天晚上剪指甲时的感受，或十二年后的一顿午餐的菜谱；大牙使者也可以找到一首诗，描述它在腿上的某一块鳞片在五年后的颜色……"说着，已重新落回地面的李白拿出了两块晶片，它们在诗云的照耀下闪闪发光，"这是我临走前送给二位的礼物，这是量子计算机以你们的名字为关键词，在诗云中检索出来的与二位有关的几亿亿首诗，描述了你们在未来各种可能的生活，当然，在诗云中，这也只占描写你们的诗作里极小的一部分。我只看过其中几十首，最喜欢的是关于伊依虫子的一首七律，描写他与一位美丽的村姑在江边相爱的情景……我走后，希望人类和剩下的恐龙好好相处，人类之间更要好好相处，要是空心地球的球壳被核弹炸个洞，可就麻烦了……"

"我和那位村姑后来怎样了？"伊依好奇地问。

在诗云的银光下，李白嘻嘻一笑："你们很幸福地生活在一起。"

注释

1. 选自《诗云》，万卷出版有限责任公司 2022 年 7 月出版。

思考探究

1. 大牙在文中提到"诗""文学"是"无用又无聊的学问",你怎么看?

2. 本篇文章描述的是"技术与艺术的对抗",请结合生活经验,谈谈你的理解。

3. 结合本文,说说科幻小说的魅力和特点。

慢慢走，欣赏啊！[1]

——人生的艺术化

朱光潜

文学常识

　　朱光潜（1897—1986），字孟实，安徽省桐城县（今安徽省枞阳县）人。现当代著名美学家、文艺理论家、教育家、翻译家。1922 年毕业于香港大学文学院。1925 年出国留学，就读于英国爱丁堡大学、伦敦大学、法国巴黎大学和斯特拉斯堡大学，致力于文学、心理学与哲学的学习与研究，后在法国斯特拉斯堡大学获哲学博士学位。1933 年回国后，历任北京大学、四川大学、武汉大学教授。主要著作有《悲剧心理学》《文艺心理学》《西方美学史》《谈美》《朱光潜全集》等。

　　一直到现在，我们都是讨论艺术的创造与欣赏。在收尾这一节中，我提议约略说明艺术和人生的关系。

　　我在开章明义时就着重美感态度和实用态度的分别，以及艺术和实际人生之间所应有的距离，如果话说到这里为止，你也许误解我把艺术和人生看成漠不相关的两件事。我的意思并不如此。

　　人生是多方面而却相互和谐的整体，把它分析开来看，我们说某部分是实用的活动，某部分是科学的活动，某部分是美感的活动，为正名析理起见，原应有此分别；但是我们不要忘记，完满的人生见于这三种活动的平均发展，它们虽是可分别的而却不是互相冲突的。"实际人生"比整个人生的意义较为窄狭。一般人的错误在把它们认为相等，以为艺术对于"实际人生"既是隔着一层，它在整个人生中也就没有什么价值。有些人为维护艺术的地位，又想把它硬纳到"实际人生"的小范围里去。这般人不但是误解艺术，而且也没有认识人生。我们把实际生活看作整个人生之中的一片段，所以在肯定艺术与实际人生的距离时，并非肯定艺术与整个人生的隔阂。严格的说，离开人生便无所谓艺术，因为艺术是情趣的表现，而情趣的根源就在人生；反之，离开艺术也便无所谓人生，因为凡是创造和欣赏都是艺术的活动，无创造、无欣赏的人生是一个自相矛盾的名词。

人生本来就是一种较广义的艺术。每个人的生命史就是他自己的作品。这种作品可以是艺术的，也可以不是艺术的，正犹如同是一种顽石，这个人能把它雕成一座伟大的雕像而另一个人却不能使它"成器"，分别全在性分与修养。知道生活的人就是艺术家，他的生活就是艺术作品。

过一世生活好比做一篇文章。完美的生活都有上品文章所应有的美点。

第一，一篇好文章一定是一个完整的有机体，其中全体与部分都息息相关，不能稍有移动或增减。一字一句之中都可以见出全篇精神的贯注。比如陶渊明的《饮酒》诗本来是"采菊东篱下，悠然见南山"，后人把"见"字误印为"望"字，原文的自然与物相遇相得的神情便完全丧失。这种艺术的完整性在生活中叫做"人格。凡最完美的生活都是人格的表现。大而进退取与，小而声音笑貌，都没有一件和全人格相冲突。不肯为五斗米折腰向乡里小儿，是陶渊明的生命史中所应有的一段文章，如果他错过这一个小节，便失其为陶渊明。下狱不肯脱逃，临刑时还丁宁嘱咐还邻人一只鸡的债，是苏格拉底[2]的生命史中所应有的一段文章，否则他便失其为苏格拉底。这种生命史才可以使人把它当作一幅图画去惊赞，它就是一种艺术的杰作。

其次，"修辞立其诚[3]"是文章的要诀，一首诗或是一篇美文，一定是至性深情的流露，存于中然后形于外，不容有丝毫假借。情趣本来是物我交感共鸣的结果。景物变动不居，情趣亦自生生不息。我有我的个性，物也有物的个性，这种个性又随时地变迁而生长发展。每人在某一时会所见到的景物，和每种景物在某一时会所引起的情趣，都有它的特殊性，断不容与另一人在另一时会所见到的景物，和另一景物在另一时会所引起的情趣完全相同。毫厘之差，微妙所在。在这种生生不息的情趣中，我们可以见出生命的创化。把这种生命流露于语言文字就是好文章；把它流露于言行风采，就是美满的生命史。

文章忌俗滥，生活也忌俗滥。俗滥就是自己没有本色而蹈袭别人的成规旧矩。西施患心病，常捧心颦眉，这是自然的流露，所以愈增其美。东施没有心病，强学捧心颦眉[4]的姿态，只能引人嫌恶。在西施是创作，在东施便是滥调。滥调起于生命的干枯，也就是虚伪的表现。"虚伪的表现"就是"丑"，克罗齐[5]已经说过。"风行水上，自然成纹"，文章的妙处如此，生活的妙处也是如此。在什么地位，是怎样的人，感到怎样情趣，便现出怎样言行风采，叫人一见就觉其谐和完整，这才是艺术的生活。

俗语说的好，"惟大英雄能本色"。所谓艺术的生活就是本色的生活。世间有两种人的生活最不艺术，一种是俗人，一种是伪君子。"俗人"根本就缺乏本色，"伪君子"则竭力遮盖本色。朱晦庵[6]有一首诗："半亩方塘一鉴开，天光云影共徘徊。问渠那得清如许？为有源头活水来。"艺术的生活就是有"源头活水"的生活。俗人迷于名利，与世浮沉，心里没有"天光云影"，就因为没有源头活水。他们的大病是生命的干枯。"伪君子"则于这种"俗人"的资格之上，又加上"沐猴而冠[7]"的伎俩。他们的特点不仅见于道德上的虚伪，一言一笑，一举一动，都叫人起不美之感。谁知道风流名士的架子之中掩藏了几多行尸走肉？无论是"俗人"或是"伪君子"，他们都是生活中的"苟且者"，都缺乏艺术家在创造时所应有的良心。象柏格森[8]所说，他们都是"生命的机械化"，只能作喜剧中的角色，生活落到喜剧里去的人大半都是不艺术的。

　　艺术的创造之中都必寓有欣赏，生活也是如此。一般人对于一种言行常欢喜说它"好看"、"不好看"，这已有几分是拿艺术欣赏的标准去估量它。但是一般人大半不能彻底，不能拿一言一笑、一举一动纳在全部生命史里去看，他们的"人格"观念太淡薄，所谓"好看"、"不好看"往往只是"敷衍面子"。善于生活者则彻底认真，不让一尘一芥妨碍整个生命的和谐。一般人常以为艺术家是一班最随便的人，其实在艺术范围之内，艺术家是最严肃不过的。在锻炼作品时常呕心呕肝，一笔一划也不肯苟且。王荆公[9]作"春风又绿江南岸"一句诗时，原来"绿"字是"到"字，后来由"到"字改为"过"字，由"过"字改为"入"字，由"入"字改为"满"字，改了十几次之后才定为"绿"字。即此一端可以想见艺术家的严肃了。善于生活者对于生活也是这样认真。曾子[10]临死时记得床上的席子是季路[11]的，一定叫门人把它换过才瞑目。吴季札[12]心里已经暗许赠剑给徐君，没有实行徐君就已死去，他很郑重的把剑挂在徐君墓旁树上，以见"中心契合死生不渝"的风谊。象这一类的言行看来虽似小节，而善于生活者却不肯轻易放过，正犹如诗人不肯轻易放过一字一句一样。小节如此，大节更不消说。董狐[13]宁愿断头不肯掩盖史实，夷、齐[14]饿死不愿降周，这种风度是道德的也是艺术的。我们主张人生的艺术化，就是主张对于人生的严肃主义。

　　艺术家估定事物的价值，全以它能否纳入和谐的整体为标准，往往出于一般人意料之外。他能看重一般人所看轻的，也能看轻一般人所看重的。在看重一件事物时，他知道执着；在看轻一件事物时，他也知道摆脱。艺术的能事不仅见于知所取，尤其见于知所舍。苏东坡论文，谓如水行山谷中，行于其所不得不行，止于其所不得不止。这就是取舍恰到好处，艺术化的人生也是如此。善于生活者对于世间一切，也拿艺术的口胃去评判它，合于艺术口胃者毫毛可以变成泰山，不合于艺术口胃者泰山也可以变成毫毛。他不但能认真，而且能摆脱。在认真时见出他的严肃，在摆脱时见出他的豁达。孟敏堕甑，不顾而去，郭林宗[15]见到以为奇怪。他说，"既已碎，顾之何益？"哲学家斯宾诺莎[16]宁愿靠磨镜过活，不愿当大学教授，怕妨碍他的自由。王徽之居山阴[17]，有一天夜雪初霁，月色清朗，忽然想起他的朋友戴逵，便乘小舟到剡溪去访他，刚到门口便把船划回去。他说，"乘兴而来，兴尽而返。"这几件事彼此相差很远，却都可以见出艺术家的豁达。伟大的人生和伟大的艺术都要同时并有严肃与豁达之胜。晋代清流大半只知道豁达而不知道严肃，宋朝理学又大半只知道严肃而不知道豁达。陶渊明和杜子美庶几算得恰到好处。

一篇生命史就是一种作品。从伦理的观点看，它有善恶的分别，从艺术的观点看，它有美丑的分别。善恶与美丑的关系究竟如何呢？

就狭义说，伦理的价值是实用的，美感的价值是超实用的；伦理的活动都是有所为而为，美感的活动则是无所为而为。比如仁义忠信等等都是善，问它们何以为善，我们不能不着眼到人群的幸福。美之所以为美，则全在美的形象本身，不在它对于人群的效用（这并不是说它对于人群没有效用）。假如世界上只有一个人，他就不能有道德的活动，因为有父子才有慈孝可言，有朋友才有信义可言。但是这个想象的孤零零的人还可以有艺术的活动，他还可以欣赏他所居的世界，还可以创造作品。善有所赖而美无所赖，善的价值是"外在的"，美的价值是"内在的"。

不过这种分别究竟是狭义的。就广义说，善就是一种美，恶就是一种丑。因为伦理的活动也可以引起美感上的欣赏与嫌恶。希腊大哲学家柏拉图和亚里士多德讨论伦理问题时都以为善有等级，一般的善虽只有外在的价值，而"至高的善"则有内在的价值。这所谓"至高的善"究竟是什么呢？柏拉图[18]和亚里士多德[19]本来是一走理想主义的极端，一走经验主义的极端，但是对于这个问题，意见却一致。他们都以为"至高的善"在"无所为而为的玩索"（Disinterested Contemplation）。这种见解在西方哲学思潮上影响极大，斯宾诺莎、黑格尔[20]、叔本华[21]的学说都可以参证。从此可知西方哲人心目中的"至高的善"还是一种美，最高的伦理的活动还是一种艺术的活动了。

"无所为而为的玩索"可以看成"至高的善"呢？这个问题涉及到西方哲人对于神的观念。从耶稣教盛行之后，神才是一个大慈大悲的道德家。在希腊哲人以及近代莱布尼兹[22]、尼采[23]、叔本华诸人的心目中，神却是一个大艺术家。他创造这个宇宙出来，全是为着自己要创造，要欣赏。其实这种见解也并不减低神的身分。耶稣教的神只是一班穷叫化子中的一个肯施舍的财主老，而一般哲人心中的神，则是以宇宙为乐曲而要在这种乐曲之中见出和谐的音乐家。这两种观念究竟是哪一个伟大呢？在西方哲人想，神只是一片精灵，他的活动绝对自由而不受限制，至于人则为肉体的需要所限制而不能绝对自由。人愈能脱肉体需求的限制而作自由活动，则离神亦愈近。"无所为而为的玩索"是唯一的自由活动，所以成为最上的理想。

这番话似乎有些玄渺，在这里本来不应说及。不过无论你相信不相信，有许多思想却值得当作一个意象悬在心眼前来玩味玩味。我自己在闲暇时也欢喜看看哲学书籍。老实说，我对于许多哲学家的话都很怀疑，但是我觉得他们有趣。我以为穷到究竟，一切哲学系统也都只能当作艺术作品去看。哲学和科学穷到极境，都是要满足求知的欲望。每个哲学家和科学家对于他自己所见到的一点真理（无论它究竟是不是真理）都觉得有趣味，都用一股热忱去欣赏它。真理在离开实用而成为情趣中心时就已经是美感的对象了。"地球绕日运行"，"勾方加股方等于弦方"一类的科学事实，和《米罗爱神》[24]或《第九交响曲》[25]一样可以摄魂震魄。科学家去寻求这一类的事实，穷到究竟，也正因为它们可以摄魂震魄。所以科学的活动也还是一种艺术的活动，不但善与美是一体，真与美也并没有隔阂。

艺术是情趣的活动，艺术的生活也就是情趣丰富的生活。人可以分为两种，一种是情趣丰富的，对于许多事物都觉得有趣味，而且到处寻求享受这种趣味。一种是情趣干枯的，对于许多事物都觉得没有趣味，也不去寻求趣味，只终日拼命和蝇蛆在一块争温饱。后者是俗人，前者就是艺术家。情趣愈丰富，生活也愈美满，所谓人生的艺术化就是人生的情趣化。

"觉得有趣味"就是欣赏。你是否知道生活，就看你对于许多事物能否欣赏。欣赏也就是"无所为而为的玩索"。在欣赏时，人和神仙一样自由，一样有福。

阿尔卑斯山[26]谷中有一条大汽车路，两旁景物极美，路上插着一个标语劝告游人说："慢慢走，欣赏啊！"许多人在这车如流水马如龙的世界过活，恰如在阿尔卑斯山谷中乘汽车兜风，匆匆忙忙的急驰而过，无暇一回首流连风景，于是这丰富华丽的世界便成为一个了无生趣的囚牢。这是一件多么可惋惜的事啊！

朋友，在告别之前，我采用阿尔卑斯山路上的标语，在中国人告别习用语之下加上三个字奉赠：

"慢慢走，欣赏啊！"

光潜
一九三二年夏，莱茵河畔

注释

1. 本文选自《朱光潜全集》第二卷中《谈美》最后一章。写于1932年。

2. 苏格拉底（Socrates）：公元前469年—公元前399年，古希腊著名思想家、哲学家、教育家。其美学思想主要见于其学生色诺芬的《苏格拉底言行回忆录》。

3. 修辞立其诚：该成语出自《周易·乾》："修辞立其诚，所以居业也。"指写文章应表现出作者的真实意图，不可作虚饰浮文。

4. 捧心颦眉：捧心，典出《庄子·天运》。"故西施病心而颦其里，其里之丑人见之而美之，归亦捧心而颦其里。其里之富人见之，坚闭门而不出；贫人见之，挈妻子而去之走。彼知颦美而不知颦之所以美。"颦：通"颦"，皱眉的意思。宋代乐史所著《太平寰宇记》记载："诸暨县有西施家、东施家。"后以"东施效颦"比喻胡乱模仿，效果适得其反。

5. 贝奈载托·克罗齐（Benedetto Croce）：1886年—1952年，意大利著名文艺批评家、历史学家、哲学家，新黑格尔主义者。他在哲学、历史学、历史学方法论、美学领域颇有著作。著有《精神哲学》《美学原理》《实践活动的哲学》等。

6. 朱晦庵：即朱熹（1130年—1200年），尊称朱子。字元晦、仲晦，号晦庵、晦翁，南宋徽州婺源县（今江西省上饶市婺源县）人。生于福建路南剑州尤溪县（今福建省三明市尤溪县），南宋著名的哲学家、思想家、教育家、文学家，宋代理学的主要代表之一。现存著作共25种，600余卷，总字数在2000万字左右。主要有《诗集传》《大学中庸章句》《四书或问》《论语集注》《孟子集注》《朱子语类》等。

7. 沐猴而冠：沐猴：猕猴。猴子戴上帽子。比喻人面兽心，虚有其表。常用来讽刺依附权势、窃据名位之辈。出自西汉司马迁《史记·项羽本纪》："人言楚人沐猴而冠耳，果然。"

8. 亨利·柏格森（Henri Bergson）：1859年—1941年，法国哲学家。曾获诺贝尔文学奖。生命哲学和直觉主义的主要代表之一。主要著作有《时间与自由意志》《形而上学论》《创造进化论》《生命的意识》等。

9. 王荆公：1021年—1086年，名王安石，字介甫，晚号半山，封荆国公，世称王荆公。临川（今江西抚州）人。北宋杰出政治家、思想家、文学家、改革家。曾两次出任宰相，实行变法，推行新政。"唐宋八大家"之一，被列宁誉为"中国十一世纪改革家"。

10. 曾子：公元前505年—公元前435年，本名曾参，字子舆，春秋时鲁国南武城（今山东省临沂市费县），孔子的学生。中国著名的思想家、儒家学派的重要代表人物，被后世尊奉为"宗圣"。参与编制《论语》，著有《大学》《孝经》等作品。

11. 季路：公元前542年—公元前480年，姓仲名由，字子路，又字季路。孔子的学生，以勇武著称。

12. 吴季札：春秋时期吴王寿梦第四子，以贤德著称。寿梦想让他继承王位，他坚辞不受。

13. 董狐：春秋晋国太史，亦称史狐。晋灵公要杀赵盾，赵盾逃走了。不久赵穿杀死晋灵公，赵盾又回来了。董狐以"赵盾弑其君"记载此事，留下"董狐直笔"的典故。孔子大加赞扬，称董狐为"书法不隐"的"古之良史"，后世据以称之为"良狐"。

14. 夷、齐：指伯夷、叔齐二人。伯夷和叔齐是商代诸侯孤竹君的儿子，因兄弟二人互让君位，一起逃亡。武王伐纣时，伯夷、叔齐二人扣马谏阻，商亡后二人不食周粟，饿死在首阳山。夷齐二人的崇礼、守廉、尚德、求仁、重义，是中国儒学之源。

15. 郭林宗：128 年—169 年，原名郭泰，字林宗，东汉太原介休（今属山西）人。东汉著名学者、思想家及教育家，为东汉太学生领袖。党锢之祸后，为避祸而闭门教书，弟子达千人。郭林宗与春秋时晋国介子推以及宋朝宰相文彦博合称介休三贤。

16. 巴鲁赫·斯宾诺莎（Baruch Spinoza）：1632 年—1677 年，荷兰人，17 世纪荷兰著名的哲学家、美学家，西方近代早期理性主义哲学的代表人物之一，西方近代政治哲学的开创者之一，西方近代圣经批判的先驱者之一。著有《笛卡尔哲学原理》《神学政治论》《斯宾诺莎书信集》等。

17. 王徽之：338 年—386 年，字子猷，东晋名士、书法家，书圣王羲之第五子。曾历任车骑参军、大司马桓温参军、黄门侍郎，生性高傲，放诞不羁。刘义庆《世说新语·任诞》记载，王徽之曾夜雪从阴山泛舟剡溪访戴逵，却至其门而返。人问其故，他说："吾本乘兴而行，兴尽而返，何必见戴。"

18. 柏拉图（Plato）：公元前 427 年—公元前 347 年，古希腊伟大的哲学家。代表作有《理想国》《会饮篇》《大西庇阿斯》《裴多》等。他和老师苏格拉底，学生亚里士多德并称为希腊三贤。

19. 亚里士多德（Aristotle）：公元前 384 年—公元前 322 年，古希腊伟大的哲学家、美学家和教育家。主要著作有《形而上学》《物理学》《伦理学》《政治学》《诗学》等。

20. 黑格尔（George Wilhelm Friedrich Hegel）：1770 年—1831 年，德国著名哲学家、美学家，曾任柏林大学校，德国 19 世纪唯心论哲学的代表人物之一。代表作有《精神现象学》《逻辑学》《哲学全书》等。

21. 阿图尔·叔本华（Arthur Schopenhauer）：1788 年—1860 年，出生于波兰但泽，德国著名哲学家，唯意志主义的开创者，非理性主义哲学家的代表人物，无神论者和宿命论者。主要著作有《充足根据律的四重根》《论自然中的意志》《伦理学中的两个基本问题》等。

22. 戈特弗里德·莱布尼兹（Gottfriend Wilhelm Leibniz）：1646年—1716年，德国著名的自然科学家、数学家、唯心主义哲学家，是德国近代启蒙思想的先驱者。与牛顿同为微积分的创始人，也是数理逻辑的前驱者。主要著作有《单子论》《人类理智新论》《神正论》等。

23. 弗里德里希·威廉·尼采（Friedrich Wilhelm Nietzsche）：1844年—1900年，德国著名哲学家，西方现代哲学的开创者，诗人和散文家。唯意志主义的主要代表人物之一。主要著作有《权力意志》《曙光》《善恶之彼岸》等

24. 米罗爱神：古希腊的一尊雕像，又称"米洛斯的维纳斯"，是爱与美的象征。《爱神》像被公认为迄今为止的希腊女性最美雕像，具有三美，第一美，乃是清明；第二美，乃是残缺；第三美，乃是身形。

25. 第九交响曲：是德国著名作曲家贝多芬在1793—1823年间完成，1824年5月7日首演于维也纳卡特纳托剧院，也是他完成的最后一部交响曲。这部作品也被称为《合唱交响曲》，公认是贝多芬在交响乐领域的最高成就。

26. 阿尔卑斯山：欧洲最高大的山脉，位于欧洲南部。呈弧形东西延伸，西起法国东南部，经意大利北部、瑞士南部、列支敦士登、德国南部，东至奥地利和斯洛文尼亚，山脉分为西、中、东三段。平均海拔3000米左右，主峰勃朗峰海拔4807米。山势雄伟。森林密布，许多山峰终年积雪。

思考探究

1. 你怎样理解"情趣愈丰富，生活也愈美满，所谓的人生艺术化就是人生的情趣化。"这句话？你是否认同？说说理由。

2. 面对当今社会现状，你认为倡导人生的艺术化有何积极意义？

3. 结合课文，论述善恶与美丑的关系。

本单元语文综合实践活动

诗意是一种富有美感、情感和意境的表达。它可以通过文字、语言、艺术作品等多种形式展现。"诗意"的获得，需要我们怀揣一份超越功利的执着追求，秉持一种豁达的人生态度，培育一份别样的生活情致。

一、分享生活中的诗意点滴

诗意的表现形式变化不断，但属于中国人的那份浪漫诗情却始终如一。不论是中国航天中充满宇宙级浪漫的命名，还是风里来雨里去的辛苦奔忙，抑或是现实生活中的一事一物，都蕴藏着盎然的诗意。"诗意"并非难得之物，它是对懂得生活、善于创造生活的人珍贵的精神回馈，是日常中的惊喜发现，是平凡里的非凡奇迹。

去发现生活中各种充满诗意的场景和故事吧。比如用照片记录下美丽的自然风景，用文字描述那些触动心灵的瞬间，也可以通过绘画等形式展现自己眼中的诗意。

二、古典风歌曲赏析

《毛诗序》言：诗者，志之所之也，在心为志，发言为诗。情动于中而形于言，言之不足故嗟叹之，嗟叹之不足故永歌之，永歌之不足，不知手之舞之足之蹈之也。在古代，诗和歌往往是一体的，诗是歌的灵魂和基础，歌是诗的传播载体和表现形式。古风歌曲以独特的方式，延续了古典诗词的血脉，让古老的诗意在现代的节奏中奏响新章，成就了一场跨越时空的文化盛宴。

以小组为单位搜集古典风格的歌曲，结合中国传统诗词的韵味，赏析歌词并演唱。

三、经典诗文朗诵

陶渊明著"采菊东篱下，悠然见南山"，远离尘世喧嚣，在自然中寻找内心宁静与生活真意；李白著"人生得意须尽欢，莫使金樽空对月"，豪迈地对待生活，珍视每一个快乐的时刻。

朗诵与"诗意人生"主题相关的诗文。请用心体会文中蕴含的情感，注意节奏和语调。

第七单元
洞见世事百态

本单元序

　　在这个纷繁复杂的世界中，每个人都在扮演着不同的角色，演绎着各自的人生。这些不同的角色和故事交织在一起构成了世间百态的壮丽画卷。既有自然属性又有社会属性的人，构成了社会生活的主体。我们每个人都与社会发生着千丝万缕的联系，都需要深入观察和理解世间的社会现象和情况，处理好人际关系，这一过程即是洞见世事。《红楼梦》云："世事洞明皆学问，人情练达即文章。"洞见世事百态，不仅是对外界的观察与感知，更是对内心的审视与成长。每一次对世事的深刻洞察，都是对生命智慧的一次积累。洞见世事百态，方能在这起伏不定的人生旅程中，保持一份清醒与睿智，不随波逐流，以从容之姿应对万千境遇，让心灵在洞察中收获沉静与豁达，使自身的处世之道更具深度与广度，犹如在浩渺星空中找准前行的坐标，坚定且笃定地追寻生命的真谛与价值。

　　本单元课文，有的折射出在近代社会急剧变化时期作为中华文化承载者的中国人复杂的心态；有的展现了在艰难的求生过程中逐渐领悟到生命的价值不在于追求物质，而在于对生命的坚持和对生存的渴望；有的揭露为了权势和私欲所表现出来的不同的人性特点；有的揭示了人性的虚伪与自私，同时也展现了作者独特的叙述技巧。这些作品呈现的都是世间万象、人生百态的缩影。通过学习与鉴赏，我们一定会感叹世事人情如此千姿百态，也会加深对社会世相的认识和对人生的理解与思考。

断魂枪[1]

老　舍

📖 文学常识

　　老舍（1899—1966），字舍予，笔名老舍。满族人，本名舒庆春，生于北京，中国现代小说家、著名作家，杰出的语言大师、人民艺术家，新中国第一位获得"人民艺术家"称号的作家。代表作有长篇小说《四世同堂》《骆驼祥子》，短篇小说《断魂枪》，戏剧有《茶馆》，老舍的文学语言通俗简易，朴实无华，幽默诙谐，具有较强的北京韵味。

　　沙子龙的镖局已改成客栈[2]。

　　东方的大梦没法子不醒了。炮声压下去马来与印度野林中的虎啸。半醒的人们，揉着眼，祷告着祖先与神灵；不大会儿，失去了国土、自由与主权。门外立着不同面色的人，枪口还热着。他们的长矛毒弩，花蛇斑彩的厚盾，都有什么用呢；连祖先与祖先所信的神明全不灵了啊！龙旗的中国也不再神秘，有了火车呀，穿坟过墓破坏着风水。枣红色多穗的镖旗，绿鲨皮鞘的钢刀，响着串铃的口马[3]，江湖上的智慧与黑话，义气与声名，连沙子龙，他的武艺、事业，都梦似的变成昨夜的。今天是火车、快枪，通商与恐怖。听说，有人还要杀下皇帝的头呢！

　　这是走镖已没有饭吃，而国术还没被革命党与教育家提倡起来的时候。

　　谁不晓得沙子龙是短瘦、利落、硬棒，两眼明得像霜夜的大星？可是，现在他身上放了肉。镖局改了客栈，他自己在后小院占着三间北房，大枪立在墙角，院子里有几只楼鸽。只是在夜间，他把小院的门关好，熟习熟习他的"五虎断魂枪"。这条枪与这套枪，二十年的工夫，在西北一带，给他创出来："神枪沙子龙"五个字，没遇见过敌手。现在，这条枪与这套枪不会再替他增光显胜了；只是摸摸这凉、滑、硬而发颤的杆子，使他心中少难过一些而已。只有在夜间独自拿起枪来，才能相信自己还是"神枪沙"。在白天，他不大谈武艺与往事；他的世界已被狂风吹了走。

　　在他手下创练起来的少年们还时常来找他。他们大多数是没落子弟，都有点武艺，可是没地方去用。有的在庙会上去卖艺：踢两趟腿，练套家伙，翻几个跟头，附带着卖点大力丸，混个三吊两吊的。有的实在闲不起了，去弄筐果子，或挑些毛豆角，赶早儿在街上论斤吃喝出去。那时候，米贱肉贱，肯卖膀子力气本来可以混个肚儿圆；他们可是不成：肚量既大，而且得吃口管事儿的；干饽饽辣饼子[4]咽不下去。况且他们还时常去走会：五虎棍，开路，太狮少狮……虽然算不了什么——比起走镖来——可是到底有个机会活动活动，露露脸。是的，走会捧场是买脸的事，他们打扮得像个样儿，至少得有条青洋绉裤子，新漂白细市布的小褂，和一双鱼踏实鳞鞋——顶好是青缎子抓地虎靴子。他们是神枪沙子龙的徒弟——虽然沙子龙并不承认——得到处露脸，走会得赔上俩钱，说不定还得打场架。没钱，上沙老师那里去求。沙老师不含糊，多少不拘，不让他们空着手儿走。可是，为打架或献技去讨教一个招数，或是请给说个"对子"——什么空手夺刀，或虎头钩进枪——沙老师有时说句笑话，马虎过去："教什么？拿开水浇吧！"有时直接把他们赶出去。他们不大明白沙老师是怎么了，心中也有点不乐意。

可是，他们到处为沙老师吹腾，一来是愿意使人知道他们的武艺有真传授，受过高人的指教；二来是为激动沙老师：万一有人不服气而找上老师来，老师难道还不露一两手真的吗？所以，沙老师一拳就砸倒了个牛！沙老师一脚把人踢到房上去，并没使多大的劲！他们谁也没见过这种事，但是说着说着，他们相信这是真的了，有年月，有地方，千真万确，敢起誓！

王三胜——沙子龙的大伙计——在土地庙拉开了场子，摆好了家伙。抹了一鼻子茶叶末色的鼻烟，他抢了几下竹节钢鞭，把场子打大一些。放下鞭，没向四围作揖，叉着腰念了两句："脚踢天下好汉，拳打五路英雄！"向四围扫了一眼："乡亲们，王三胜不是卖艺的；玩艺儿会几套，西北路上走过镖，会过绿林中的朋友。现在闲着没事，拉个场子陪诸位玩玩。有爱练的尽管下来，王三胜以武会友，有赏脸的，我陪着。神枪沙子龙是我的师傅；玩艺地道！诸位，有愿下来的没有？"他看着，准知道没人敢下来，他的话硬，可是那条钢鞭更硬，十八斤重。

王三胜，大个子，一脸横肉，努着对大黑眼珠，看着四周。大家不出声。他脱了小褂，紧了紧深月白色的"腰里硬"，把肚子杀进去。给手心一口唾沫，抄起大刀来：

"诸位，王三胜先练趟瞧瞧。不白练，练完了，带着的扔几个；没钱，给喊个好，助助威。这儿没生意口。好，上眼[5]！"

大刀靠了身，眼珠努出多高，脸上绷紧，胸脯子鼓出，像两块老桦木根子。一跺脚，刀横起，大红缨子在肩前摆动。削砍劈拨，蹲越闪转，手起风生，忽忽直响。忽然刀在右手心上旋转，身弯下去，四围鸦雀无声，只有缨铃轻叫。刀顺过来，猛的一个"跺泥"，身子直挺，比众人高着一头，黑塔似的，收了势："诸位！"一手持刀，一手叉腰，看着四围。稀稀的扔下几个铜钱，他点点头。"诸位！"他等着，等着，地上依旧是那几个亮而削薄的铜钱，外层的人偷偷散去。他咽了口气："没人懂！"他低声地说，可是大家全听见了。

"有功夫！"西北角上一个黄胡子老头儿答了话。

"啊？"王三胜好似没听明白。

"我说，你——有——功——夫！"老头子的语气很不得人心。

放下大刀，王三胜随着大家的头往西北看。谁也没看重这个老人：小干巴个儿，披着件粗蓝布大衫，脸上窝窝瘪瘪，眼陷进去很深，嘴上几根细黄胡，肩上扛着条小黄草辫子，有筷子那么细，而绝对不像筷子那么直顺。王三胜可是看出这老家伙有功夫，脑门亮，眼睛亮——眼眶虽深，眼珠可黑得像两口小井，深深地闪着黑光。王三胜不怕：他看得出别人有功夫没有，可更相信自己的本事，他是沙子龙手下的大将。

"下来玩玩，大叔！"王三胜说得很得体。

点点头，老头儿往里走。这一走，四处全笑了。他的胳臂不大动；左脚往前迈，右脚随着拉上来，一步步地往前拉扯，身子整着，像是患过瘫痪病。蹭到场中，把大衫扔在地上，一点没理会四围怎样笑他。

"神枪沙子龙的徒弟，你说？好，让你使枪吧，我呢？"老头子非常的干脆，很像久想动手。

人们全回来了，邻场耍狗熊的无论怎么敲锣也不中用了。

"三截棍进枪吧？"王三胜要看老头子一手，三截棍不是随便就拿得起来的家伙。

老头子又点点头，拾起家伙来。

王三胜努着眼，抖着枪，脸上十分难看。

老头子的黑眼珠更深更小了，像两个香火头，随着面前的枪尖儿转，王三胜忽然觉得不舒服，那俩黑眼珠似乎要把枪尖吸进去！四处已围得风雨不透，大家都觉出老头子确是有威。为躲那对眼睛，王三胜耍了个枪花。老头子的黄胡子一动："请！"王三胜一扣枪，向前躬步，枪尖奔了老头子的喉头去，枪缨打了一个红旋。老人的身子忽然活展了，将身微偏，让过枪尖，前把一挂，后把撩王三胜的手。拍，拍，两响，王三胜的枪撒手。场外叫了好。王三胜连脸带胸口全紫了，抄起枪来；一个花子，连枪带人滚了过来，枪尖奔了老人的中部。老头子的眼亮得发着黑光；腿轻轻一屈，下把掩裆，上把打着刚要抽回的枪杆；拍，枪又落在地上。

场外又是一片彩声。王三胜流了汗，不再去拾枪，努着眼，木在那里。老头子扔下家伙，拾起大衫，还是拉拉着腿，可是走得很快了，大衫搭在臂上，他过来拍了王三胜一下："还得练哪，伙计！"

"别走！"王三胜擦着汗："你不离，姓王的服了！可有一样，你敢会会沙老师？"

"就是为会他才来的！"老头子的干巴脸上皱起点来，似乎是笑呢。"走；收了；晚饭我请！"

王三胜把兵器拢在一处，寄放在变戏法二麻子那里，陪着老头子往庙外走。后面跟着不少人，他把他们骂散了。

"你老贵姓？"他问。

"姓孙哪，"老头子的话与人一样，都那么干巴。"爱练，久想会会沙子龙。"

沙子龙不把你打扁了！王三胜心里说。他脚底下加了劲，可是没把孙老头落下。他看出来，老头子的腿是老走着查拳[6]门中的连跳步；交起手来，必定很快。但是，无论他怎么快，沙子龙是没对手的。准知道孙老头要吃亏，他心中痛快了些，放慢了些脚步。

"孙大叔贵处？"

"河间的，小地方。"孙老者也和气了些："真的，你那两手就不坏！"

王三胜头上的汗又回来了，没言语。

"月棍年刀一辈子枪，不容易见功夫！"

到了客栈，他心中直跳，惟恐沙老师不在家，他急于报仇。他知道老师不爱管这种事，师弟们已碰过不少回钉子，可是他相信这回必定行，他是大伙计，不比那些毛孩子；再说，人家在庙会上点名叫阵，沙老师还能丢这个脸吗？

"三胜，"沙子龙正在床上看着本《封神榜》[7]，"有事吗？"

三胜的脸又紫了，嘴唇动着，说不出话来。

沙子龙坐起来，"怎么了，三胜？"

"栽了跟头！"

只打了个不甚长的哈欠，沙老师没别的表示。

王三胜心中不平，但是不敢发作；他得激动老师："姓孙的一个老头儿，门外等着老师呢；把我的枪，枪，打掉了两次！"他知道"枪"字在老师心中有多大分量。没等吩咐，他慌忙跑出去。

客人进来，沙子龙在外间屋等着呢。彼此拱手坐下，他叫三胜去泡茶。三胜希望两个老人立刻交了手，可是不能不沏茶去。孙老者没话讲，用深藏着的眼睛打量沙子龙。

沙子龙很客气："要是三胜得罪了你，不用理他，年纪还轻。"

孙老者有些失望，可也看出沙子龙的精明。他不知怎样好了，不能拿一个人的精明断定他的武艺。"我来领教领教枪法!"他不由地说出来。

沙子龙没接碴儿。王三胜提着茶壶走进来——急于看二人动手,他没管水开了没有,就沏在壶中。

"三胜,"沙子龙拿起个茶碗来,"去找小顺们去,天汇见,陪孙老者吃饭。"

"什么!"王三胜的眼珠几乎掉出来。看了看沙老师的脸,他敢怒而不敢言地说了声:"是啦!"走出去,噘着大嘴。

"教徒弟不易!"孙老者说。

"我没收过徒弟。走吧,这个水不开!茶馆去喝,喝饿了就吃。"沙子龙从桌子上拿起缎子褡裢,一头装着鼻烟壶,一头装着点钱,挂在腰带上。

"不,我还不饿!"孙老者很坚决,两个"不"字把小辫从肩上抢到后边去。

"说会子话儿。"

"我来为领教领教枪法。"

"功夫早搁下了,"沙子龙指着身上,"已经放了肉!"

"这么办也行,"孙老者深深地看了沙老师一眼:"不比武,教给我那趟五虎断魂枪。"

"五虎断魂枪?"沙子龙笑了:"早忘干净了!早忘干净了!告诉你,在我这儿住几天,咱们各处逛逛,临走,多少送点盘缠。"

"我不逛,也用不着钱,我来学艺!"孙老者立起来,"我练趟给你看看,看够得上学艺不够!"一屈腰已到了院中,把楼鸽都吓飞起去。拉开架子,他打了趟查拳:腿快,手飘洒,一个飞脚起去,小辫儿飘在空中,像从天上落下来一个风筝;快之中,每个架子都摆得稳、准、利落;来回六趟,把院子满都打到。走得圆,接得紧,身子在一处,而精神贯串到四面八方。抱拳收势,身儿缩紧,好似满院乱飞的燕子忽然归了巢。

"好!好!"沙子龙在台阶上点着头喊。

"教给我那趟枪!"孙老者抱了抱拳。

沙子龙下了台阶,也抱着拳:"孙老者,说真的吧;那条枪和那套枪都跟我入棺材,一齐入棺材!"

"不传?"

"不传!"

孙老者的胡子嘴动了半天,没说出什么来。到屋里抄起蓝布大衫,拉拉着腿:"打搅了,再会!"

"吃过饭走!"沙子龙说。

孙老者没言语。

沙子龙把客人送到小门，然后回到屋中，对着墙角立着的大枪点了点头。

他独自上了天汇，怕是王三胜们在那里等着。他们都没有去。

王三胜和小顺们都不敢再到土地庙去卖艺，大家谁也不再为沙子龙吹腾；反之，他们说沙子龙栽了跟头，不敢和个老头儿动手；那个老头子一脚能踢死个牛。不要说王三胜输给他，沙子龙也不是他的对手。不过呢，王三胜到底和老头子见了个高低，而沙子龙连句话也没敢说。"神枪沙子龙"慢慢似乎被人们忘了。

夜静人稀，沙子龙关好了小门，一气把六十四枪刺下来，而后，挂着枪，望着天上的群星，想起当年在野店荒林的威风。叹一口气，用手指慢慢摸着凉滑的枪身，又微微一笑："不传！不传！"

注释

1. 本文是 1935 年老舍创作的一部短篇小说，最初发表于 1935 年 9 月 22 日《大公报》"文艺副刊"第 13 期。

2. 镳：同"镖"。旧时称替别人护送财物的行业。

3. 口马：指张家口外的马匹。

4. 辣饼子：剩下的隔夜干粮。

5. 上眼：请观众注意看。

6. 查（zhā）拳：是中国传统武术中的一种拳术，起源于山东省，属于长拳的五大流派之一。查拳以其独特的风格和技巧，在武术界享有很高的声誉，被誉为"南拳北腿山东查"。

7. 《封神榜》：封神榜又名《封神演义》，是一部中国明代古典神魔小说。

思考探究

1. 分析作品开头描写社会环境的意义和作用。

2. 分析沙子龙不传断魂枪的原因。

3. 本文在艺术表现手法方面有哪些鲜明的特点？

热爱生命（节选）[1]

杰克·伦敦

文学常识

　　杰克·伦敦（1876—1916）原名约翰·格利菲斯·查尼，生于旧金山一个破产农民的家庭，美国现实主义作家。他的创作思想较为复杂，受到过马克思、斯宾塞、尼采等多人影响，他作品中的现实主义风格和多科化的题材，以及强烈地显示出来的作家的独特个性，使得他的创作独树一帜。他一共写过19部长篇小说，150多篇短篇小说和故事，3部剧本等。著有小说集《狼的儿子》，中篇小说《野性的呼唤》《热爱生命》《白牙》，长篇小说《海狼》《铁蹄》和《马丁·伊登》等。

　　又是一个下雾的日子。他剩下的那条毯子已经有一半做了包脚布。他没有找到比尔的踪迹。可是没有关系。饿逼得他太厉害了——不过——不过他又想，是不是比尔也迷了路。走到中午的时候，累赘的包袱压得他受不了。于是他重新把金子分开，但这一次只把其中的一半倒在地上。到了下午，他把剩下来的那一点也扔掉了，现在，他只有半条毯子、那个白铁罐子和那支枪。

　　一种幻觉开始折磨他。他觉得有十足的把握，他还剩下一粒子弹。它就在枪膛里，而他一直没有起。可是另一方面，他也始终明白，枪膛里是空的。但这种幻觉总是萦回不散。他斗争了几个钟头，感摆脱这种幻觉，后来他就打开枪结面对着空枪膛。这样的失望非常痛苦，仿佛他真的希望会找到粒子弹似的。

　　经过半个钟头的跋涉之后，这种幻觉又出现了。他于是又跟它斗争，而它又缠住他不放，直到为了摆脱它，他又打开枪膛打消自己的念头。有时候，他越想越远，只好一面凭本能自动向前跋涉，一面种种奇怪的念头和狂想，像蛀虫一样地啃他的脑髓。但是这类脱离现实的逻辑思维大都维持不了多因为饥饿的痛苦总会把他刺醒。有一次，正在这样瞎想的时候，他忽然猛地惊醒过来，看到一个几乎他昏倒的东西。他像酒醉一样地晃荡着，好让自己不致跌倒。在他面前站着一匹马。一匹马！他简直能相信自己的眼睛。他觉得眼前一片漆黑，霎时间金星乱迸。他狠狠地揉着眼睛。让自己瞧瞧清楚、原来它并不是马，而是一头大棕熊。这个畜生正在用一种好战的好奇眼光仔细察看着他。

这个人举枪上肩，把枪举起一半，就记起来。他放下枪，从屁般后面的镶珠刀鞘里拔出猎刀。他前是肉和生命。他用大拇指试试刀刃。刀刃很锋利。刀尖也很锋利。

他本来会扑到熊身上，把它杀了的。可是他的心却开始了那种警告性的猛跳。接着又向上猛顶，还速跳动，头象给铁箍箍紧了似的，脑子里渐渐感到一阵昏迷。

他的不顾一切的勇气已经给一阵汹涌起伏的恐惧驱散了。处在这样衰弱的境况中，如果那个畜生理击他，怎么办？

他只好尽力摆出极其威风的样子，握紧猎刀，狠命地盯着那头熊。它笨拙地向前挪了两步、站直发出试探性的咆哮。

如果这个人逃跑，它就追上去；不过这个人并没有逃跑。现在，由于恐惧而产生的勇气已经便奋起来。同样地。他也在咆哮，而且声音非常凶野，非常可怕，发出那种生死做关、紧紧地绣看生活根基的恐惧。

那头熊慢慢向旁边挪动了一下，发出威胁的咆哮，连它自己也给这个站得笔直、毫不害的神经动物吓住了。可是这个人仍旧不动。他象石像一样地站着，直到危险过去，他才猛然哆嗦了一阵，倒在湿的苔藓里。

他重新振作起来，继续前进，心里又产生了一种新的恐惧。这不是害怕他会束手无策地死于财在恐惧，而是害怕饥饿还没有耗尽他的最后一点求生力，他已经给凶残地摧毁了。这地方的狼很多。狼嚎的声音在荒原上飘来飘去，在空中交织成一片危险的罗网，好象伸手就可以摸到。吓得他不由举起双手，把它向后推去，仿佛它是给风刮紧了的帐篷。

那些狼，时常三三两两地从他前面走过。但是都避着他。一则因为它们为数不多，此外，它们要找的是不会搏斗的驯鹿，面这个直立走路的奇怪动物却可能既会抓又会咬。

傍晚时他碰到了许多零乱的骨头，说明狼在这儿咬死过一头野兽。这些残骨在一个钟头以前还是一头小驯鹿，一面尖叫、一面飞奔，非常活跃。他端详着这些骨头，它们已经给啃得精光发亮，其中只有一部份还没有死去的细胞泛着粉红色。难道在天黑之前，他也可能变成这个样子吗？生命就是这样子，呃？真是一种空虚的、转腾即逝的东西。只有活着才感到痛苦。死并没有什么难过。死就等于睡觉。它意味着结束，休息。那么，为什么他不甘心死呢？

但是，他对这些大道理想得并不长久。他蹲在苔薛地上。嘴里衔着一根骨头，吮吸着仍然使骨头搬泛红的残余生命。甜蜜蜜的肉味，跟回忆一样隐隐约约，不可捉摸，却引得他要发疯。他咬紧骨使劲地哪。有时他咬碎了一点骨头，有时却咬碎了自己的牙，于是他就用岩石来砸骨头，把它捣成了然后吞到肚里。匆忙之中，有时也砸到自己的指头，使他一时感到惊奇的是，石头砸了他的指头他并不觉得很痛。

接着下了几天可怕的雨雪。他不知道什么时候露宿，什么时候收拾行李。他白天黑夜都在赶路。他摔倒在哪里就在哪里休息，一到垂危的生命火花闪烁起来，微微燃烧的时候，就慢慢向前走。他已经不再象人那样挣扎了。逼着他向前走的，是他的生命，因为它不愿意死。他也不再痛苦了。他的神经已变得迟钝麻木，他的脑子里则充满了怪异的幻象和美妙的梦境。

不过，他老是吮吸着，咀嚼着那只小驯鹿的碎骨头，这是他收集起来随身带着的一点残屑。他不再翻山越岭了，只是自动地顺着一条流过一片宽阔的浅谷的溪水走去。可是他既没有看见溪流，也没有看到山谷。他只看到幻象。他的灵魂和肉体虽然在并排向前走，向前爬，但它们是分开的，它们之间的联系已经非常微弱。

有一天。他醒过来，神智清楚地仰卧在一块岩石上。太阳明朗暖和。他听到远处有一群小驯鹿尖叫的声音。他只隐隐约约地记得下过雨，刮过风，落过雪，至于他究竟被暴风雨吹打了两天或者两个星期，那他就不知道了。

他一动不动地躺了好一会，温和的太阳照在他身上，使他那受苦受难的身体充满了暖意。这是一个晴天，他想道。

也许，他可以想办法确定自己的方位。他痛苦地使劲偏过身子；下面是一条流得很慢的很宽的河。他觉得这条河很陌生，真使他奇怪。他慢慢地顺着河望去，宽广的河湾婉蜒在许多光秃秃的小荒山之间，比他往日碰到的任何小山都显得更光秃，更荒凉，更低矮。他于是慢慢地，从容地，毫不激动地，或者至多也是抱着一种极偶然的兴致，顺着这条奇怪的河流的方向，向天际望去，只看到它注入一片明亮光辉的大海。他仍然不激动。太奇怪了，他想道，这是幻象吧，也许是海市蜃楼吧——多半是幻象、是的错乱的神经搞出来的把戏。后来，他又看到光亮的大海上停泊着一只大船，就更加相信这是幻象。他眼睛闭了一会再睁开。奇怪，这种幻象竟会这样地经久不散！然而并不奇怪，他知道、在荒原中心绝不会有什么大海，大船，正象他知道他的空枪里没有子弹一样。

他听到背后有一种吸鼻子的声音——仿佛喘不出气或者咳嗽的声音。由于身体极端虚弱和僵硬、他极慢极慢地翻一个身。他看不出附近有什么东西，但是他耐心地等着。

又听到了吸鼻子和咳嗽的声音，离他不到二十尺远的两块岩石之间，他隐约看到一只灰狼的头。那双尖耳朵并不象别的狼那样竖得笔挺；它的眼睛昏暗无光、布满血丝；脑袋好象无力地、苦摘地奄拉着这个畜生不断地在太阳光里霎眼。它好象有玻正当他瞧着它的时候，它又发出了吸鼻子和咳嗽的声音至少，这总是真的，他一面想，一面又翻过身，以便瞧见先前给幻象遮住的现实世界。可是、远处仍旧是一片光辉的大海，那条船仍然清晰可见。难道这是真的吗？他闭着眼睛，想了好一会，毕竟想来了。他一直在向北偏东走。他已经离开狄斯分水岭，走到了铜矿谷。这条流得很慢的宽广的河就是铜矿河。那片光辉的大海是北冰洋。那条船是一艘捕鲸船，本来应该驶往麦肯齐河口，可是偏了东，太编东了，目前停泊在加冕湾里。他记起了很久以前他看到的那张赫德森湾公司的地图，现在，对他来说，这完全是清清楚楚，人情入理的。

他坐起来，想着切身的事情。裹在脚上的毯子已经磨穿了，他的脚破得没有一处好肉。最后一条酸子已经用完了。枪和猎刀也不见了。帽子不知在什么地方丢了。帽图里那小包火柴由一抉丢了，不过，贴胸放在烟草袋里的那包用油纸包着的火柴还在，而且是干的。他瞧了一下表。时针指着十一点，表仍然在走。很清楚，他一直没有忘了上表。

他很冷静，很沉着。虽然身体衰弱已极，但是并没有痛苦的感觉。他一点也不饿。甚至想到食物也不会产生快感。

现在，他无论做什么，都只凭理智。他齐膝盖撕下了两截裤腿，用来裹脚。他总算还 保住了那个白铁罐子。他打算先喝点热水，然后再开始向船走去，他已经料到这是一段可怕的路程。

他的动作很慢。他好象半身不遂地哆嗦着。等到他预备去收集干苔的时候，他才发现自己已经站不起来了。他试了又试，后来只好死了这条心，他用手和膝盖支着爬来爬去。有一次，他爬到了那只病狼附近。那个畜生，一面很不情愿地避开他，一面用那条好象连弯一下的力气都没有的舌头舐着自己的牙床。这个人注意到它的舌头并不是通常那种健康的红色，而是一种暗黄色，好象蒙着一层粗糙的、半干的粘膜。

这个人喝下热水之后，觉得自己可以站起来了，甚至还 可以象想象中一个快死的人那样走路了。他每走一两分钟，就不得不停下来休息一会。他的步子软弱无力，很不稳，就象跟在他后面的那只狼一样又软又不稳；这天晚上，等到黑夜笼罩了光辉的大海的时候，他知道他和大海之间的距离只缩短了不到四哩。

这一夜，他总是听到那只病狼咳嗽的声音，有时候，他又听到了一群小驯鹿的叫声。他周围全是生命，不过那是强壮的生命，非常活跃而健康的生命，同时他也知道，那只病狼所以要紧跟着他这个病人，是希望他先死。早晨，他一挣开眼睛就看到这个畜生正用一种如饥似渴的眼光瞪着他。它夹着尾巴蹲在那儿，好象一条可怜的倒楣的狗。早晨的寒风吹得它直哆嗦，每逢这个人对它勉强发出一种低声咕噜似的吆喝，它就无精打采地呲着牙。

太阳亮堂堂地升了起来，这一早晨，他一直在绊绊跌跌地，朝着光辉的海洋上的那条船走。天气好极了。这是高纬度地方的那种短暂的晚秋。它可能连续一个星期。也许明后天就会结束。

下午，这个人发现了一些痕迹，那是另外一个人留下的，他不是走，而是爬的。他认为可能是比尔，不过他只是漠不关心地想想罢了。他并没有什么好奇心。事实上，他早已失去了兴致和热情。他已经不再感到痛苦了。他的胃和神经都睡着了。但是内在的生命却逼着他前进。他非常疲倦，然而他的生命却不愿死去。正因为生命不愿死，他才仍然要吃沼地上的浆果和鲦鱼，喝热水，一直提防着那只病狼。

他跟着那个挣扎前进的人的痕迹向前走去，不久就走到了尽头——潮湿的苔藓上摊着几根才啃光的骨头，附近还有许多狼的脚樱他发现了一个跟他自己的那个一模一样的厚实的鹿皮口袋，但已经给尖利的牙齿咬破了。他那无力的手已经拿不动这样沉重的袋子了，可是他到底把它提起来了。比尔至死都带着它。哈哈！他可以嘲笑比尔了。

他可以活下去，把它带到光辉的海洋里那条船上。他的笑声粗厉可怕，跟乌鸦的怪叫一样，而那条病狼也随着他，一阵阵地惨嗥。突然间，他不笑了。如果这真是比尔的骸骨，他怎么能嘲笑比尔呢；如果这些有红有白，啃得精光的骨头，真是比尔的话？

他转身走开了。不错，比尔抛弃了他；但是他不愿意拿走那袋金子，也不愿意吮吸比尔的骨头。不过，如果事情掉个头的话，比尔也许会做得出来的，他一面摇摇晃晃地前进，一面暗暗想着这些情形。

他走到了一个水坑旁边。就在他弯下腰找鲦鱼的时候，他猛然仰起头，好象给戳了一下。他瞧见了自己反映在水里的脸。脸色之可怕，竟然使他一时恢复了知觉，感到震惊了。这个坑里有三条鲦鱼，可是坑太大，不好舀；他用白铁罐子去捉，试了几次都不成，后来他就不再试了。他怕自己会由于极度虚弱，跌进去淹死。而且，也正是因为这一层，他才没有跨上沿着沙洲并排漂去的木头，让河水带着他走。

这一天，他和那条船之间的距离缩短了三哩；第二天，又缩短了两哩——因为现在他是跟比尔先前一样地在爬；到了第五天末尾，他发现那条船离开他仍然有七哩，而他每天连一哩也爬不到了。幸亏天气仍然继续放晴，他于是继续爬行，继续晕倒，辗转不停地爬；而那头狼也始终跟在他后面，不断地咳嗽和哮喘。他的膝盖已经和他的脚一样鲜血淋漓，尽管他撕下了身上的衬衫来垫膝盖，他背后的苔藓和岩石上仍然留下了一路血渍。有一次，他回头看见病狼正饿得发慌地舔着他的血渍、他不由得清清楚楚地看出了自己可能遭到的结局——除非——除非他干掉这只狼。于是，一幕从来没有演出过的残酷的求生悲剧就开始了——病人一路爬着，病狼一路跛行着，两个生灵就这样在荒原里拖着垂死的躯壳，相互猎取着对方的生命。

如果这是一条健康的狼，那末，他觉得倒也没有多大关系；可是，一想到自己要喂这么一只令人作呕、只剩下一口气的狼，他就觉得非常厌恶。他就是这样吹毛求疵。现在，他脑子里又开始胡思乱想，又给幻象弄得迷迷糊糊，而神智清楚的时候也愈来愈少，愈来愈短。

有一次，他从昏迷中给一种贴着他耳朵喘息的声音惊醒了。那只狼一跛一跛地跳回去，它因为身体虚弱，一失足摔了一跤。样子可笑极了，可是他一点也不觉得有趣。他甚至也不害怕。他已经到了这一步，根本谈不到那些。不过，这一会，他的头脑却很清醒，于是他躺在那儿，仔细地考虑。

那条船离他不过四哩路，他把眼睛擦净之后，可以很清楚地看到它；同时，他还看出了一条在光辉的大海里破浪前进的小船的白帆。可是，无论如何他也爬不完这四哩路。这一点，他是知道的，而且知道以后，他还非常镇静。他知道他连半哩路也爬不了。不过，他仍然要活下去。在经历了千辛万苦之后，他居然会死掉，那未免太不合理了。命运对他实在太苛刻了，然而，尽管奄奄一息，他还是不情愿死。也许，这种想法完全是发疯，不过，就是到了死神的铁掌里，他仍然要反抗它，不肯死。

他闭上眼睛，极其小心地让自己镇静下去。疲倦象涨潮一样，从他身体的各处涌上来，但是他刚强地打起精神，绝不让这种令人窒息的疲倦把他淹没。这种要命的疲倦，很象一片大海，一涨再涨，一点一点地淹没他的意识。有时候，他几乎完全给淹没了，他只能用无力的双手划着，漂游过那黑茫茫的一片；可是，有时候，他又会凭着一种奇怪的心灵作用，另外找到一丝毅力，更坚强地划着。

他一动不动地仰面躺着，现在，他能够听到病狼一呼一吸地喘着气，慢慢地向他逼近。它愈来愈近，总是在向他逼近，好象经过了无穷的时间，但是他始终不动。它已经到了他耳边。那条粗糙的干舌头正象砂纸一样地磨擦着他的两腮。他那两只手一下子伸了出来——或者，至少也是他凭着毅力要它们伸出来的。他的指头弯得象鹰爪一样，可是抓了个空。敏捷和准确是需要力气的，他没有这种力气。

那只狼的耐心真是可怕。这个人的耐心也一样可怕。

这一天，有一半时间他一直躺着不动，尽力和昏迷斗争，等着那个要把他吃掉、而他也希望能吃掉的东西。有时候，疲倦的浪潮涌上来，淹没了他，他会做起很长的梦；然而在整个过程中，不论醒着或是做梦，他都在等着那种喘息和那条粗糙的舌头来舐他。

他并没有听到这种喘息，他只是从梦里慢慢苏醒过来，觉得有条舌头在顺着他的一只手舐去。他静静地等着。狼牙轻轻地扣在他手上了；扣紧了；狼正在尽最后一点力量把牙齿咬进它等了很久的东西里面。可是这个人也等了很久，那只给咬破了的手也抓住了狼的牙床。于是，慢慢地，就在狼无力地挣扎着，他的手无力地掐着的时候，他的另一只手已经慢慢摸过来，一下把狼抓祝五分钟之后，这个人已经把全身的重量都压在狼的身上。他的手的力量虽然还不足以把狼掐死，可是他的脸已经紧紧地压住了狼的咽喉，嘴里已经满是狼毛。半小时后，这个人感到一小股暖和的液体慢慢流进他的喉咙。这东西并不好吃，就象硬灌到他胃里的铅液，而且是纯粹凭着意志硬灌下去的。后来，这个人翻了一个身，仰面睡着了。

捕鲸船“白德福号”上，有几个科学考察队的人员。他们从甲板上望见岸上有一个奇怪的东西。它正在向沙滩下面的水面挪动。他们没法分清它是哪一类动物，但是，因为他们都是研究科学的人，他们就乘了船旁边的一条捕鲸艇，到岸上去察看。接着，他们发现了一个活着的动物，可是很难把它称作人。它已经瞎了，失去了知觉。它就象一条大虫子在地上蠕动着前进。它用的力气大半都不起作用，但是它老不停，它一面摇晃，一面向前扭动，照它这样，一点钟大概可以爬上二十尺。

三星期以后，这个人躺在捕鲸船“白德福号”的一个铺位上，眼泪顺着他的削瘦的面颊往下淌，他说出他是谁和他经过的一切。同时，他又含含糊糊地、不连贯地谈到了他的母亲，谈到了阳光灿烂的南加利福尼亚，以及桔树和花丛中的他的家园。

没过几天，他就跟那些科学家和船员坐在一张桌子旁边吃饭了……

注释

1. 节选自《热爱生命》，时代文艺出版社2018年版。

思考探究

1. 本文有大量细腻的心理描写，找出相关句子，并分析其效果。

2. 小说的主人公在茫茫荒原上面临着哪些生死考验？他为什么能超越极限、战胜病狼而顽强地生存下来？

3. 《老人与海》《鲁滨逊漂流记》文中也有类似的人类求生的故事，试着做对比分析。

赵氏孤儿（节选）¹

纪君祥

文学常识

　　纪君祥，元代杂剧、戏曲作家。字、号、生平及生卒年均不详，约元世祖至元年间在世，名一作纪天祥。大都（今北京）人，与李寿卿、郑廷玉同时。作有杂剧6种，现存《赵氏孤儿》一种及《陈文图悟道松阴梦》残曲。

第二折

　　（屠岸贾领卒子上，云）事不关心，关心者乱。某屠岸贾，只为公主生下一个小的，唤做赵氏孤儿。我差下将军韩厥把住府门，搜检奸细；一面张挂榜文，若有掩藏赵氏孤儿者，全家处斩，九族不留。怕那赵氏孤儿会飞上天去？怎么这早晚还不见送到孤儿？故我放心不下。令人，与我门外觑者²。

　　（卒子报科，云）报元帅，祸事到了也！（屠岸贾云）祸从何来？

　　（卒子云）公主在府中将裙带自缢而死。把府门的韩厥将军也自刎身亡了也。

　　（屠岸贾云）韩厥为何自刎了？必然走了赵氏孤儿。怎生是好？眉头一皱，计上心来。我如今不免诈传灵公的命，把晋国内但是半岁之下，一月之上，新添的小厮，都与我拘刷将来，见一个剁三剑，其中必然有赵氏孤儿。可不除了我这腹心之害？令人，与我张挂榜文，着晋国内但是半岁之下，一月之上，新添的小厮，都拘刷到我帅府中来听令。违者全家处斩，九族不留。

　　（诗云）我拘刷尽晋国婴孩，料孤儿没处藏埋；一任他金枝玉叶，难逃我剑下之灾。（下）

　　（正末扮公孙杵臼，领家童上，云）老夫公孙杵臼是也，在晋灵公位下为中大夫之职。只因年纪高大，见屠岸贾专权，老夫掌不得王事，罢职归农，苫庄三顷地，扶手一张锄，住在这吕吕太平庄上。往常我夜眠斗帐听寒角，如今斜倚柴门数雁行。倒大来悠哉也可！（唱）

　　【南吕】【一枝花】兀的不屈沉杀大丈夫，损坏了真梁栋。被那些腌臜屠狗辈，欺负俺慷慨钓鳌翁。正遇着不道的灵公，偏贼子加恩宠，着贤人受困穷。若不是急流中将脚步抽回，险些儿闹市里把头皮断送。

【梁州第七】他他他，在元帅府扬威也那耀勇；我我我，在太平庄罢职归农。再休想鹓班豹尾相随从[3]。他如今高官一品，位极三公；户封八县，禄享千钟[4]。见不平处有眼如蒙，听咒骂处有耳如聋。他他他，只将那会谄谀的着列鼎重裀，害忠良的便加官请俸，耗国家的都叙爵沦功。他他他，只贪着目前受用，全不省爬的高来可也跌的来肿，怎如俺守田园学耕种？早跳出伤人饿虎丛，倒大来从容。

（程婴上，云）程婴，你好慌也！小舍人，你好险也！屠岸贾，你好狠也！我程婴虽然担着个死，撞出城来，闻的那屠岸贾见说走了赵氏孤儿，要将普国内半岁之下一月之上小孩儿每，都拘摄到元帅府里。不问是孤儿不是孤儿，他一个个亲手剁作三段。我将的这小舍人送到那厢去？好！有了，我想吕吕太平庄上公孙杵臼，他与赵盾是一殿之臣，最相交厚。他如今罢职归农。那老宰辅是个忠直的人，那里堪可掩藏。我如今来到庄上，就在这芭棚[5]下放下这药箱。小舍人，你且权时歇息咱，我见了公孙杵臼便来看你。家童报复去，道有程婴求见。

（家童报科，云）有程婴在于门首。

（正末云）道有请。（家童云）请进。

（正末见科，云）程婴，你来有何事？（程婴云）在下见老宰辅在这太平庄上，特来相访。（正末云）自从我罢官之后，众宰辅每好么？

（程婴云）嗨！这不比老宰辅为官时节，如今屠岸贾专权，较往常都不同了也。（正末云）也该着众宰辅每劝谏劝谏。

（程婴云）老宰辅，这等贼臣自古有之，便是那唐虞之世，也还有四凶哩！

（正末唱）

【隔尾】你道是古来多被奸臣弄，便是圣世何尝没四凶，谁似这万人恨千人赚一人重。他不廉不公，不孝不忠，单只会把赵盾全家杀的个绝了种。

（程婴云）老宰辅，幸得皇天有眼，赵氏还未绝种哩！

（正末云）他家满门良贱三百余口，诛尽杀绝，便是驸马也被三般朝典短刀自刎了，公主也将裙带缢死了，还有甚么种在那里？

（程婴云）那前项的事，老宰辅都已知道，不必说了。近日公主囚禁府中，生下一子，唤做孤儿。这不是赵家是那家的种？但恐屠岸贾得知，又要杀坏，若杀了这一个小的，可不将赵家真绝了种也！

（正末云）如今这孤儿却在那里？不知可有人救的出来么？

（程婴云）老宰辅既有这点见怜之意，在下敢不实说。公主临亡时，将这孤儿交付与了程婴，着好生照觑他，待到成人长大，与父母报仇雪恨。我程婴抱的这孤儿出门，被韩厥将军要拿的去报与屠岸贾。是程婴数说了一场，那韩厥将军放我出了府门，自刎而亡。如今将的这孤儿无处掩藏，我特来投奔老宰辅。我想宰辅与赵盾元是一殿之臣，必然交厚，怎生可怜见救这个孤儿咱！

（正末云）那孤儿今在何处？

（程婴云）现在芭棚下哩！

（正末云）休惊吓着孤儿，你快抱的来。

（程婴做取箱开看科，云）谢天地，小舍人还睡着哩。

（正末接科）（唱）

【牧羊关】这孩儿未生时绝了亲戚，怀着时灭了祖宗，便长成人也则是少吉多凶。他父亲斩首在云阳，他娘呵因在禁中。那里是血腥的白衣相，则是个无恩念的黑头虫。（程婴云）赵氏一家，全靠着这小舍人，要他报仇哩。（正末唱）你道他是个报父母的真男子；我道来，则是个妨爷娘的小业种。

（程婴云）老宰辅不知，那屠岸贾为走了赵氏孤儿，普国内小的都拘刷将来，要伤害性命。老宰辅，我如今将赵氏孤儿偷藏在老宰辅根前，一者报赵驸马平日优待之恩，二者要救晋国小儿之命。念程婴年近四旬有五，所生一子，未经满月。待假妆做赵氏孤儿，等老宰辅告首与屠岸贾去，只说程婴藏着孤儿，把俺父子二人，一处身死；老宰辅慢慢的抬举的孤儿成人长大，与他父母报仇，可不好也？

（正末云）程婴，你如今多大年纪了？

（程婴云）在下四十五岁了。

（正末云）这小的算着二十年呵，方报的父母仇恨。你再着二十年，也只是六十五岁；我再着二十年呵，可不九十岁了？其时存亡未知，怎么还与赵家报的仇？程婴，你肯舍的你孩儿，倒将来交付与我，你自首告屠岸贾处，说道太平庄上公孙杵臼藏着赵氏孤儿。那屠岸贾领兵校来拿住，我和你亲儿一处而死。你将的赵氏孤儿抬举成人，与他父母报仇，方才是个长策。

（程婴云）老宰辅，是则是，怎么难为的你老宰辅？你则将我的孩儿假妆做赵氏孤儿，报与屠岸贾去，等俺父子二人一处而死吧。

（正末云）程婴，我一言已定，再不必多疑了。（唱）

【红芍药】须二十年报仇的主人公，恁时节才称心胸。只怕我迟疾死后一场空。

（程婴云）老宰辅，你精神还强健哩。

（正末唱）我精神比往日难同，闪下这小孩童怎见功？你急切里老不的形容，正好替赵家出力做先锋。

（带云）程婴，你只依着我便了。

（唱）我委实的捱不彻暮鼓晨钟。

（程婴云）老宰辅，你好好的在家，我程婴不识进退，平白地将着这愁布袋连累你老宰辅，以此放心不下。

（正末云）程婴，你说那里话？我，是七十岁的人，死是常事，也不争这早晚。（唱）

【菩萨梁州】向这傀儡棚巾，鼓笛搬弄。只当做场短梦。猛回头早老尽英雄，有恩不报怎相逢，见义不为非为勇。

（程婴云）老宰辅既应承了，休要失信。

（正末唱）言而无信言何用。

（程婴云）老宰辅，你若存的赵氏孤儿，当名标青史，万古留芳。

（正末唱）也不索把咱来厮陪奉，大丈夫何愁一命终；况兼我白发鬓松⁶。

（程婴云）老宰辅，还有一件。若是屠岸贾拿住老宰辅，你怎熬的这三推六问，少不得指攀我程婴下来。俺父子两个死是分内，只可惜赵氏孤儿，终归一死，可不把你老宰辅干连累了也。

（正末云）程婴，你也说的是。我想那屠岸贾与赵附马呵。（唱）

【三煞】这两家做下敌头重。但要访的孤儿有影踪，必然把太严庄上兵围拥，铁桶般密不通风。（云）那屠岸贾拿住了我，高声喝道：老匹夫岂不见三日前出下榜文，偏是你藏下赵氏孤儿。与俺作对，请波请波！（唱）则说老匹大清先入瓮，也须知榜揭处天都动；偏你这罢职归田一老农，公然敢剔蝎撩蜂。

【二煞】他把绷扒吊拷般般用，情节根由细细穷；那其间枯皮朽骨难禁痛，少不得从实攀供，可知道你个程婴怕恐。

（带云）程婴，你放心者。

（唱）我从来一诺似千金重，便将我送上刀山与剑峰，断不做有始无终。

（云）程婴，你则放心前去，抬举的这孤儿成人长大，与他父母报仇雪恨。老夫一死，何足道哉。（唱）

【煞尾】凭着赵家枝叶千年永，晋国山河百二雄。显耀英材统军众，威压诸邦尽伏拱；遍拜公卿诉苦衷。祸难当初起下宫，可怜三百口亲丁饮剑锋；刚留得孤苦伶仃一小童，巴到今朝袭父封。提起冤仇泪如涌，要请甚旗牌下九重，早拿出奸臣帅府中，断首

分骸祭祖宗，九族全诛不宽纵，恁时节才不负你冒死存孤报主公，便是我也甘心儿葬近要离路旁冢。（下）

（程婴云）事势急了，我依旧将这孤儿抱的我家去，将我的孩儿送到太平庄上来。

（诗云）甘将自己亲生子，偷换他家赵氏孤；这本程婴义分应该得，只可惜遗累公孙老大夫。（下）

第三折

（屠岸贾领卒子上，云）兀的不走了赵氏孤儿也！某已曾张挂榜文，限三日之内，不将孤儿出首，即将晋国内小儿但是半岁以下，一月以上，都拘刷到我帅府中，尽行诛戮[7]。令人，门首觑者，若有首告之人，报复某家知道。

（程婴上。云）自家程婴是也。昨日将我的孩儿送与公孙杵臼去了；我今日到屠岸贾根前首告去来。令人，报复去，道有了赵氏孤儿也。

（卒子云）你则在这里，等我报复去。

（报科，云）报的元帅得知，有人来报赵氏孤儿有了也。

（屠岸贾云）在那里？

（卒子云）现在门首哩。

（屠岸贾云）着他过来。

（卒子云）着过来。

（做见科，屠岸贾云）兀那厮，你是何人？

（程婴云）小人是个草泽医士程婴。

（屠岸贾云）赵氏孤儿今在何处？

（程婴云）在吕吕太平庄上，公孙杵臼家藏着哩。

（屠岸贾云）你怎生知道来？

（程婴云）小人与公孙杵臼曾有一面之交，我去探望他，谁想卧房中锦襕绣褥上，躺着一个小孩儿。我想公孙杵臼年纪七十，从来没儿没女，这个是那里来的？我说道："这小的莫非是赵氏孤儿么？"只见他登时变色，不能答应。以此知孤儿在公孙杵臼家里。

（屠岸贾云）咄！你这匹夫，你怎瞒的过我。你和公孙杵臼往日无仇，近日无冤，你因何告他藏着赵氏孤儿？你敢是知情么！说的是，万事全休；说的不是，令人，磨的剑快，先杀了这个匹夫者。

（程婴云）告元帅暂息雷霆之怒，略罢虎狼之威，听小人诉说一遍咱。我小人与公孙杵臼原无仇隙，只因元帅传下榜文，要将普国内小儿拘刷到帅府，尽行杀坏。我一来为救普国内小儿之命；二来小人四旬有五，近生一子，尚未满月。元帅军令，不敢不献出来，可不小人也绝后了？我想有了赵氏孤儿，便不损坏一国生灵，连小人的孩儿也得无事，所以出首。

（诗云）告大人暂停嗔怒，这便是首告缘故；虽然救普国生灵，其实怕程家绝户。

（屠岸贾笑科，云）哦！是了。公孙杵臼原与赵盾一殿之臣，可知有这事来。令人，则今日点就本部下人马，同程婴到太平庄上，拿公孙杵臼走一遭去。

（同下）（正末公孙杵臼上，云）老夫公孙杵臼是也。想昨日与程婴商议救赵氏孤儿一事，今日他到屠岸贾府中首告去了。这早晚屠岸贾这厮必然来也可！（唱）

【双调】【新水令】我则见荡征尘飞过小溪桥，多管是损忠良贼徒来到。齐臻臻摆着士卒，明晃晃列着枪刀。眼见的我死在今朝，更避甚痛答掠。

（屠岸贾同程婴领卒子上，云）来到这吕吕太平庄上也。令人，与我围了太平庄者。程婴，那里是公孙杵臼宅院？

（程婴云）则这个便是。

（屠岸贾云）拿过那老匹夫来。公孙杵臼，你知罪么？

（正末云）我不知罪。

（屠岸贾云）我知你个老匹夫和赵盾是一殿之臣。你怎敢掩藏着赵氏孤儿！

（正末云）老元帅，我有熊心豹胆？怎敢掩藏着赵氏孤儿！

（屠岸贾云）不打不招。令人，与我拣大棒子着实打者。

（卒子做打科）（正末唱）

【驻马听】想着我罢职辞朝，曾与赵盾名为刎颈交。（云）这事是谁见来？

（屠岸贾云）观有程婴首告着你哩。

（正末唱）是那个埋情出告，原来这程婴舌是斩身刀。

（云）你杀了赵家满门良贱三百余口，则剩下这孩儿，你又要伤他性命。

（唱）你正是狂风偏纵扑天雕，严霜故打枯根草。不争把孤儿又杀坏了。可着他三百口冤仇甚人来报。

（屠岸贾云）老匹夫，你把孤儿藏在那里？快招出来，免受刑法。

（正末云）我有甚么孤儿藏在那里？谁见来？

（屠岸贾云）你不招？令人，与我采下去，着实打者。（做打科）

（屠岸贾云）这老匹夫赖肉顽皮不肯招承，可恼，可恼。程婴，这原是你出首的，就着你替我行杖者。

（程婴云）元帅，小人是个草泽医士，撮药尚然腕弱[8]，怎生行的杖？

（屠岸贾云）程婴，你不行杖，敢怕指攀出你么？

（程婴云）元帅，小人行杖便了。（做拿杖子科）

（屠岸贾云）程婴，我见你把棍子拣了又拣，只拣着那细棍子，敢怕打的他疼了，要指攀下你来。

（程婴云）我就拿大棍子打者。

（屠岸贾云）住者。你头里只拣着那细棍子打，如今你却拿起大棍子来，三两下打死了呵，你就做的个死无招对。

（程婴云）着我拿细棍子又不是，拿大棍子又不是，好着我两下做人难也。

（屠岸贾云）程婴，你只拿着那中等棍子打。公孙杵臼老匹夫，你可知道行杖的就是程婴么？（程婴行杖科，云）快招了者！（三科了）

（正末云）哎哟！打了这一日，不似这几棍子打的我疼，是谁打我来？

（屠岸贾云）是程婴打你来。

（正末云）程婴，你划的打我那？

（程婴云）元帅，打的这老头儿兀的不胡说哩。（正末唱）

【雁儿落】是那一个实丕丕将着粗棍敲？打的来痛杀杀精皮掉。我和你狠程婴有甚的仇？却教我老公孙受这般虐。

（程婴云）快招了者。（正末云）我招，我招。（唱）

【得胜令】打的我无缝可能逃，有口屈成招。莫不是那孤儿他知道，故意的把咱家指定了。

（程婴做慌科）（正末唱）我委实的难熬，尚儿自强着牙根儿闹；暗地更偷瞧，只见他早吓的腿脡儿摇。

（程婴云）你快招吧，省得打杀你。

（正末云）有、有、有。（唱）

【水仙子】俺二人商议要救这小儿曹。

（屠岸贾云）可知道指攀下来也。你说二人，一个是你了，那一个是谁？你实说将出来，我饶你的性命。

（正末云）你要我说那一个，我说，我说。（唱）哎！一句话来到我舌尖亡却咽了。

（屠岸贾云）程婴。这桩事敢有你么？

（程婴云）兀那老头儿，你休妄指平人。

（正末云）程婴，你慌怎么？（唱）我怎生把你程婴道，似这般有上梢无下梢。

（屠岸贾云）你头里说两个，你怎生这一会儿可说无了？

（正末唱）只被你打的来不知一个颠倒。

（屠岸贾云）你还不说，我就打死你个老匹夫。

（正末唱）遮莫便打的我皮都绽，肉尽销，休想我有半个字儿攀着。

（卒子抱俫儿上科，云）元帅爷贺喜，土洞中搜出个赵氏孤儿来了也。

（屠岸贾笑科。云）将那小的拿近前来，我亲自下手，剁做三段。兀那老匹夫，你道无有赵氏孤儿，这个是谁？

（正末唱）【川拨棹】你当日演神獒，把忠臣来扑咬。逼的他走死荒郊，刎死钢刀，缢死裙腰，将三百口全家老小尽行诛剿。并没那半个儿剩落，还不厌你心苗。

（屠岸贾云）我见了这孤儿，就不由我不恼也。

（正末唱）【七弟兄】我只见他左瞧、左瞧、怒咆哮，火不腾改变了狰狞貌，按狮蛮拽札起锦征袍，把龙泉扯离出沙鱼鞘。

（屠岸贾怒云）我拔出这剑来。一剑，两剑，三剑。（程婴做惊疼科，屠岸贾云）把这一个小业种剁了三剑，兀的不称了我平生所愿也。

（正末唱）【梅花酒】呀！见孩儿卧血泊。那一个哭哭号号，这一个怨怨焦焦，连我也战战摇摇。直恁般歹做作，只除是没天道。呀！想孩儿离褥草，到今日恰十朝，刀下处怎耽饶，空生长枉劬劳，还说甚要防老。

【收江南】呀！兀的不是家富小儿骄。

（程婴掩泪科）（正末唱）见程婴心似热油浇，泪珠儿不敢对人抛，背地里揾了。没来由割舍的亲生骨肉吃三刀。（云）屠岸贾那贼，你试觑者。上有天哩，怎肯饶过的你，你死打甚么不紧！

（唱）【鸳鸯煞】我七旬死后偏何老，这孩儿一岁死后偏知小。俺两个一处身亡，落的个万代名标。我嘱付你个后死的程婴，休别了横亡的赵朔。畅道是光阴过去的疾，冤仇报复的早。将那厮万剐千刀，切莫要轻轻的素放了。

（正末撞科，云）我撞阶基，觅个死处。（下）

（卒子报科，云）公孙杵臼撞阶基身死了也。

（屠岸贾笑科，云）那老匹夫既然撞死，可也罢了。（做笑科，云）程婴，这一桩里多亏了你；若不是你呵，如何杀的赵氏孤儿？

（程婴云）元帅，小人原与赵氏无仇，一来救普国内众生；二来小人根前也有个孩儿，未曾满月。若不搜的那赵氏孤儿出来，我这孩儿也无活的人也。

（屠岸贾云）程婴，你是我心腹之人，不如只在我家中做个门客，抬举你那孩儿成人长大。在你跟前习文，送在我跟前演武。我也年近五旬，尚无子嗣，就将你的孩儿与我做个义儿。我偌大年纪了，后来我的官位，也等你的孩儿讨个应袭，你意下如何？

（程婴云）多谢元帅抬举。

（屠岸贾诗云）则为朝纲中独显赵盾，不由我心中生忿；如今削除了这点萌芽，方才是永无后衅。（同下）

注释

1. 《赵氏孤儿》故事采自《左传》《史记·赵世家》和刘向《新序·节士》《说苑·复思》等书。作者作了提炼、改造和虚构。故事是说春秋时晋国权臣屠岸贾谋害忠直大臣赵盾，使赵家300余口满门抄斩，只赵盾之孙——襁褓中婴儿被义士程婴救出。

2. 觑者：指的是观察者或监视者。

3. 鹓班豹尾相随从：指在朝廷中担任要职，身边有随从陪伴。

4. 禄享千钟：指享有极高的俸禄。

5. 芭棚：在古代中国戏曲中，通常指的是一种临时的简易帐篷或遮蔽物，用于遮阳、避雨。

6. 白发鬅松：意味着年老且不修边幅。

7. 诛戮：意味着对赵氏家族成员的残酷杀害。

8. 撮药尚然腕弱：意味着即使是在撮药这样简单的动作中，程婴的手腕力量仍然不足。这句话暗示了程婴的身体状况不佳，可能由于长时间的苦难和折磨，他的身体已经非常虚弱。

思考探究

1. 本文题目为"赵氏孤儿"，为什么却用大量笔墨写程婴、公孙杵臼等人？

2. 王国维在论及中国古典悲剧的时候说道："明以后，传奇无非喜剧，而元则有悲剧在其中。……其最有悲剧之性质者，则如关汉卿之《窦娥冤》、纪君祥之《赵氏孤儿》。"试论《赵氏孤儿》的悲剧意蕴。

3. 简述本文用艺术化处理史料的手法。

竹林中[1]

芥川龙之介

文学常识

芥川龙之介（1892—1927），日本小说家。生于东京，本姓新原，父经营牛奶业。生后 8 个月，母精神失常，乃送舅父芥川家为养子。代表作《罗生门》《竹林中》《鼻子》《偷盗》《舞会》《阿富的贞操》《偶人》《橘子》《一块地》及《秋》等。

被检察官盘问的樵夫的叙述

发现那具死尸的，确实是我。我今天早上和平常一样，到后山砍杉。那具死尸，正是在后山的丛林中发现的。您是说有死尸的地点吗？那大概离山科（京都市东山区）街道有四五百公尺吧。那里除了有竹林和瘦细的杉树外，什么都没有。

死尸身穿淡蓝色的高官丝绸便服，头戴京式乌纱帽，仰躺在地上。虽说身上只挨了一刀，但那刀却深深刺穿胸膛，所以死尸四周的竹子落叶，血红得就像染透了苏枋[2]似的。不，我发现时，血已经停止了。伤口好像也已干了。而且死尸上有一只马蝇[3]，好像听不见我的脚步声似的，拼命在忙著啃咬死尸。

有没有看见佩刀或什么吗？没有，什么都没有。只是死尸旁边一株杉树根部上，有一条绳子。还有……对对，除了绳子之外，还有一把梳子。死尸四周，就只有这两样东西。不过，草地上和落叶上，有一大片被践踏的痕迹，那一定是那个男人在被杀之前，有过相当激烈的抵抗。什么？您说有没有马吗？那里根本就是个马匹不能进去的地方。因为那里与马匹可以通行的道路之间隔著一道竹林。

被检察官盘问的行脚僧的叙述

那死去的男人，我的确在昨天遇见过。昨天的……嗯，大概是晌午时分吧。地点是从关山（京都府与滋贺县的边界）到山科的途中。那男人和一个骑马的女人，正走向关山方向来。因那女人脸上垂著苎麻[4]面纱，我没看清长相。我只看见她身上那件外红里青，好像是秋季衣裳的颜色。马是桃花马[5]……好像是鬃毛被剃掉的和尚马。您说马有多高？大概有四尺四寸高吧？……因为我是出家人，对这种事不大清楚。男人是……不不，那男人不但带著佩刀，也携著弓箭。我现在还记得，他那黑漆的箭筒里，插著二十来支战箭。

我真是做梦也想不到那个男人竟会落得这种下场，人的生命，真是如露亦如电，一点也不错。唉，这该怎么讲呢？实在怪可怜的。

被检察官盘问的捕役的叙述

您是说我捕获的那个男人吗？我记得他确实名叫多襄丸，是个有名的盗贼。我逮住他时，他好像从马上跌落受了伤，正在粟田口（京都入口）石桥上，痛得哼哼呻吟著。时刻吗？时刻是昨晚的初更时分。我记得我以前差点抓住他时，他也是穿著这种高官蓝色便服，佩著有刀柄的长剑。其他就是您现在也看到的这些弓箭之类的东西。是那样吗？那死尸的男人身上也有这些东西……那么，干这档杀人勾当的，一定是那个多襄丸没错。卷著皮革的弓、黑漆的箭筒、十七支装饰著鹰羽毛的战箭……这些大概本来都是这个男人的东西吧。是的，马也如您所说的，是匹和尚头的桃花马。那小子会被那畜牲摔下来，一定是命中注定的吗？马在石桥前面的地方，拖著长长的缰绳，吃著路旁的青芦苇。

多襄丸那家伙，与一些在京中混饭吃的盗贼比起，的确是个好色徒。去年秋天在鸟部寺宾头卢（十六罗汉之一）后面的山里，有个来参拜的妇人和女童，双双被杀，那小子已招认那案件是他干的。如果这男人是多襄丸那小子杀的，那么，那个骑在桃花马上的女人的下落，则不得而知了。请恕我说句非份的话，大人您一定要加以审讯女人的下落。

被检察官盘问的老媪[6]的叙述

是的，那死尸正是我女儿嫁的男人。但，他不是京畿[7]的人。他是若狭[8]县府的武士。名字叫金泽武弘，年龄是二十六岁。不，他的性情很温和，绝对不会和任何人发生什么嫌细的。

您说我女儿吗？女儿名叫真砂，年龄是十九岁。她性情刚硬，事事不输男人，可是除了武弘外，她可没跟过其他男人。长相是肤色浅黑，左眼角有一颗黑痣，小小的瓜子脸。

武弘是昨天和我女儿一起动身前往若狭的，途中到底发生了什么事，竟会落得这种下场？可是我女儿又到那里去了呢？女婿的事已经成事实，这可以死心，但我很担心我女儿的事。请大人行行好，就算是我这老太婆一生的请求，求求您一草一木都得细心找，一定要找出我女儿的行踪。说来说去都是那个叫什么多襄丸的盗贼最可恨，不但把我女婿，连女儿也……（之后泣不成声）

多襄丸的招供

那个男人正是我杀掉的。不过，我没杀女人。那女人到那里去了？这我也不知道啊。唔，请等等，无论你们怎样拷问我，我不知道的事还是不知道啊。再说，我既然落到这种地步，也不想卑怯地打算隐瞒什么啦。

我是昨天晌午稍过后，遇见那对夫妇的。那时刚好吹过一阵风，把女人的苎麻垂绢翻上了，所以让我看到那女人的脸。说看到，也只不过是一眼……以为看到了，马上就又看不见了。大概也正因为是这样子吧，我当时只觉得那女人长相很像菩萨娘娘。所以当下立即决定，即使杀掉那男人，也要将那女人抢过来。

要杀那男人，简单得很，根本不像你们想像得那般费事。反正既要抢女人，就必定得先杀掉男人。只是我要杀人时都是用腰边大刀的，你们杀人时不用大刀的吧，你们用权力去杀、用金钱去杀，甚或一句假公济私的命令，也可以杀人吧。当然啦，你们杀人时不会流血，对方还是活得好好的……但你们确实是杀了人了。若要比较谁的罪孽深重，到底是你们可恶，还是我可恶？那可是无法分辨得出的。（嘲讪的微笑）。

不过，若是能不杀男人且能把女人抢过来，我也是不会感到不满的。哦，老实说，我当时是打算尽量不杀男人，把女人抢过来的。可是，在那山科街道上，没办法干事啊。所以我就使个花招将那对夫妇引诱进山中。

这也是轻而易举的事。当我和那对夫妇搭伴同行时，我就对他们说：那座山里有个古坟，我掘开古坟一看，发现里头有许多古镜大刀，我将那些东西秘密地隐藏在山后的竹林里，假如有人要，我愿意廉价出售。男人听我这么一讲，就动心了。然后……怎样？欲望这东西，是不是很可怕？反正是不到半小时，那对夫妇就跟我一起把马头转向山路了。

我一到竹林前，就说宝物藏在里面，进来看吧。当时那男人已被欲望烧得如饥如渴，自然不会有异议。可是，女人却说她不下马，要在原地等著。也难怪嘛，看到那竹林长得很茂盛的样子，她当然会犹豫不决。说老实话，女人那样做，正中我下怀，所以便留下女人一人，和男人走进竹林。

竹林起初都是竹子,不过,约走了五十公尺左右,就是稍微宽阔的杉树丛……要完成我的工作,这里是最适当的场所。我拨开竹林,煞有介事地扯谎说宝物就埋在前面杉树下。男人听我这样讲,迫不及待地拼命往瘦杉空隙方向前进。

不久,竹子逐渐稀落,然后眼前出现几株并立的杉树……一进去,我就将男人扭倒在地上。那男人不愧是个佩刀的,力量也相当强,只是冷不防被我突袭,当然无法招架啦。不一会,就被我捆绑在一株杉树根上。您说绳子吗?绳子是当盗贼的工具,不知哪时候翻越围墙时会用到,所以都带在腰上。为了不让他出声求救,我当然在他嘴巴里塞满了竹子的落叶,别的就没什么麻烦事啦。

我把男人收拾妥当后,再回到女人身边对她说,你男人很像突发病了,赶快来看看。这回也不用我多说啦,女人当然是中计了。女人脱下斗笠,让我牵着手,走进竹林深处。可是进去后,却见男人被绑在杉树根上……女人不知何时已从怀中掏出一把小刀备用著,她一见状,马上拔出刀柄。我有生以来,还从未碰过个性那么激烈的女人。如果那时我疏于防备,可能当场就被戳穿小腹。不,即使我闪开那一刀,像她那样接二连三乱砍,真不知身上什么部位会受到什么伤。不过,我好歹也是个小有名气的多襄丸,不用拔大刀,也总算把她的小刀给打落了。不管再怎样刚烈的女人,手中没武器总是无法可施的。就这样,我终于在不须夺取男人的性命之下,如愿以偿地占有了女人。

不须夺取男人的性命……是的。我根本没有想杀掉男人的念头。可是,当我撇开伏在地上哭泣的女人,打算逃出竹林外时,女人突然发疯似地紧抓住我的胳膊。仔细听后,才知道她在断断续续哭喊著:不是你死,就是让我丈夫死,你们两人之中必须让一人死,不然叫我在两个男人面前出丑,这真是比叫我去死还痛苦啊!

她还说,不管谁死谁活,她要当活著之一的妻子……她气喘吁吁这样说著。我听她那样说,就猛然兴起想杀掉男人的念头。(阴郁的兴奋)

我这么说,你们一定会以为我比你们残酷吧。不过,那是因为你们没看见那女人当时的表情才会这样想的。尤其是那女人当时那对火旺的眼睛。当我和女人四目相对时,我当下就决定:即使遭到天打雷霹,我也要将这女人抢来做妻子。当时我脑中只有一个念头……我要这女人当我的妻子。这种念头,不是你们所想像的那种卑鄙的色欲。如果我当时除了色欲没有其他指望的话,我想,我即使踢倒女人,恐怕也会选择逃亡的。那样,男人也就不必将他的血染在我的大刀上了。

但,在那阴暗的竹林中,在我凝视著女人那一刹那,就觉悟到我一定要杀掉男人,不然不可能离开这里。

可是,我不愿用卑鄙的方法杀掉那男人。我把那男人身上的绳子解开,并叫他用刀跟我拼（扔在那杉树根下的，正是那时忘掉的绳子）。男人变了脸色，抽出大刀。大刀一抽出，他即不说二话地愤然向我扑过来。……刀拼的结果，就不用我多解释了吧。我的大刀，在第二十三回合时，戳穿了对方的胸膛。在第二十三回合……请别忘记这点。我到现在都还觉得这点是男人唯一令我佩服的地方。因为能跟我交上二十三回合的，全天底下只有那个男人。（快活的微笑）

我在男人倒地时，提著染血的刀，回头寻找女人。岂知……你们想像得到吗？那女人竟不知去向了。我想找寻女人到底逃往哪个方向，搜遍了竹林。但，竹子落叶上，根本没留下一丝痕迹。即使是侧耳倾听，也只听到地上男人喉咙里传出的临终气息声。

说不定那女人早在我们刚拔刀相拼时，就钻出竹林逃生求救去了……我这么一想，发觉我的生命面临危险，赶紧夺了男人身上的大刀和弓箭，匆匆折回原来的山路。女人的马，仍在原地静静吃著草。那以后的事，说出来也是多费口舌吧。另外，我在进京畿前，已卖掉了大刀。……我的自白到此结束。反正我的头颅总有一天得挂在樗树[9]树梢的，干脆将我处以极刑吧。

女人在清水寺的忏悔

……那个穿著蓝色便服的男人，将我凌辱了之后，眺望著被绑在树根下的丈夫，嘲讪地笑著。真不知丈夫那时有多不甘心啊。可是，不管他再怎么挣扎，捆在身上的绳子只会更加紧紧勒入他的肉中而已啊。我情不自禁摇摇晃晃地奔跑到丈夫身边。不，是想奔跑过去。不过那男人却把我一脚踢倒。就在这时，我察觉到丈夫的眼里，流露着一种无法形容的光焰。那是一种无可言喻的……我每一想起那种眼神，到现在仍会浑身不由自主地发起抖来。不能开口说话的丈夫，在那刹那的眼光中，表达出他的一切心意。只是，他眼光中闪耀着的，不是愤怒，也不是悲哀……而是轻蔑的，冷淡的眼神。我与其说是被男人所踢，倒不如说是被那眼神击倒，于是忘我地大叫著，最后终于昏厥过去。

等我醒转时，那个穿著蓝色便服的男人早已不知去向了。身边只有被绑在杉树根下的丈夫。我好不容易在竹子落叶上撑起身子，望著丈夫。但，丈夫的眼神，跟刚刚相同。仍是那种在冷冽蔑视的深渊中，流露著憎恨的眼神。羞耻、悲哀、愤恨……我不知该如何描述我当时的心情。我蹒跚地站起来，挨近丈夫身边。

"我既然落得这种下场，以后不能再跟您做夫妻了。我决定以死表达我的心意。可是……可是请您也跟我一同寻死吧！您已经亲眼目睹我被凌辱的场面，我不能留您一人活在这世上。"

我尽己所能说出这些话。然而，丈夫仍只是厌恶地望著我而已。我压抑著即将爆裂的心胸，寻找著丈夫的大刀，可是，大刀可能被那个盗贼夺走了，找遍了竹林，别说是大刀，就连弓箭也没影子。可是幸亏有小刀掉在我脚旁。我扬起小刀，再度对丈夫说：

"请将您的性命给我吧，我也会马上跟在您之后的。"

丈夫听我这么说，才总算启动了嘴唇。不过他因嘴里都塞满了竹叶，当然发不出任何声音。可是，我看著他的嘴唇，瞬间就领悟了他的意思。丈夫是在轻蔑地对我说："杀吧！"。那以后，我是在如梦似幻的状况下，用小刀扑哧地戳穿丈夫那浅蓝色上衣的胸膛。

当时，我可能又失去了知觉。等我再度醒转时，环顾著四周，只见丈夫仍然被捆绑在树根下，但早已断了气息。混杂著几株竹树的杉丛上空，射下一缕落日余辉，映照在丈夫那苍白的脸上。我忍住哭声，解开尸体上的绳子。您问我然后我怎样吗？我已经没有气力来回答这个问题了。总之，我没办法结束我自己的性命。

我也曾把小刀竖在脖子上，也曾跳入山脚的池子里，尝试过种种自尽的方法，可是我毕竟没死，我还是活得好好的，所以这些也没什么好自夸的了。（悄然的微笑）

像我这种不中用的人，恐怕连大慈大悲的观音菩萨也会摇头不管吧。可是，我不但杀了我丈夫，更被盗贼凌辱过，这样的我，又该怎样才好呢？到底我是……我是……（突然剧烈地啜泣起来）

鬼魂藉巫女之口的说明

……盗贼凌辱了妻之后，坐在原地，口沫横飞地安慰起妻来。我当然不能开口说话。身子也被绑在树根下。但是，我一直对妻使眼色。别把这男人说的话当真，不管他说什么，都要当成是谎话……我是想传达这个意思。可是妻悄然地坐在竹子落叶上，一直盯著自己的膝盖。那样子，看起来不是很像在倾听盗贼的话吗？

我因嫉妒而扭动著身体。但是，盗贼依然得寸进尺地巧妙进行著说服。反正你已经失贞一次了，回到丈夫身边恐怕也无法破镜重圆，与其跟随那种丈夫，不如做我的妻子怎样？我就是对你一见钟情，才会做出这种无法无天的事……到最后，盗贼竟胆大包天地搬出这种话。

听到盗贼如此说，妻陶醉地抬起脸。至今为止，我从未看过比那时更美丽的妻。可是你们知道那美丽的妻当著被绑住的丈夫之前，对盗贼说了什么吗？即使我现在仍未过七七[10]，徘徊在阴间，但只要一想起妻当时的回答，我胸中仍会燃起一股熊熊怒火。我记得，妻确实是这样说的……"那么，你带我到天涯海角去吧。"（长长的沉默）

妻所犯的罪，不只这项。不然，在这个阴间中，我也不会痛苦得生不如死。当妻如痴如幻地被盗贼牵著手，正要走出竹林时，妻突然沉下脸来，指著杉树根下的我，说：
"请杀掉那个人。只要那个人还活著，我就不能和你在一起。"……妻像发狂似的，再三
这样叫喊著："请杀掉那个人！"……这句话像一股飓风，现在仍会把我倒栽葱似地吹落
至黝暗的无底深渊。你们可曾听过有人说过如此可憎的话吗？你们可曾听过有人说过如
此可诅咒的话吗？你们可曾听过……（突然爆发迸裂出似的嘲笑）连盗贼听到这话时，
也骇然失色了。

"请杀掉那个人！"……妻继续这么叫喊著，再攀抱著盗贼的臂膀。盗贼盯望著妻，
不回答杀或不杀……下一秒时，只见妻被一脚踢倒在竹叶上，（再度爆发迸裂出似的嘲
笑）盗贼静静地抱著胳膊，望向我说："这女人要怎样发落？杀掉她？或是留她一命？
你只要点头回答，要杀吗？"……这句话，足以让我原谅盗贼所做的一切罪恶。（再次长
长的沉默）

妻在我踌躇著回不出话时，叫喊了一声，匆匆跑向竹林深处。盗贼虽然在瞬间就扑
了上去，但连袖子都没抓到。我只是呆呆地眺望著眼前所发生的，如梦幻般的情景。

盗贼在妻逃走后，拿走我的大刀和弓箭，并将我身上的绳子割断一处，说："这回
轮到我要逃了。"……我记得盗贼走向竹林外即将不见身影时，这么自言自语著。然后，
四周静寂无声。不，好像另有一阵不知是谁在哭泣的声音。我一边解开身上的绳子，一
边倾耳静听。结果，仔细听后，才知道原来是我自己的哭声。（第三度长长的沉默）

我费尽气力，撑起疲累的身躯。在我眼前，闪著一把妻遗落的小刀。我拾起小刀，
一刀刺戳进我的胸膛。我感到有一团血腥似的东西涌上我的口腔内。可是，我丝毫都不
感到痛苦。只是在我感觉到胸膛逐渐僵冷时，四周也更静寂无声了。哦，那是多么的静
寂啊！在这山后的竹林上空，甚至听不到任何一只小鸟的鸣啭。只能在杉树和竹子的树
梢枝头，瞧见凄寂的一抹阳光在闪烁著。那阳光……也渐渐在淡薄。我已经看不见杉树
和竹子了。躺在地上，我逐渐被深邃的静寂所笼罩。

这时，有人蹑手蹑脚地来到我身旁。我抬头想看个究竟。可是，四周已不知何时笼
罩上一层薄雾。

谁呢……那个我看不见的人，伸手悄悄拔掉我胸上的小刀。同时，我的口中再次溢
出血潮。那以后，我就永远坠落入冥间的黑黯中了。……

注释

1.《竹林中》为日本作家芥川龙之介创作的的短篇小说，该悬疑小说采用独特的叙

事视角和形式，使整个案件形成一个叙事的迷宫。《竹林中》也被日本导演黑泽明改编为电影《罗生门》。

2. 苏枋：源自马来语 supang。常绿小乔木，心材浸液可作红色染料。

3. 马蝇：双翅目胃蝇科虻属的昆虫。成虫比一般的蝇大，像蜜蜂，多生活在野外。

4. 苎（zhù）麻：多年生草本植物，茎直立，叶子卵圆形或心脏形，花黄绿色。茎皮纤维洁白有光泽，坚韧，是纺织工业的重要原料。

5. 桃花马：毛色白中有红点的马。

6. 老媪（ǎo）：老年妇人。

7. 京畿（jī）：国都和国都附近的地方。

8. 若狭：日本古代的令制国之一，属北陆道，又称若州。

9. 樗树：别名臭椿，落叶乔木。喜光，阳性树种，生长较快，树高达 30 米，胸径 1 米以上，干形端直。

10. 七七：亦称"斋七""理七""烧七""作七""做一日""做七"等。旧时汉族丧葬风俗，流行于全国各地。

思考探究

1. 阅读本文，分别梳理出各个人物视角下这一事件的脉络。

2. 为什么真砂、武弘、多襄丸都说自己是凶手？他们是以什么样的形象出现在自己叙述的故事中？

3. 真砂、武弘、多襄丸这三人的叙述互相印证又彼此矛盾，他们陈述出的都是站在自己视角呈现的故事，结合本文，谈谈你对人性的认知。

本单元语文综合实践活动

洞见世事百态，需具备敏锐的洞察力与深刻的思考力。我们要学会透过现象看本质，不被表面现象所迷惑。通过广泛阅读、深入交流与实践探索，我们能逐渐揭开世事的神秘面纱，成为这个复杂而精彩世界的清醒观察者和积极参与者。

一、文学作品中的典型人物形象解析

文学作品像一面镜子，可以照出特定的社会风貌、历史现状和文化背景。在文学的浩瀚海洋中，无数经典形象如璀璨星辰般闪耀，他们或勇敢，或懦弱，或善良，或邪恶，以各自独特的性格与命运，在读者心中留下了深深的印记。他们有鲜性的特性，往往是一类人的缩影，并且能够跨越时代，引起不同时期人们的共鸣。

选取一个文学作品中的典型人物形象，结合文化与审美内涵，对其人物形象进行深入分析，然后制作成演示文稿，在班级汇报展示。

二、主题辩论：人性本善还是本恶

辩论是一种通过逻辑与论据的交锋来探求真理的过程。它促使我们从不同角度审视问题，理解多元观点，从而跨越认知的局限，构建起一个更为立体、全面的世界观。

从以下三个题目中，任选一个，开展一场辩论赛。

（1）人性本善还是本恶

（2）人工智能的发展是利大于弊还是弊大于利

（3）科技发展和信息爆炸是否能帮助我们更好地洞明世事

三、热点新闻解读剖析

每一次社会热点事件的背后，都折射出人性的光辉与阴暗，正义与邪恶的较量，以及公众意识的觉醒与变迁。对这些事件进行深入剖析，学会在复杂多变的环境中保持理性与同情，不失为人的温度与深度。

请对身边发生的反响较大的事件或是热点新闻进行深入剖析与反思，写一篇时评。

第八单元
探寻爱情真谛

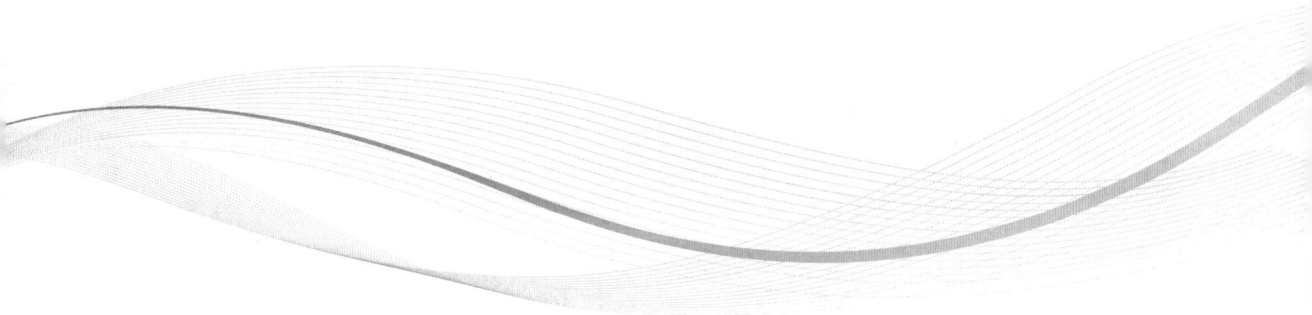

本单元序

　　爱情是人生中一段美好的情感旅程，它可以带来强烈的情感体验，让人感受到生命的活力和激情。爱情的本质，在于两颗灵魂的相互吸引与共鸣，它超越了物质的束缚，是心灵深处最真实的情感流露。"曾经沧海难为水，除却巫山不是云。"爱情让我们在茫茫人海中找到了那个独一无二的他或她，让我们愿意为之付出一切。这种无私与奉献，正是爱情最为动人的地方。婚姻，则是爱情在现实中的延续与升华。它不仅仅是两个人的结合，更是两个家庭的融合，是责任与担当的体现。婚姻的本质，在于为彼此提供一个温暖的港湾，让彼此在风雨中有所依靠，共同面对生活的挑战与困难。"执子之手，与子偕老。"婚姻让人们学会了珍惜与坚守，让人们在岁月的长河中相互扶持，共同成长。

　　在本单元中，《婴宁》借一对青年男女浪漫结合，表现了人类、特别是女性在社会生活中的困境；《伤逝》通过涓生和子君的爱情悲剧，深刻反映了五四时期知识分子在追求个性解放和婚姻自主过程中遭遇的社会现实与个人命运的冲突；《受戒》描绘了明海与小英子之间天真无邪的朦胧爱情，赞颂了尘世间的人情美和人性美，揭示了对自由、美好爱情及个性解放的追求；《当你老了》以纯洁的爱意、高尚的情感，展现了崇高的爱情观和让人钦佩的人格魅力；《错误》以江南的一个小镇为中心意象，借无法归抵的离人情怀，抒写出一个倦守春闺的女子内心的寂寞、期待与惆怅。

婴宁[1]

蒲松龄

文学常识

蒲松龄（1640—1715），字留仙，一字剑臣，号柳泉居士，世称聊斋先生，清代文学家，山东淄川（今属淄博市）人。他出身于一个逐渐败落的地主兼商人家庭，19岁中秀才，但此后多年参加乡试未能中举，直到71岁才补为岁贡生。蒲松龄长期在乡下教书并进行文学创作，代表作《聊斋志异》是中国文言文短篇小说的巅峰之作，以其丰富的想象力和深刻的社会批判闻名。他的作品继承和发展了我国文学中志怪传奇文学的优秀传统和表现手法，情节幻异曲折，文笔简练，叙次井然。郭沫若曾评价蒲松龄的作品"写鬼写妖高人一等，刺贪刺虐入骨三分"。

王子服，莒之罗店人[2]，早孤，绝慧[3]，十四入泮[4]。母最爱之，寻常不令游郊野。聘萧氏[5]，未嫁而夭，故求凰未就也[6]。

会上元，有舅氏子吴生邀同眺瞩[7]，方至村外，舅家有仆来，招吴去。生见游女如云，乘兴独遨[8]。有女郎携婢，撚梅花一枝[9]，容华绝代，笑容可掬。生注目不移，竟忘顾忌。女过去数武[10]，顾婢曰："个儿郎目灼灼似贼[11]！"遗花地上，笑语自去。生拾花怅然，神魂丧失，怏怏遂返。

至家，藏花枕底，垂头而睡，不语亦不食。母忧之，醮禳益剧[12]，肌革锐减[13]。医师诊视，投剂发表[14]，忽忽若迷。母抚问所由[15]，默然不答。适吴生来，嘱秘诘之。吴至榻前，生见之泪下。吴就榻慰解，渐致研诘[16]，生具吐其实[17]，且求谋画。吴笑曰："君意亦复痴！此愿有何难遂？当代访之。徒步于野，必非世家[18]，如其未字[19]，事固谐矣，不然，拚以重赂[20]，计必允遂。但得痊瘳[21]，成事在我。"生闻之不觉解颐[22]。吴出告母，物色女子居里。而探访既穷，并无踪绪。母大忧，无所为计。然自吴去后，颜顿开，食亦略进。

数日，吴复来，生问所谋。吴绐之曰[23]："已得之矣。我以为谁何人[24]，乃我姑氏女，即君姨妹行，今尚待聘。虽内戚有婚姻之嫌[25]，实告之，无不谐者。"生喜溢眉宇，问："居何里？"吴诡曰[26]："西南山中，去此可三十余里。"生又付嘱再四，吴锐身自任而去[27]。生由是饮食渐加，日就平复[28]。探视枕底，花虽枯，未便凋落，凝思把玩，如见其人。怪吴不至，折柬招之[29]，吴支托不肯赴召[30]。生恚怒[31]，悒悒不欢。母虑其复病，急为议姻，略与商榷[32]，辄摇首不愿，惟日盼吴。

吴迄无耗[33]，益怨恨之。转思三十里非遥，何必仰息他人[34]？怀梅袖中，负气自往，而家人不知也。伶仃独步[35]，无可问程，但望南山行去。约三十余里，乱山合沓[36]，空翠爽肌、寂无人行，止有鸟道[37]。遥望谷底，丛花乱树中，隐隐有小里落[38]。下山入村，见舍宇无多，皆茅屋，而意甚修雅[39]。北向一家，门前皆丝柳，墙内桃杏尤繁，间以修竹[40]，野鸟格磔其中[41]。意其园亭，不敢遽入。回顾对户，有巨石滑洁，因据坐少憩。

俄闻墙内有女子，长呼："小荣！"其声娇细。方伫听间，一女郎由东而西，执杏花一朵，俯首自簪[42]。举头见生，遂不复簪，含笑捻花而入。审视之，即上元途中所遇也。心骤喜。但念无以阶进[43]。欲呼姨氏，顾从无还往，惧有讹误。门内无人可问。坐卧徘徊，自朝至于日昃[44]，盈盈望断[45]，并忘饥渴。时见女子露半面来窥，似讶其不去者。忽一老媪扶杖出，顾生曰："何处郎君，闻自辰刻便来[46]，以至于今。意将何为？得勿饥耶？"生急起揖之，答云："将以盼亲[47]。"媪聋聩不闻[48]。又大言之。乃问："贵戚何姓？"生不能答。媪笑曰："奇哉！姓名尚自不知，何亲可探？我视郎君，亦书痴耳。不如从我来，啖以粗粝[49]，家有短榻可卧。待明朝归，询知姓氏，再来探访，不晚也。"生方腹馁思啖[50]，又从此渐近丽人，大喜。从媪入，见门内白石砌路，夹道红花，片片堕阶上，曲折而西，又启一关[51]，豆棚花架满庭中。肃客入舍[52]，粉壁光如明镜，窗外海棠枝朵，探入室中，裀藉几榻[53]，罔不洁泽。甫坐，即有人自窗外隐约相窥。媪唤："小荣！可速作黍[54]。"外有婢子嗷声而应[55]。坐次[56]，具展宗阀[57]。媪曰："郎君外祖，莫姓吴否？"曰："然。"媪惊曰："是吾甥也！尊堂，我妹子。年来以家窭贫[58]，又无三尺之男[59]，遂至音问梗塞。甥长成如许，尚不相识。"生曰："此来即为姨也，匆遽遂忘姓氏。"媪曰："老身秦姓，并无诞育，弱息仅存[60]，亦为庶产[61]。渠母改醮，遗我鞠养。颇亦不钝，但少教训，嬉不知愁。少顷，使来拜识。"

未几，婢子具饭，雏尾盈握[62]。媪劝餐已，婢来敛具[63]。媪曰："唤宁姑来。"婢应去。良久，闻户外隐有笑声。媪又唤曰："婴宁，汝姨兄在此。"户外嗤嗤笑不已。婢推之以入，犹掩其口，笑不可遏。媪瞋目曰[64]："有客在，咤咤叱叱，是何景象？"女忍笑而立，生揖之。媪曰："此王郎，汝姨子。一家尚不相识，可笑人也。"生问："妹子年几何矣？"媪未能解；生又言之。女复笑，不可仰视。媪谓生曰："我言少教诲，此可见矣。年已十六，呆痴裁如婴儿[65]。"生曰："小于甥一岁。"曰："阿甥已十七矣，得非庚午属马者耶[66]？"生首应之。又问："甥妇阿谁？"答曰："无之。"曰："如甥才貌，何十七岁犹未聘？婴宁亦无姑家[67]，极相匹敌[68]。惜有内亲之嫌。"生无语，目注婴宁，不遑他瞬。婢向女小语云："目灼灼，贼腔未改！"女又大笑，顾婢曰："视碧桃开未？"遽起，以袖掩口，细碎连步而出。至门外，笑声始纵。媪亦起，唤婢襆被[69]，为生安置。曰："阿甥来不易，宜留三五日，迟迟送汝归[70]。如嫌幽闷，舍后有小园，可供消遣；有书可读。"

次日，至舍后，果有园半亩，细草铺毡，杨花糁径[71]。有草舍三楹[72]，花木四合其所。穿花小步，闻树头苏苏有声，仰视，则婴宁在上，见生来，狂笑欲堕。生曰："勿尔，堕矣！"女且下且笑，不能自止。方将及地，失手而堕，笑乃止。生扶之，阴捘其腕[73]。女笑又作，倚树不能行，良久乃罢。生俟其笑歇，乃出袖中花示之。女接之，曰："枯矣！何留之？"曰："此上元妹子所遗，故存之。"问："存之何意？"曰："以示相爱不忘也。自上元相遇，凝思成疾，自分化为异物[74]。不图得见颜色，幸垂怜悯。"女曰："此大细事[75]，至戚何所靳惜[76]？待郎行时，园中花，当唤老奴来，折一巨捆负送之。"生曰："妹子痴耶？"女曰："何便是痴？"曰："我非爱花，爱捻花之人耳。"女曰："葭莩之情[77]，爱何待言。"生曰："我所为爱，非瓜葛之爱[78]，乃夫妻之爱。"女曰："有以异乎？"曰："夜共枕席耳。"女俯首思良久，曰："我不惯与生人睡。"语未已，婢潜至，生惶恐遁去。

少时，会母所，母问："何往？"女答以园中共话。媪曰："饭熟已久，有何长言，周遮乃尔[79]。"女曰："大哥欲我共寝。"言未已，生大窘，急目瞪之。女微笑而止。幸媪不闻，犹絮絮究诘。生急以他词掩之，因小语责女。女曰："适此语不应说耶？"生曰："此背人语。"女曰："背他人，岂得背老母？且寝处亦常事，何讳之？"生恨其痴，无术可悟之。食方竟，家中人捉双卫来寻生[80]。先是，母待生久不归，始疑。村中搜觅已遍，竟无踪兆，因往询吴。吴忆曩言[81]，因教于西南山村寻觅。凡历数村，始至于此。生出门，适相值，便入告媪，且请偕女同归。媪喜曰："我有志[82]，匪伊朝夕[83]。但残躯不能远涉，得甥携妹子去，识认阿姨，大好！"呼婴宁，宁笑至。媪曰："有何喜，笑辄不辍？若不笑，当全人。"因怒之以目，乃曰："大哥欲同汝去，可便装束。"又饷家人酒食，始送之出曰："姨家田产丰裕，能养冗人[84]。到彼且勿归，小学诗礼[85]，亦好事翁姑。即烦阿姨，为汝择一良匹。"二人遂发。至山坳，回顾，犹依稀见媪倚门北望也。

抵家，母睹姝丽，惊问为谁。生以姨女对。母曰："前吴郎与儿言者，诈也。我未有姊，何以得甥？"问女，女曰："我非母出。父为秦氏，没时，儿在襁中，不能记忆。"母曰："我一姊适秦氏，良确。然殂谢已久[86]，那得复存？"因审诘面庞、志赘[87]，一一符合。又疑曰："是矣！然亡已多年，何得复存？"疑虑间，吴生至，女避入室。吴询得故，惘然久之，忽曰："此女名婴宁耶？"生然之。吴极称怪事。问所自知，吴曰："秦家姑去世后，姑丈鳏居[88]，祟于狐，病瘵死。狐生女名婴宁，绷卧床上，家人皆见之。姑丈殁，狐犹时来。后求天师符黏壁间[89]，狐遂携女去。将勿此耶？"彼此疑参[90]，但闻室中吃吃[91]，皆婴宁笑声。母曰："此女亦太憨生[92]。"吴请面之。母入室，女犹浓笑不顾。母促令出，始极力忍笑，又面壁移时，方出。才一展拜。翻然遽入，放声大笑。满室妇女，为之粲然。

吴请往觇其异[93]，就便执柯[94]。寻至村所，庐舍全无，山花零落而已。吴忆姑葬处，仿佛不远，然坟垄湮没[95]，莫可辨识，诧叹而返。母疑其为鬼，入告吴言，女略无骇意。又吊其无家[96]，亦殊无悲意，孜孜憨笑而已[97]。众莫之测，母令与少女同寝止，昧爽即来省问[98]，操女红精巧绝伦[99]。但善笑，禁之亦不可止。然笑处嫣然，狂而不损其媚，人皆乐之。邻女少妇，争承迎之。母择吉为之合卺[100]，而终恐为鬼物，窃于[101]日中窥之，形影殊无少异。至日，使华装行新妇礼，女笑极不能俯仰，遂罢。生以其憨痴，恐泄漏房中隐事，而女殊密秘，不肯道一语。每值母忧怒，女至，一笑即解。奴婢小过，恐遭鞭楚，辄求诣母共话，罪婢投见，恒得免。而爱花成癖，物色遍戚党[102]；窃典金钗，购佳种，数月，阶砌藩溷[103]，无非花者。

庭后有木香一架[104]，故邻西家[105]，女每攀登其上，摘供簪玩[106]。母时遇见，辄诃之，女卒不改。一日，西人子见之[107]，凝注倾倒。女不避而笑。西人子谓女意己属，心益荡。女指墙底笑而下，西人子谓示约处，大悦。及昏而往，女果在焉，就而淫之，则阴如锥刺，痛彻于心，大号而踣[108]。细视非女，则一枯木卧墙边，所接乃水淋窍也。邻父闻声，急奔研问，呻而不言；妻来，始以实告。蓺火烛窍，见中有巨蝎，如小蟹然。翁碎木捉杀之。负子至家，半夜寻卒。邻人讼生，讦发婴宁妖异[109]。邑宰素仰生才，稔知其笃行士[110]，谓邻翁讼诬，将杖责之。生为乞免，遂释而出。母谓女曰："憨狂尔尔，早知过喜而伏忧也。邑令神明，幸不牵累。设鹘突官宰[111]，必逮妇女质公堂，我儿何颜见戚里？"女正色，矢不复笑[112]。母曰："人罔不笑，但须有时。"而女由是竟不复笑，虽故逗，亦终不笑，然竟日未尝有戚容。

一夕，对生零涕。异之。女哽咽曰："曩以相从日浅，言之恐致骇怪。今日察姑及郎，皆过爱无有异心，直告或无妨乎？妾本狐产。母临去，以妾托鬼母，相依十余年，始有今日。妾又无兄弟，所恃者惟君。老母岑寂山阿[113]，无人怜而合厝之[114]，九泉辄为悼恨。君倘不惜烦费，使地下人消此怨恫[115]，庶养女者不忍溺弃。"生诺之，然虑坟冢迷于荒草。女但言无虑。刻日，夫妇舆榇而往[116]。女于荒烟错楚中[117]，指示墓处，果得媪尸，肤革犹存。女抚哭哀痛。异归[118]，寻秦氏墓合葬焉。是夜，生梦媪来称谢，寤而述之。女曰："妾夜见之，嘱勿惊郎君耳。"生恨不邀留。女曰："彼鬼也。生人多，阳气胜，何能久居？"生问小荣，曰："是亦狐，最黠。狐母留以视妾，每摄饵相哺[119]，故德之常不去心；昨问母，云已嫁之。"由是岁值寒食[120]，夫妻登秦墓，拜扫无缺。

女逾年，生一子，在怀抱中，不畏生人，见人辄笑，亦大有母风云。

异史氏曰[121]："观其孜孜憨笑，似全无心肝者。而墙下恶作剧，其黠孰甚焉！至凄恋鬼母，反笑为哭，我婴宁殆隐于笑者矣[122]。何常憨耶。窃闻山中有草，名'笑矣乎'，嗅之，则笑不可止。房中植此一种，则合欢、忘忧[123]，并无颜色矣。若解语花[124]，正嫌其作态耳[125]。"

注释

1. 《婴宁》似出于《庄子·大宗师》，其中有所谓"撄宁"，指"撄而后宁"，即经困扰而后达成合乎天道、保持自然本色的人生。此处只是人名，形容父母希望婴孩平安宁静的度过一生的样子。

2. 莒：莒县，今属山东。

3. 绝惠：绝顶聪明。惠，通"慧"。

4. 入泮：古代学宫有泮池，成绩优异者才可进学宫学习，故称学童入学宫为入泮。

5. 聘：订婚。旧时订婚，男方须向女方行纳聘礼，称行聘或文定。

6. 求凰未就：独身之意。犹言求妻。求凰，相传汉代司马相如作《琴歌》："凤兮凤兮归故乡，遨游四海求其凰。"相传此歌为向卓文君求爱而作，以"凤求凰"琴曲向卓文君求婚，后因称男子求偶为求凰。

7. 眺瞩：登高望远。此指观赏景物。

8. 遨：游玩。

9. 撚：拈，轻巧地拿。

10. 数武：泛指几步。武：半步。

11. 个儿郎：这个小伙子。个，这个。儿郎，指年轻男子。

12. 醮禳：祈祷消灾。请僧道祈祷做法事，常特指道士。醮，祭神。益剧：更加厉害。

13. 肌革锐减：消瘦得极快。肌革，犹肌肤。

14. 投剂：抓药。发表：中医的一种治疗方法，即通过让患者出汗使其体内邪毒发散出来。

15. 抚问所由：爱抚地问其得病得原因。

16. 研诘：细细追问。

17. 具：全，全部。

18. 世家：世代显贵之家，大户人家。

19. 字：订婚，许婚。古代女子订婚称"字"。

20. 拚：不顾惜，豁出去。

21. 痊瘳：痊愈。

22. 解颐：舒展容颜，开怀欢笑。

23. 绐：哄骗。

24. 谁何：什么。

25. 内戚有婚姻之嫌：意为姨表亲戚因血缘相近，通婚有所禁忌。内戚，内亲，妻得亲属。王子服与婴宁为表兄妹，故云内戚。

26. 诡曰：谎称，假说。

27. 锐身自任：挺身担起责任，自告奋勇。锐身，挺身。

28. 平复：指病情好转。

29. 折柬：裁纸写信。柬，原指竹简，代指书信。

30. 支托：支吾推脱。支，支吾，以含混之词搪塞。

31. 恚：愤怒，怨恨。

32. 商榷：商量。

33. 耗：音信。

34. 仰息他人：喻依赖他人。仰，仰仗。息，鼻息。指鼻腔呼吸得气息，呼气则温，吸气则寒。《后汉书·袁绍传》："袁绍孤客穷军，仰我鼻息，比如婴儿在股掌之上，绝其哺乳，立可饿杀。"

35. 伶仃：孤独得样子。

36. 合沓：重迭。

37. 鸟道：喻山路险峻狭窄，只有飞鸟可以过。

38. 里落：村落，居民。

39. 意甚修雅：意境很美好幽雅。

40. 修竹：细长得竹子。修，长，高。

41. 格磔：形容鸟鸣声。

42. 俯首：低头。

43. 阶进：找不到进去的理由。阶：台阶，这里喻指借口、理由。

44. 日昃：午后。昃，日头偏斜。

45. 盈盈望断：犹言望穿秋水。形容盼望殷切。盈盈，形容眼波明澈如秋水，闪动有魅力。元王实甫《西厢记》："你若不去啊，望穿他盈盈秋水，蹙损他淡淡春山。"

46. 辰刻：早上七点到九点左右。

47. 盼亲：探亲。

48. 聋聩不闻：耳聋听不到。聋聩，失聪。

49. 粗粝：糙米。喻粗茶淡饭。

50. 腹馁思啖：肚子饿了想吃饭。馁，饥。啖，吃。

51. 关：古代指门。

52. 肃客：尊敬的迎客。肃，引导、迎接。

53. 裀籍：坐垫，坐褥。

54. 作黍：做饭。黍，黄米。

55. 嗷声而应：高声答应。

56. 坐次：坐着的时候。次，指事件正在进行。

57. 具展宗阀：王子服详细叙述说家世。宗阀，家世。阀：本指官宦人家门前记录功业的柱子，后泛指功业或家世。

58. 窭贫：贫穷。

59. 无三尺男：指家没有男性。

60. 弱息：幼弱的子女，特指女儿。庶产：不是正妻所生。

61. 庶产：姬妾所生。

62. 雏尾盈握：（摆上桌来的）鸡才刚刚长好。也就是较小的鸡的尾巴刚能抓满一把。

63. 敛具：收拾餐具。

64. 瞋目：瞪眼，生气地看对方一眼，瞋，生气。

65. 裁：通"才"。

66. 庚午属马：庚午年人，属马。古时以鼠、牛、虎、兔、龙、蛇、马、羊、猴、鸡、犬、猪十二种动物，来配十二地支。

67. 姑家：婆家。

68. 匹敌：般配。敌，相当。

69. 襆被：指整理铺盖。

70. 迟迟：慢慢地。指过些时候。

71. 杨花糁径：小路上星星点点地撒满了杨花粉粒。糁，碎米屑，泛指散乱的粒状细物。

72. 三楹：三间房子。楹，堂屋前的柱子，也是古代计算房屋数量单位。

73. 阴拨：暗地里捏弄。

74. 化为异物：指人死亡，死亡的代称。异物，指死亡的人，鬼的讳词。《庄子》称人死亡后"或化为鼠肝，或化为虫臂"。

75. 大细事：极小的事。

76. 靳惜：吝惜。

77. 葭莩之情：亲戚情谊疏远淡薄。葭莩，芦苇内壁里的一层薄膜。代指疏远的亲戚，也泛指一般的亲戚。

78. 非瓜葛之爱：不是一般关系的情感。

79. 周遮：言语繁琐，形容话很多的样子。

80. 捉双卫：牵着两头驴子。卫，驴的别名。

81. 曩言：从前的话。即吴生诓骗王子服的话。

82. 志：此处是想法的意思。

83. 匪伊朝夕：也不止一天了，匪，通"非"。

84. 冗人：闲人。

85. 小学诗礼：稍微学一下诗书礼节。小，稍，略。

86. 殂谢：死亡。

87. 面庞：相貌。志赘：指身体山的特征或者标记。

88. 鳏居：无妻独居。

89. 天师符：张天师的神符。天师，道教指东汉张道陵及其后裔。

90. 疑参：疑惑参详。

91 吃吃：笑声。

92. 憨生：娇痴。憨，傻。生，语气助词。

93. 觇其异：在婴宁不注意的时候察看她的异常。觇，观察，窥探。

94. 执柯：做媒的意思。

95. 湮没：埋没。

96. 吊：怜悯。

97. 孜孜：不停地。

98. 昧爽：天刚刚亮。省问，看望问候，请安。

99. 女红：旧时指妇女所作的纺织、刺绣、缝纫等事。红，通"工"。

100. 合卺：完婚，圆房。

101. 窍于：旧时迷信说鬼在阳光下是没有影子的。

102. 戚党：亲戚朋友。

103. 阶砌藩溷：台阶、厕所等。这里形容多、无所不在。

104. 木香：多年生草木菊科植物，是云木香何川木香的合称，根茎入药。

105. 邻：紧挨着。西家：西边住的邻居。

106. 簪玩：妇女折花，有时插戴在发髻之上，有时插养在瓶中赏玩，因合称。

107. 西人子：西边邻居家的儿子。

108. 踣：跌倒。

109. 讦：揭发，举报。

110. 笃行士：品行忠厚的读书人。

111. 鹘突：糊涂。

112. 矢：发誓。

113. 岑寂山阿：在山阿居住很孤寂。晋陶渊明作《挽歌》。

114. 合厝：合葬。厝，埋葬。

115. 怨恫：悲伤痛苦。

116. 舆椁：用车子运载棺材。舆，车子，指用车子运载。椁，棺材。

117. 错楚：杂乱的丛莽。

118. 舁：抬。

119. 摄饵：摄取食物。哺：喂养。

120. 寒食：清明节的前两天为寒食节，旧俗这天不烧火吃熟食。

121. 异史氏：作者蒲松龄的自称。

122. 隐于笑：用笑来隐藏自己。隐，潜藏。

123. 合欢：即夜合花、马缨花、马绒花。忘忧：忘忧草，萱草的别名。合欢、忘忧，传说这两种花可使人欢乐而忘记忧愁。

124. 解语花：意像花一样美丽而又善解人意，讲话能够让人开心。典出王仁裕《开元天宝遗事》："明皇秋八月，太液池有千叶白莲数枝盛开，帝与贵戚宴赏焉。左右皆美，久之，帝指贵妃示于左右曰：争如我解语花?"

125. 作态：装模作样。意为矫饰而失自然，指解语花迎合他人，不是天性的自然流露。

思考探究

1. 爱笑、爱花对塑造婴宁的人物形象有什么作用？

2. 如何看待婴宁设计杀死西邻子的行为？

3. 婴宁的故事如何体现了纯真与现实冲突的普遍永久的象征？

伤逝[1]
——涓生的手记

鲁　迅

文学常识

　　鲁迅（1881—1936），原名周樟寿，字豫山，后改名周树人，字豫才。浙江绍兴人。中国现代伟大的文学家、思想家、革命家。1918 年用笔名"鲁迅"在《新青年》杂志上发表第一篇白话文小说《狂人日记》。1920 年起，先后在北京大学、北京女子师范大学、厦门大学、中山大学任教。1927 年 10 月定居上海，直至 1936 年 10 月病逝。这一时期，他的思想由进化论发展到阶级论，他也由革命民主主义者转变为倾向马克思主义的革命家，成为中国文化革命的巨人。鲁迅一生的文学创作近四百万字，翻译五百多万字，古籍整理六十多万字。代表作有小说集《呐喊》《彷徨》《故事新编》，散文集《朝花夕拾》，散文诗集《野草》，白话小说《狂人日记》《坟》《华盖集》《南腔北调集》《准风月谈》《且介亭杂文集》等。

　　如果我能够，我要写下我的悔恨和悲哀，为子君，为自己。

　　会馆[2]里的被遗忘在偏僻里的破屋是这样地寂静和空虚。时光过得真快，我爱子君，仗着她逃出这寂静和空虚，已经满一年了。事情又这么不凑巧，我重来时，偏偏空着的又只有这一间屋。依然是这样的破窗，这样的窗外的半枯的槐树和老紫藤，这样的窗前的方桌，这样的败壁，这样的靠壁的板床。深夜中独自躺在床上，就如我未曾和子君同居以前一般，过去一年中的时光全被消灭，全未有过，我并没有曾经从这破屋子搬出，在吉兆胡同创立了满怀希望的小小的家庭。

　　不但如此。在一年之前，这寂静和空虚是并不这样的，常常含着期待；期待子君的到来。在久待的焦躁中，一听到皮鞋的高底尖触着砖路的清响，是怎样地使我骤然生动起来呵！于是就看见带着笑涡的苍白的圆脸，苍白的瘦的臂膊，布的有条纹的衫子，玄色的裙。她又带了窗外的半枯的槐树的新叶来，使我看见，还有挂在铁似的老干上的一房一房的紫白的藤花。

　　然而现在呢，只有寂静和空虚依旧，子君却决不再来了，而且永远，永远地！……

子君不在我这破屋里时，我什么也看不见。在百无聊赖中，顺手抓过一本书来，科学也好，文学也好，横竖什么都一样；看下去，看下去，忽而自己觉得，已经翻了十多页了，但是毫不记得书上所说的事。只是耳朵却分外地灵，仿佛听到大门外一切往来的履声，从中便有子君的，而且橐橐地逐渐临近，——但是，往往又逐渐渺茫，终于消失在别的步声的杂沓中了。我憎恶那不像子君鞋声的穿布底鞋的长班[3]的儿子，我憎恶那太像子君鞋声的常常穿着新皮鞋的邻院的搽雪花膏的小东西！

莫非她翻了车么？莫非她被电车撞伤了么？……

我便要取了帽子去看她，然而她的胞叔就曾经当面骂过我。

蓦然，她的鞋声近来了，一步响于一步，迎出去时，却已经走过紫藤棚下，脸上带着微笑的酒窝。她在她叔子的家里大约并未受气；我的心宁帖了，默默地相视片时之后，破屋里便渐渐充满了我的语声，谈家庭专制，谈打破旧习惯，谈男女平等，谈伊孛生[4]，谈泰戈尔，谈雪莱……。她总是微笑点头，两眼里弥漫着稚气的好奇的光泽。壁上就钉着一张铜板的雪莱半身像，是从杂志上裁下来的，是他的最美的一张像。当我指给她看时，她却只草草一看，便低了头，似乎不好意思了。这些地方，子君就大概还未脱尽旧思想的束缚，——我后来也想，倒不如换一张雪莱淹死在海里的纪念像或是伊孛生的罢；但也终于没有换，现在是连这一张也不知那里去了。

"我是我自己的，他们谁也没有干涉我的权利！"

这是我们交际了半年，又谈起她在这里的胞叔和在家的父亲时，她默想了一会之后，分明地，坚决地，沉静地说了出来的话。其时是我已经说尽了我的意见，我的身世，我的缺点，很少隐瞒；她也完全了解的了。这几句话很震动了我的灵魂，此后许多天还在耳中发响，而且说不出的狂喜，知道中国女性，并不如厌世家所说那样的无法可施，在不远的将来，便要看见辉煌的曙色的。

送她出门，照例是相离十多步远；照例是那鲇鱼须的老东西的脸又紧帖在脏的窗玻璃上了，连鼻尖都挤成一个小平面；到外院，照例又是明晃晃的玻璃窗里的那小东西的脸，加厚的雪花膏。她目不邪视地骄傲地走了，没有看见；我骄傲地回来。

"我是我自己的，他们谁也没有干涉我的权利！"这彻底的思想就在她的脑里，比我还透澈，坚强得多。半瓶雪花膏和鼻尖的小平面，于她能算什么东西呢？

我已经记不清那时怎样地将我的纯真热烈的爱表示给她。岂但现在，那时的事后便已模胡，夜间回想，早只剩了一些断片了；同居以后一两月，便连这些断片也化作无可追踪的梦影。我只记得那时以前的十几天，曾经很仔细地研究过表示的态度，排列过措辞的先后，以及倘或遭了拒绝以后的情形。可是临时似乎都无用，在慌张中，身不由己地竟用了在电影上见过的方法了。后来一想到，就使我很愧恧，但在记忆上却偏只有这一点永远留遗，至今还如暗室的孤灯一般，照见我含泪握着她的手，一条腿跪了下去……。

不但我自己的，便是子君的言语举动，我那时就没有看得分明；仅知道她已经允许我了。但也还仿佛记得她脸色变成青白，后来又渐渐转作绯红，——没有见过，也没有再见的绯红；孩子似的眼里射出悲喜，但是夹着惊疑的光，虽然力避我的视线，张皇地似乎要破窗飞去。然而我知道她已经允许我了，没有知道她怎样说或是没有说。

她却是什么都记得：我的言辞，竟至于读熟了的一般，能够滔滔背诵；我的举动，就如有一张我所看不见的影片挂在眼下，叙述得如生，很细微，自然连那使我不愿再想的浅薄的电影的一闪。夜阑人静，是相对温习的时候了，我常是被质问，被考验，并且被命复述当时的言语，然而常须由她补足，由她纠正，像一个丁等的学生。

这温习后来也渐渐稀疏起来。但我只要看见她两眼注视空中，出神似的凝想着，于是神色越加柔和，笑窝也深下去，便知道她又在自修旧课了，只是我很怕她看到我那可笑的电影的一闪。但我又知道，她一定要看见，而且也非看不可的。

然而她并不觉得可笑。即使我自己以为可笑，甚而至于可鄙的，她也毫不以为可笑。这事我知道得很清楚，因为她爱我，是这样地热烈，这样地纯真。

去年的暮春是最为幸福，也是最为忙碌的时光。我的心平静下去了，但又有别一部分和身体一同忙碌起来。我们这时才在路上同行，也到过几回公园，最多的是寻住所。我觉得在路上时时遇到探索，讥笑，猥亵和轻蔑的眼光，一不小心，便使我的全身有些瑟缩，只得即刻提起我的骄傲和反抗来支持。她却是大无畏的，对于这些全不关心，只是镇静地缓缓前行，坦然如入无人之境。

寻住所实在不是容易事，大半是被托辞拒绝，小半是我们以为不相宜。起先我们选择得很苛酷，——也非苛酷，因为看去大抵不像是我们的安身之所；后来，便只要他们能相容了。看了二十多处，这才得到可以暂且敷衍的处所，是吉兆胡同一所小屋里的两间南屋；主人是一个小官，然而倒是明白人，自住着正屋和厢房。他只有夫人和一个不到周岁的女孩子，雇一个乡下的女工，只要孩子不啼哭，是极其安闲幽静的。

我们的家具很简单，但已经用去了我的筹来的款子的大半；子君还卖掉了她唯一的金戒指和耳环。我拦阻她，还是定要卖，我也就不再坚持下去了；我知道不给她加入一点股分去，她是住不舒服的。

和她的叔子，她早经闹开，至于使他气愤到不再认她做侄女；我也陆续和几个自以为忠告，其实是替我胆怯，或者竟是嫉妒的朋友绝了交。然而这倒很清静。每日办公散后，虽然已近黄昏，车夫又一定走得这样慢，但究竟还有二人相对的时候。我们先是沉默的相视，接着是放怀而亲密的交谈，后来又是沉默。大家低头沉思着，却并未想着什么事。我也渐渐清醒地读遍了她的身体，她的灵魂，不过三星期，我似乎于她已经更加了解，揭去许多先前以为了解而现在看来却是隔膜，即所谓真的隔膜了。

子君也逐日活泼起来。但她并不爱花，我在庙会时买来的两盆小草花，四天不浇，枯死在壁角了，我又没有照顾一切的闲暇。然而她爱动物，也许是从官太太那里传染的罢，不一月，我们的眷属便骤然加得很多，四只小油鸡，在小院子里和房主人的十多只在一同走。但她们却认识鸡的相貌，各知道那一只是自家的。还有一只花白的叭儿狗，从庙会⁵买来，记得似乎原有名字，子君却给它另起了一个，叫作阿随。我就叫它阿随，但我不喜欢这名字。

这是真的，爱情必须时时更新，生长，创造。我和子君说起这，她也领会地点点头。

唉唉，那是怎样的宁静而幸福的夜呵！

安宁和幸福是要凝固的，永久是这样的安宁和幸福。我们在会馆里时，还偶有议论的冲突和意思的误会，自从到吉兆胡同以来，连这一点也没有了；我们只在灯下对坐的怀旧谭中，回味那时冲突以后的和解的重生一般的乐趣。

子君竟胖了起来，脸色也红活了；可惜的是忙。管了家务便连谈天的工夫也没有，何况读书和散步。我们常说，我们总还得雇一个女工。

这就使我也一样地不快活，傍晚回来，常见她包藏着不快活的颜色，尤其使我不乐的是她要装作勉强的笑容。幸而探听出来了，也还是和那小官太太的暗斗，导火线便是两家的小油鸡。但又何必硬不告诉我呢？人总该有一个独立的家庭。这样的处所，是不能居住的。

我的路也铸定了，每星期中的六天，是由家到局，又由局到家。在局里便坐在办公桌前抄，抄，抄些公文和信件；在家里是和她相对或帮她生白炉子，煮饭，蒸馒头。我的学会了煮饭，就在这时候。

但我的食品却比在会馆里时好得多了。做菜虽不是子君的特长，然而她于此却倾注着全力；对于她的日夜的操心，使我也不能不一同操心，来算作分甘共苦。况且她又这样地终日汗流满面，短发都粘在脑额上；两只手又只是这样地粗糙起来。

况且还要饲阿随，饲油鸡，……都是非她不可的工作。我曾经忠告她：我不吃，倒也罢了；却万不可这样地操劳。她只看了我一眼，不开口，神色却似乎有点凄然；我也只好不开口。然而她还是这样地操劳。

我所豫期的打击果然到来。双十节的前一晚，我呆坐着，她在洗碗。听到打门声，我去开门时，是局里的信差，交给我一张油印的纸条。我就有些料到了，到灯下去一看，果然，印着的就是：

奉

局长谕史涓生着毋庸到局办事

秘书处启 十月九号

这在会馆里时，我就早已料到了；那雪花膏便是局长的儿子的赌友，一定要去添些谣言，设法报告的。到现在才发生效验，已经要算是很晚的了。其实这在我不能算是一个打击，因为我早就决定，可以给别人去钞写，或者教读，或者虽然费力，也还可以译点书，况且《自由之友》的总编辑便是见过几次的熟人，两月前还通过信。但我的心却跳跃着。那么一个无畏的子君也变了色，尤其使我痛心；她近来似乎也较为怯弱了。

"那算什么。哼，我们干新的。我们……。"她说。

她的话没有说完；不知怎地，那声音在我听去却只是浮浮的；灯光也觉得格外黯淡。人们真是可笑的动物，一点极微末的小事情，便会受着很深的影响。我们先是默默地相视，逐渐商量起来，终于决定将现有的钱竭力节省，一面登"小广告"去寻求抄写和教读，一面写信给《自由之友》的总编辑，说明我目下的遭遇，请他收用我的译本，给我帮一点艰辛时候的忙。

"说做，就做罢！来开一条新的路！"

我立刻转身向了书案，推开盛香油的瓶子和醋碟，子君便送过那黯淡的灯来。我先拟广告；其次是选定可译的书，迁移以来未曾翻阅过，每本的头上都满漫着灰尘了；最后才写信。

我很费踌蹰，不知道怎样措辞好，当停笔凝思的时候，转眼去一瞥她的脸，在昏暗的灯光下，又很见得凄然。我真不料这样微细的小事情，竟会给坚决的，无畏的子君以这么显著的变化。她近来实在变得很怯弱了，但也并不是今夜才开始的。我的心因此更缭乱，忽然有安宁的生活的影像——会馆里的破屋的寂静，在眼前一闪，刚刚想定睛凝视，却又看见了昏暗的灯光。

许久之后，信也写成了，是一封颇长的信；很觉得疲劳，仿佛近来自己也较为怯弱了。于是我们决定，广告和发信，就在明日一同实行。大家不约而同地伸直了腰肢，在无言中，似乎又都感到彼此的坚忍倔强的精神，还看见从新萌芽起来的将来的希望。

外来的打击其实倒是振作了我们的新精神。局里的生活，原如鸟贩子手里的禽鸟一般，仅有一点小米维系残生，决不会肥胖；日子一久，只落得麻痹了翅子，即使放出笼外，早已不能奋飞。现在总算脱出这牢笼了，我从此要在新的开阔的天空中翱翔，趁我还未忘却了我的翅子的扇动。

小广告是一时自然不会发生效力的；但译书也不是容易事，先前看过，以为已经懂得的，一动手，却疑难百出了，进行得很慢。然而我决计努力地做，一本半新的字典，不到半月，边上便有了一大片乌黑的指痕，这就证明着我的工作的切实。《自由之友》的总编辑曾经说过，他的刊物是决不会埋没好稿子的。

可惜的是我没有一间静室，子君又没有先前那么幽静，善于体帖了，屋子里总是散乱着碗碟，弥漫着煤烟，使人不能安心做事，但是这自然还只能怨我自己无力置一间书斋。然而又加以阿随，加以油鸡们。加以油鸡们又大起来了，更容易成为两家争吵的引线。

加以每日的"川流不息"的吃饭；子君的功业，仿佛就完全建立在这吃饭中。吃了筹钱，筹来吃饭，还要喂阿随，饲油鸡；她似乎将先前所知道的全都忘掉了，也不想到我的构思就常常为了这催促吃饭而打断。即使在坐中给看一点怒色，她总是不改变，仍然毫无感触似的大嚼起来。

使她明白了我的作工不能受规定的吃饭的束缚，就费去五星期。她明白之后，大约很不高兴罢，可是没有说。我的工作果然从此较为迅速地进行，不久就共译了五万言，只要润色一回，便可以和做好的两篇小品，一同寄给《自由之友》去。只是吃饭却依然给我苦恼。菜冷，是无妨的，然而竟不够；有时连饭也不够，虽然我因为终日坐在家里用脑，饭量已经比先前要减少得多。这是先去喂了阿随了，有时还并那近来连自己也轻易不吃的羊肉。她说，阿随实在瘦得太可怜，房东太太还因此嗤笑我们了，她受不住这样的奚落。

于是吃我残饭的便只有油鸡们。这是我积久才看出来的，但同时也如赫胥黎[6]的论定"人类在宇宙间的位置"一般，自觉了我在这里的位置：不过是叭儿狗和油鸡之间。

后来，经多次的抗争和催逼，油鸡们也逐渐成为肴馔，我们和阿随都享用了十多日的鲜肥；可是其实都很瘦，因为它们早已每日只能得到几粒高粱了。从此便清静得多。只有子君很颓唐，似乎常觉得凄苦和无聊，至于不大愿意开口。我想，人是多么容易改变呵！

但是阿随也将留不住了。我们已经不能再希望从什么地方会有来信，子君也早没有一点食物可以引它打拱或直立起来。冬季又逼近得这么快，火炉就要成为很大的问题；它的食量，在我们其实早是一个极易觉得的很重的负担。于是连它也留不住了。

倘使插了草标[7]到庙市去出卖，也许能得几文钱罢，然而我们都不能，也不愿这样做。终于是用包袱蒙着头，由我带到西郊去放掉了，还要追上来，便推在一个并不很深的土坑里。

我一回寓，觉得又清静得多多了；但子君的凄惨的神色，却使我很吃惊。那是没有见过的神色，自然是为阿随。但又何至于此呢？我还没有说起推在土坑里的事。

到夜间，在她的凄惨的神色中，加上冰冷的分子了。

"奇怪。——子君，你怎么今天这样儿了？"我忍不住问。

"什么？"她连看也不看我。

"你的脸色……。"

"没有什么，——什么也没有。"

我终于从她言动上看出，她大概已经认定我是一个忍心的人。其实，我一个人，是容易生活的，虽然因为骄傲，向来不与世交来往，迁居以后，也疏远了所有旧识的人，然而只要能远走高飞，生路还宽广得很。现在忍受着这生活压迫的苦痛，大半倒是为她，便是放掉阿随，也何尝不如此。但子君的识见却似乎只是浅薄起来，竟至于连这一点也想不到了。

我拣了一个机会，将这些道理暗示她；她领会似的点头。然而看她后来的情形，她是没有懂，或者是并不相信的。

天气的冷和神情的冷，逼迫我不能在家庭中安身。但是，往那里去呢？大道上，公园里，虽然没有冰冷的神情，冷风究竟也刺得人皮肤欲裂。我终于在通俗图书馆里觅得了我的天堂。

那里无须买票；阅书室里又装着两个铁火炉。纵使不过是烧着不死不活的煤的火炉，但单是看见装着它，精神上也就总觉得有些温暖。书却无可看：旧的陈腐，新的是几乎没有的。

好在我到那里去也并非为看书。另外时常还有几个人，多则十余人，都是单薄衣裳，正如我，各人看各人的书，作为取暖的口实。这于我尤为合式。道路上容易遇见熟人，得到轻蔑的一瞥，但此地却决无那样的横祸，因为他们是永远围在别的铁炉旁，或者靠在自家的白炉边的。

那里虽然没有书给我看，却还有安闲容得我想。待到孤身枯坐，回忆从前，这才觉得大半年来，只为了爱，——盲目的爱，——而将别的人生的要义全盘疏忽了。第一，便是生活。人必生活着，爱才有所附依。世界上并非没有为了奋斗者而开的活路；我也还未忘却翅子的扇动，虽然比先前已经颓唐得多……

屋子和读者渐渐消失了，我看见怒涛中的渔夫，战壕中的兵士，摩托车中的贵人，洋场上的投机家，深山密林中的豪杰，讲台上的教授，昏夜的运动者和深夜的偷儿……子君，——不在近旁。她的勇气都失掉了，只为着阿随悲愤，为着做饭出神；然而奇怪的是倒也并不怎样瘦损……

冷了起来，火炉里的不死不活的几片硬煤，也终于烧尽了，已是闭馆的时候。又须回到吉兆胡同，领略冰冷的颜色去了。近来也间或遇到温暖的神情，但这却反而增加我的苦痛。记得有一夜，子君的眼里忽而又发出久已不见的稚气的光来，笑着和我谈到还在会馆时候的情形，时时又很带些恐怖的神色。我知道我近来的超过她的冷漠，已经引起她的忧疑来，只得也勉力谈笑，想给她一点慰藉。然而我的笑貌一上脸，我的话一出口，却即刻变为空虚，这空虚又即刻发生反响，回向我的耳目里，给我一个难堪的恶毒的冷嘲。

子君似乎也觉得的，从此便失掉了她往常的麻木似的镇静，虽然竭力掩饰，总还是时时露出忧疑的神色来，但对我却温和得多了。

我要明告她，但我还没有敢，当决心要说的时候，看见她孩子一般的眼色，就使我只得暂且改作勉强的欢容。但是这又即刻来冷嘲我，并使我失却那冷漠的镇静。

她从此又开始了往事的温习和新的考验，逼我做出许多虚伪的温存的答案来，将温存示给她，虚伪的草稿便写在自己的心上。我的心渐被这些草稿填满了，常觉得难于呼吸。我在苦恼中常常想，说真实自然须有极大的勇气的；假如没有这勇气，而苟安于虚伪，那也便是不能开辟新的生路的人。不独不是这个，连这人也未尝有！

子君有怨色，在早晨，极冷的早晨，这是从未见过的，但也许是从我看来的怨色。我那时冷冷地气愤和暗笑了；她所磨练的思想和豁达无畏的言论，到底也还是一个空虚，而对于这空虚却并未自觉。她早已什么书也不看，已不知道人的生活的第一着是求生，向着这求生的道路，是必须携手同行，或奋身孤往的了，倘使只知道搋着一个人的衣角，那便是虽战士也难于战斗，只得一同灭亡。

我觉得新的希望就只在我们的分离；她应该决然舍去，——我也突然想到她的死，然而立刻自责，忏悔了。幸而是早晨，时间正多，我可以说我的真实。我们的新的道路的开辟，便在这一遭。

我和她闲谈，故意地引起我们的往事，提到文艺，于是涉及外国的文人，文人的作品：《诺拉》，《海的女人》[8]。称扬诺拉的果决……也还是去年在会馆的破屋里讲过的那些话，但现在已经变成空虚，从我的嘴传入自己的耳中，时时疑心有一个隐形的坏孩子，在背后恶意地刻毒地学舌。

她还是点头答应着倾听，后来沉默了。我也就断续地说完了我的话，连余音都消失在虚空中了。

"是的。"她又沉默了一会，说，"但是，……涓生，我觉得你近来很两样了。可是的？你，——你老实告诉我。"

我觉得这似乎给了我当头一击，但也立即定了神，说出我的意见和主张来：新的路的开辟，新的生活的再造，为的是免得一同灭亡。

临末，我用了十分的决心，加上这几句话：

"……况且你已经可以无须顾虑，勇往直前了。你要我老实说；是的，人是不该虚伪的。我老实说罢：因为，因为我已经不爱你了！但这于你倒好得多，因为你更可以毫无挂念地做事……"

我同时豫期着大的变故的到来，然而只有沉默。她脸色陡然变成灰黄，死了似的；瞬间便又苏生，眼里也发了稚气的闪闪的光泽。这眼光射向四处，正如孩子在饥渴中寻求着慈爱的母亲，但只在空中寻求，恐怖地回避着我的眼。

我不能看下去了，幸而是早晨，我冒着寒风径奔通俗图书馆。

在那里看见《自由之友》，我的小品文都登出了。这使我一惊，仿佛得了一点生气。我想，生活的路还很多，——但是，现在这样也还是不行的。

我开始去访问久已不相闻问的熟人，但这也不过一两次；他们的屋子自然是暖和的，我在骨髓中却觉得寒冽。夜间，便蜷伏在比冰还冷的冷屋中。

冰的针刺着我的灵魂，使我永远苦于麻木的疼痛。生活的路还很多，我也还没有忘却翅子的扇动，我想。——我突然想到她的死，然而立刻自责，忏悔了。

在通俗图书馆里往往瞥见一闪的光明，新的生路横在前面。她勇猛地觉悟了，毅然走出这冰冷的家，而且，——毫无怨恨的神色。我便轻如行云，漂浮空际，上有蔚蓝的天，下是深山大海，广厦高楼，战场，摩托车[9]，洋场，公馆，晴明的闹市，黑暗的夜……

而且，真的，我豫感得这新生面便要来到了。

我们总算度过了极难忍受的冬天，这北京的冬天；就如蜻蜓落在恶作剧的坏孩子的手里一般，被系着细线，尽情玩弄，虐待，虽然幸而没有送掉性命，结果也还是躺在地上，只争着一个迟早之间。

写给《自由之友》的总编辑已经有三封信，这才得到回信，信封里只有两张书券[10]：两角的和三角的。我却单是催，就用了九分的邮票，一天的饥饿，又都白挨给于己一无所得的空虚了。

然而觉得要来的事，却终于来到了。

这是冬春之交的事，风已没有这么冷，我也更久地在外面徘徊；待到回家，大概已经昏黑。就在这样一个昏黑的晚上，我照常没精打采地回来，一看见寓所的门，也照常更加丧气，使脚步放得更缓。但终于走进自己的屋子里了，没有灯火；摸火柴点起来时，是异样的寂寞和空虚！

正在错愕中，官太太便到窗外来叫我出去。

"今天子君的父亲来到这里，将她接回去了。"她很简单地说。

这似乎又不是意料中的事，我便如脑后受了一击，无言地站着。

"她去了么？"过了些时，我只问出这样一句话。

"她去了。"

"她，——她可说什么？"

"没说什么。单是托我见你回来时告诉你，说她去了。"

我不信；但是屋子里是异样的寂寞和空虚。我遍看各处，寻觅子君；只见几件破旧而黯淡的家具，都显得极其清疏，在证明着它们毫无隐匿一人一物的能力。我转念寻信或她留下的字迹，也没有；只是盐和干辣椒，面粉，半株白菜，却聚集在一处了，旁边还有几十枚铜元。这是我们两人生活材料的全副，现在她就郑重地将这留给我一个人，在不言中，教我借此去维持较久的生活。

我似乎被周围所排挤，奔到院子中间，有昏黑在我的周围；正屋的纸窗上映出明亮的灯光，他们正在逗着孩子推笑。我的心也沉静下来，觉得在沉重的迫压中，渐渐隐约地现出脱走的路径：深山大泽，洋场，电灯下的盛筵；壕沟，最黑最黑的深夜，利刃的一击，毫无声响的脚步……

心地有些轻松，舒展了，想到旅费，并且嘘一口气。

躺着，在合着的眼前经过的豫想的前途，不到半夜已经现尽；暗中忽然仿佛看见一堆食物，这之后，便浮出一个子君的灰黄的脸来，睁了孩子气的眼睛，恳托似的看着我。我一定神，什么也没有了。

但我的心却又觉得沉重。我为什么偏不忍耐几天，要这样急急地告诉她真话的呢？现在她知道，她以后所有的只是她父亲——儿女的债主——的烈日一般的严威和旁人的赛过冰霜的冷眼。此外便是虚空。负着虚空的重担，在严威和冷眼中走着所谓人生的路，这是怎么可怕的事呵！而况这路的尽头，又不过是——连墓碑也没有的坟墓。

我不应该将真实说给子君，我们相爱过，我应该永久奉献她我的说谎。如果真实可以宝贵，这在子君就不该是一个沉重的空虚。谎语当然也是一个空虚，然而临末，至多也不过这样地沉重。

我以为将真实说给子君，她便可以毫无顾虑，坚决地毅然前行，一如我们将要同居时那样。但这恐怕是我错误了。她当时的勇敢和无畏是因为爱。

我没有负着虚伪的重担的勇气，却将真实的重担卸给她了。她爱我之后，就要负了这重担，在严威和冷眼中走着所谓人生的路。

我想到她的死……我看见我是一个卑怯者，应该被摈于强有力的人们，无论是真实者，虚伪者。然而她却自始至终，还希望我维持较久的生活……

我要离开吉兆胡同，在这里是异样的空虚和寂寞。我想，只要离开这里，子君便如还在我的身边；至少，也如还在城中，有一天，将要出乎意表地访我，像住在会馆时候似的。

然而一切请托和书信，都是一无反响；我不得已，只好访问一个久不问候的世交去了。他是我伯父的幼年的同窗，以正经出名的拔贡[11]，寓京很久，交游也广阔的。

大概因为衣服的破旧罢，一登门便很遭门房的白眼。好容易才相见，也还相识，但是很冷落。我们的往事，他全都知道了。

"自然，你也不能在这里了，"他听了我托他在别处觅事之后，冷冷地说，"但那里去呢？很难。——你那，什么呢，你的朋友罢，子君，你可知道，她死了。"

我惊得没有话。

"真的？"我终于不自觉地问。

"哈哈。自然真的。我家的王升的家，就和她家同村。"

"但是，——不知道是怎么死的？"

"谁知道呢。总之是死了就是了。"

我已经忘却了怎样辞别他，回到自己的寓所。我知道他是不说谎话的；子君总不会再来了，像去年那样。她虽是想在严威和冷眼中负着虚空的重担来走所谓人生的路，也已经不能。她的命运，已经决定她在我所给与的真实——无爱的人间死灭了！

自然，我不能在这里了；但是，"那里去呢？"

四围是广大的空虚，还有死的寂静。死于无爱的人们的眼前的黑暗，我仿佛一一看见，还听得一切苦闷和绝望的挣扎的声音。

我还期待着新的东西到来，无名的，意外的。但一天一天，无非是死的寂静。

我比先前已经不大出门，只坐卧在广大的空虚里，一任这死的寂静侵蚀着我的灵魂。死的寂静有时也自己战栗，自己退藏，于是在这绝续之交，便闪出无名的，意外的，新的期待。

一天是阴沉的上午，太阳还不能从云里面挣扎出来；连空气都疲乏着。耳中听到细碎的步声和咻咻的鼻息，使我睁开眼。大致一看，屋子里还是空虚；但偶然看到地面，却盘旋着一匹小小的动物，瘦弱的，半死的，满身灰土的……

我一细看，我的心就一停，接着便直跳起来。

那是阿随。它回来了。

我的离开吉兆胡同，也不单是为了房主人们和他家女工的冷眼，大半就为着这阿随。但是，"那里去呢?"新的生路自然还很多，我约略知道，也间或依稀看见，觉得就在我面前，然而我还没有知道跨进那里去的第一步的方法。

经过许多回的思量和比较，也还只有会馆是还能相容的地方。依然是这样的破屋，这样的板床，这样的半枯的槐树和紫藤，但那时使我希望，欢欣，爱，生活的，却全都逝去了，只有一个虚空，我用真实去换来的虚空存在。

新的生路还很多，我必须跨进去，因为我还活着。但我还不知道怎样跨出那第一步。有时，仿佛看见那生路就像一条灰白的长蛇，自己蜿蜒地向我奔来，我等着，等着，看看临近，但忽然便消失在黑暗里了。

初春的夜，还是那么长。长久的枯坐中记起上午在街头所见的葬式，前面是纸人纸马，后面是唱歌一般的哭声。我现在已经知道他们的聪明了，这是多么轻松简截的事。

然而子君的葬式却又在我的眼前，是独自负着虚空的重担，在灰白的长路上前行，而又即刻消失在周围的严威和冷眼里了。

我愿意真有所谓鬼魂，真有所谓地狱，那么，即使在孽风怒吼之中，我也将寻觅子君，当面说出我的悔恨和悲哀，祈求她的饶恕；否则，地狱的毒焰将围绕我，猛烈地烧尽我的悔恨和悲哀。

我将在孽风和毒焰中拥抱子君，乞她宽容，或者使她快意……

但是，这却更虚空于新的生路；现在所有的只是初春的夜，竟还是那么长。我活着，我总得向着新的生路跨出去，那第一步，——却不过是写下我的悔恨和悲哀，为子君，为自己。

我仍然只有唱歌一般的哭声，给子君送葬，葬在遗忘中。

我要遗忘；我为自己，并且要不再想到这用了遗忘给子君送葬。

我要向着新的生路跨进第一步去，我要将真实深深地藏在心的创伤中，默默地前行，用遗忘和说谎做我的前导……

一九二五年十月二十一日毕

注释

1. 本篇选自鲁迅小说集《彷徨》，他是鲁迅先生唯一一篇以青年恋爱和婚姻为题材的小说。

2. 会馆：旧时都市中同乡会或同业公会设立的馆舍，供同乡或同业旅居、聚会之用。

3. 长班：旧时官员的随身仆人，也用来称呼一般的"听差"。

4. 伊孛生（H. Ibsen, 1828—1906）：通译易卜生，挪威剧作家。泰戈尔（R. Tagore, 1861—1941），印度诗人，1924年曾来过我国。当时他的诗作译成中文的有《新月集》《飞鸟集》等。雪莱（P. B. Shelley, 1792—1822），英国诗人。曾参加爱尔兰民族独立运动，因传播革命思想和争取婚姻自由屡遭迫害。后在海里覆舟淹死。他的《西风颂》《云雀颂》等著名短诗，"五四运动"后被介绍到我国。

5. 庙会：又称"庙市"，旧时在节日或规定的日子，设在寺庙或其附近的集市。

6. 赫胥黎（T. Huxley, 1825—1895）：英国生物学家。他的《人类在宇宙间的位置》（今译《人类在自然界的位置》），是宣传达尔文的进化论的重要著作。

7. 草标：旧时在被卖的人身或物品上插置的草杆，作为出卖的标志。

8. 《诺拉》追通译《娜拉》（又译作《玩偶之家》）；《海的女人》，通译《海的夫人》。都是易卜生的著名剧作。

9. 摩托车：当时对小汽车的称呼。

10. 书券：购书用的代价券，可按券面金额到指定书店选购。旧时有的报刊用它代替现金支付稿酬。

11. 拔贡：清代科举考试制度：在规定的年限（原定六年，后改为十二年）选拔"文行兼优"的秀才，保送到京师，贡人国子监，称为"拔贡"，是贡生的一种。

思考探究

1. 你认为子君是新女性吗，为什么？
2. 涓生在故事中是否表现出了自我反省和成长？如果有，体现在哪些方面？
3. 导致涓生和子君爱情走向悲剧的原因是什么？

受戒[1]

汪曾祺

文学常识

汪曾祺（1920—1997），江苏高邮人，当代著名作家、戏剧家，京派作家代表人物。1939 年考入国立西南联合大学中国文学系，20 世纪 40 年代初开始发表小说，受沈从文指导。1964 年，参与现代京剧《芦荡火种》的改编（后易名为《沙家浜》）。比较有影响力的小说有《受戒》《大淖记事》《异秉》等。

明海出家已经四年了。

他是十三岁来的。

这个地方的地名有点怪，叫庵赵庄。赵，是因为庄上大都姓赵。叫做庄，可是人家住得很分散，这里两三家，那里两三家。一出门，远远可以看到，走起来得走一会儿，因为没有大路，都是弯弯曲曲的田埂。庵，是因为有一个庵。庵叫苦提庵，可是大家叫讹了，叫成荸荠庵。连庵里的和尚也这样叫。"宝刹何处？"——"荸荠庵。"庵本来是住尼姑的。"和尚庙"、"尼姑庵"嘛。可是荸荠庵住的是和尚。也许因为荸荠庵不大，大者为庙，小者为庵。

明海在家叫小明子。他是从小就确定要出家的。他的家乡不叫"出家"，叫"当和尚"。他的家乡出和尚。就像有的地方出劁猪的，有的地方出织席子的，有的地方出箍桶的，有的地方出弹棉花的，有的地方出画匠，有的地方出婊子，他的家乡出和尚。人家弟兄多，就派一个出去当和尚。当和尚也要通过关系，也有帮。这地方的和尚有的走得很远。有到杭州灵隐寺的、上海静安寺的、镇江金山寺的、扬州天宁寺的。一般的就在本县的寺庙。明海家田少，老大、老二、老三，就足够种的了。他是老四。他七岁那年，他当和尚的舅舅回家，他爹、他娘就和舅舅商议，决定叫他当和尚。他当时在旁边，觉得这实在是在情在理，没有理由反对。当和尚有很多好处。一是可以吃现成饭。哪个庙里都是管饭的。二是可以攒钱。只要学会了放瑜伽焰口，拜梁皇忏，可以按例分到辛苦钱。积攒起来，将来还俗娶亲也可以；不想还俗，买几亩田也可以。当和尚也不容易，一要面如朗月，二要声如钟磬，三要聪明记性好。他舅舅给他相了相面，叫他前走几步，后走几步，又叫他喊了一声赶牛打场的号子："格当嘚——"，说是"明子准能当个好和尚，我包了！"要当和尚，得下点本，——念几年书。哪儿有不认字的和尚呢！于是明子就开蒙入学，读了《三字经》《百家姓》《四言杂字》《幼学琼林》《上论、下论》《上孟、下孟》，每天还写一张仿。村里都夸他字写得好，很黑。

舅舅按照约定的日期又回了家，带了一件他自己穿的和尚领的短衫，叫明子娘改小一点，给明子穿上。明子穿了这件和尚短衫，下身还是在家穿的紫花裤子，赤脚穿了一双新布鞋，跟他爹、他娘磕了一个头，就随舅舅走了。

他上学时起了个学名，叫明海。舅舅说，不用改了。于是"明海"就从学名变成了法名。

过了一个湖。好大一个湖！穿过一个县城。县城真热闹：官盐店，税务局，肉铺里挂着成片的猪，一个驴子在磨芝麻，满街都是小磨香油的香味，布店，卖茉莉粉、梳头油的什么斋，卖绒花的，卖丝线的，打把式卖膏药的，吹糖人的，耍蛇的……他什么都想看看。舅舅一劲地推他："快走！快走！"

到了一个河边，有一只船在等着他们。船上有一个五十来岁的瘦长瘦长的大伯，船头蹲着一个跟明子差不多大的女孩子，在剥一个莲蓬吃。明子和舅舅坐到舱里，船就开了。

明子听见有人跟他说话，是那个女孩子。

"是你要到荸荠庵当和尚吗？"

明子点点头。

"当和尚要烧戒疤呕！你不怕？"

明子不知道怎么回答，就含含糊糊地摇了摇头。

"你叫什么？"

"明海。"

"在家的时候？"

"叫明子。"

"明子！我叫小英子！我们是邻居。我家挨着荸荠庵。——给你！"

小英子把吃剩的半个莲蓬扔给明海，小明子就剥开莲蓬壳，一颗一颗吃起来。

大伯一桨一桨地划着，只听见船桨拨水的声音：

"哗——许！哗——许！"

……

荸荠庵的地势很好，在一片高地上。这一带就数这片地势高，当初建庵的人很会选地方。门前是一条河。门外是一片很大的打谷场。三面都是高大的柳树。山门里是一个穿堂。迎门供着弥勒佛。不知是哪一位名士撰写了一副对联：

> 大肚能容容天下难容之事
> 开颜一笑笑世间可笑之人

弥勒佛背后，是韦驮。过穿堂，是一个不小的天井，种着两棵白果树。天井两边各有三间厢房。走过天井，便是大殿，供着三世佛。佛像连龛才四尺来高。大殿东边是方丈，西边是库房。大殿东侧，有一个小小的六角门，白门绿字，刻着一副对联：

> 一花一世界
> 三藐三菩提

进门有一个狭长的天井，几块假山石，几盆花，有三间小房。

小和尚的日子清闲得很。一早起来，开山门，扫地。庵里的地铺的都是箩底方砖，好扫得很，给弥勒佛、韦驮烧一炷香，正殿的三世佛面前也烧一炷香、磕三个头、念三声"南无阿弥陀佛"，敲三声磬。这庵里的和尚不兴做什么早课、晚课，明子这三声磬就全都代替了。然后，挑水，喂猪。然后，等当家和尚，即明子的舅舅起来，教他念经。

教念经也跟教书一样，师父面前一本经，徒弟面前一本经，师父唱一句，徒弟跟着唱一句。是唱哎。舅舅一边唱，一边还用手在桌上拍板。一板一眼，拍得很响，就跟教唱戏一样。是跟教唱戏一样，完全一样哎。连用的名词都一样。舅舅说，念经：一要板眼准，二要合工尺。说：当一个好和尚，得有条好嗓子。说：民国二十年闹大水，运河倒了堤，最后在清水潭合龙，因为大水淹死的人很多，放了一台大焰口，十三大师——十三个正座和尚，各大庙的方丈都来了，下面的和尚上百。谁当这个首座？推来推去，还是石桥——善因寺的方丈！他往上一坐，就跟地藏王菩萨一样，这就不用说了；那一声"开香赞"，围看的上千人立时鸦雀无声。说：嗓子要练，夏练三伏，冬练三九，要练丹田气！说：要吃得苦中苦，方为人上人！说：和尚里也有状元、榜眼、探花！要用心，不要贪玩！舅舅这一番大法要说得明海和尚实在是五体投地，于是就一板一眼地跟着舅舅唱起来：

> "炉香乍爇——"
> "炉香乍爇——"
> "法界蒙薰——"
> "法界蒙薰——"
> "诸佛现金身……"

"诸佛现金身……"

……

等明海学完了早经，——他晚上临睡前还要学一段，叫做晚经，——荸荠庵的师父们就都陆续起床了。

这庵里人口简单，一共六个人。连明海在内，五个和尚。

有一个老和尚，六十几了，是舅舅的师叔，法名普照，但是知道的人很少，因为很少人叫他法名，都称之为老和尚或老师父，明海叫他师爷爷。这是个很枯寂的人，一天关在房里，就是那"一花一世界"里。也看不见他念佛，只是那么一声不响地坐着。他是吃斋的，过年时除外。

下面就是师兄弟三个，仁字排行：仁山、仁海、仁渡。庵里庵外，有的称他们为大师父、二师父；有的称之为山师父、海师父。只有仁渡，没有叫他"渡师父"的，因为听起来不像话，大都直呼之为仁渡。他也只配如此，因为他还年轻，才二十多岁。

仁山，即明子的舅舅，是当家的。不叫"方丈"，也不叫"住持"，却叫"当家的"，是很有道理的，因为他确确实实干的是当家的职务。他屋里摆的是一张账桌，桌子上放的是账簿和算盘。账簿共有三本。一本是经账，一本是租账，一本是债账。和尚要做法事，做法事要收钱，——要不，当和尚干什么？常做的法事是放焰口。正规的焰口是十个人。一个正座，一个敲鼓的，两边一边四个。人少了，八个，一边三个，也凑合了。荸荠庵只有四个和尚，要放整焰口就得和别的庙里合伙。这样的时候也有过。通常只是放半台焰口。一个正座，一个敲鼓，另外一边一个。一来找别的庙里合伙费事；二来这一带放得起整焰口的人家也不多。有的时候，谁家死了人，就只请两个，甚至一个和尚咕噜咕噜念一通经，敲打几声法器就算完事。很多人家的经钱不是当时就给，往往要等秋后才还。这就得记账。另外，和尚放焰口的辛苦钱不是一样的。就像唱戏一样，有份子。正座第一份。因为他要领唱，而且还要独唱。当中有一大段"叹骷髅"，别的和尚都放下法器休息，只有首座一个人有板有眼地曼声吟唱。第二份是敲鼓的。你以为这容易呀？哼，单是一开头的"发擂"，手上没工夫就敲不出迟疾顿挫！其余的，就一样了。这也得记上：某月某日、谁家焰口半台，谁正座，谁敲鼓……省得到年底结账时赌咒骂娘。这庵里有几十亩庙产，租给人种，到时候要收租。庵里还放债。租、债一向倒很少亏欠，因为租佃借钱的人怕菩萨不高兴。这三本账就够仁山忙的了。另外香烛灯火、油盐"福食"，这也得随时记记账呀。除了账簿之外，山师父的方丈的墙上还挂着一块水牌，上漆四个红字："勤笔免思"。

仁山所说当一个好和尚的三个条件，他自己其实一条也不具备。他的相貌只要用两个字就说清楚了：黄，胖。声音也不像钟磬，倒像母猪。聪明么？难说，打牌老输。他在庵里从不穿袈裟，连海青直裰也免了。经常是披着件短僧衣，袒露着一个黄色的肚子。下面是光脚趿拉着一对僧鞋，——新鞋他也是趿拉着。他一天就是这样不衫不履地这里走走，那里走走，发出母猪一样的声音："嗯——嗯——"。

二师父仁海。他是有老婆的。他老婆每年夏秋之间来住几个月，因为庵里凉快。庵里有六个人，其中之一，就是这位和尚的家眷。仁山、仁渡叫她嫂子，明海叫她师娘。这两口子都很爱干净，整天地洗涮。傍晚的时候，坐在天井里乘凉。白天，闷在屋里不出来。

三师父是个很聪明精干的人。有时一笔账大师兄扒了半天算盘也算不清，他眼珠子转两转，早算得一清二楚。他打牌赢的时候多，二三十张牌落地，上下家手里有些什么牌，他就差不多都知道了。他打牌时，总有人爱在他后面看歪头胡。谁家约他打牌，就说："想送两个钱给你。"他不但经忏俱通（小庙的和尚能够拜忏的不多），而且身怀绝技，会"飞铙"。七月间有些地方做盂兰会，在旷地上放大焰口，几十个和尚，穿绣花袈裟，飞铙。飞铙就是把十多斤重的大铙钹飞起来。到了一定的时候，全部法器皆停，只几十副大铙紧张急促地敲起来。忽然起手，大铙向半空中飞去，一面飞，一面旋转。然后，又落下来，接住。接住不是平平常常地接住，有各种架势，"犀牛望月""苏秦背剑"……这哪儿是念经，这是耍杂技。也许是地藏王菩萨爱看这个，但真正因此快乐起来的是人，尤其是妇女和孩子。这是年轻漂亮的和尚出风头的机会。一场大焰口过后，也像一个好戏班子过后一样，会有一个两个大姑娘、小媳妇失踪，——跟和尚跑了。他还会放"花焰口"。有的人家，亲戚中多风流子弟，在不是很哀伤的佛事——如做冥寿时，就会提出放花焰口。所谓"花焰口"就是在正焰口之后，叫和尚唱小调，拉丝弦，吹管笛，敲鼓板，而且可以点唱。仁渡一个人可以唱一夜不重头。仁渡前几年一直在外面，近二年才常住在庵里。据说他有相好的，而且不止一个。他平常可是很规矩，看到姑娘媳妇总是老老实实的，连一句玩笑话都不说，一句小调山歌都不唱。有一回，在打谷场上乘凉的时候，一伙人把他围起来，非叫他唱两个不可。他却情不过，说："好，唱一个。不唱家乡的。家乡的你们都熟，唱个安徽的。"

> 姐和小郎打大麦，
>
> 一转子讲得听不得。
>
> 听不得就听不得，
>
> 打完了大麦打小麦。

唱完了，大家还嫌不够，他就又唱了一个：

姐儿生得漂漂的，

两个奶子翘翘的。

有心上去摸一把，

心里有点跳跳的。

……

这个庵里无所谓清规，连这两个字也没人提起。

仁山吃水烟，连出门做法事也带着他的水烟袋。

他们经常打牌。这是个打牌的好地方。把大殿上吃饭的方桌往门口一搭，斜放着，就是牌桌。桌子一放好，仁山就从他的方丈里把筹码拿出来，哗啦一声倒在桌上。斗纸牌的时候多，搓麻将的时候少。牌客除了师兄弟三人，常来的是一个收鸭毛的，一个打兔子兼偷鸡的，都是正经人。收鸭毛的担一副竹筐，串乡串镇，拉长了沙哑的声音喊叫：

"鸭毛卖钱——！"

偷鸡的有一件家什——铜蜻蜓。看准了一只老母鸡，把铜蜻蜓一丢，鸡婆子上去就是一口。这一啄，铜蜻蜓的硬簧绷开，鸡嘴撑住了，叫不出来了。正在这鸡十分纳闷的时候，上去一把薅住。

明子曾经跟这位正经人要过铜蜻蜓看看。他拿到小英子家门前试了一试，果然！小英的娘知道了，骂明子：

"要死了！儿子！你怎么到我家来玩铜蜻蜓了！"

小英子跑过来：

"给我！给我！"

她也试了试，真灵，一个黑母鸡一下子就把嘴撑住，傻了眼了！

下雨阴天，这二位就光临荸荠庵，消磨一天。

有时没有外客，就把老师叔也拉出来，打牌的结局，大都是当家和尚气得鼓鼓的："×妈妈的！又输了！下回不来了！"

他们吃肉不瞒人。年下也杀猪。杀猪就在大殿上。一切都和在家人一样，开水、木桶、尖刀。捆猪的时候，猪也是没命地叫。跟在家人不同的，是多一道仪式，要给即将升天的猪念一道"往生咒"，并且总是老师叔念，神情很庄重：

"……一切胎生、卵生、息生，来从虚空来，还归虚空去。往生再世，皆当欢喜。南无阿弥陀佛！"

三师父仁渡一刀子下去，鲜红的猪血就带着很多沫子喷出来。

......

明子老往小英子家里跑。

小英子的家像一个小岛，三面都是河，西面有一条小路通到荸荠庵。独门独户，岛上只有这一家。岛上有六棵大桑树，夏天都结大桑葚，三棵结白的，三棵结紫的；一个菜园子，瓜豆蔬菜，四时不缺。院墙下半截是砖砌的，上半截是泥夯的。大门是桐油油过的，贴着一副万年红的春联：

向阳门第春常在

积善人家庆有余

门里是一个很宽的院子。院子里一边是牛屋、碓棚；一边是猪圈、鸡窠，还有个关鸭子的栅栏。露天地放着一具石磨。正北面是住房，也是砖基土筑，上面盖的一半是瓦，一半是草。房子翻修了才三年，木料还露着白茬。正中是堂屋，家神菩萨的画像上贴的金还没有发黑。两边是卧房。隔扇窗上各嵌了一块一尺见方的玻璃，明亮亮的，——这在乡下是不多见的。房檐下一边种着一棵石榴树，一边种着一棵栀子花，都齐房檐高了。夏天开了花，一红一白，好看得很。栀子花香得冲鼻子。顺风的时候，在荸荠庵都闻得见。

这家人口不多，他家当然是姓赵。一共四口人：赵大伯、赵大妈，两个女儿，大英子、小英子。老两口没得儿子。因为这些年人不得病，牛不生灾，也没有大旱大水闹蝗虫，日子过得很兴旺。他们家自己有田，本来够吃的了，又租种了庵上的十亩田。自己的田里，一亩种了荸荠，——这一半是小英子的主意，她爱吃荸荠，一亩种了茨菇。家里喂了一大群鸡鸭，单是鸡蛋鸭毛就够一年的油盐了。赵大伯是个能干人。他是一个"全把式"，不但田里场上样样精通，还会罩鱼、洗磨、凿砻、修水车、修船、砌墙、烧砖、箍桶、劈篾、绞麻绳。他不咳嗽，不腰疼，结结实实，像一棵榆树。人很和气，一天不声不响。赵大伯是一棵摇钱树，赵大娘就是个聚宝盆。大娘精神得出奇。五十岁了，两个眼睛还是清亮亮的。不论什么时候，头都是梳得滑溜溜的，身上衣服都是格挣挣的。像老头子一样，她一天不闲着。煮猪食，喂猪，腌咸菜，——她腌的咸萝卜干非常好吃，舂粉子，磨小豆腐，编蓑衣，织芦篚。她还会剪花样子。这里嫁闺女，陪嫁妆，磁坛子、锡罐子，都要用梅红纸剪出吉祥花样，贴在上面，讨个吉利，也才好看："丹凤朝阳"呀、"白头到老"呀、"子孙万代"呀、"福寿绵长"呀。二三十里的人家都来请她："大娘，好日子是十六，你哪天去呀？"——"十五，我一大清早就来！"

"一定呀！"——"一定！一定！"

两个女儿，长得跟她娘像一个模子里托出来的。眼睛长得尤其像，白眼珠鸭蛋青，黑眼珠棋子黑，定神时如清水，闪动时像星星。浑身上下，头是头，脚是脚。头发滑溜溜的，衣服格挣挣的。——这里的风俗，十五六岁的姑娘就都梳上头了。这两个丫头，这一头的好头发！通红的发根，雪白的簪子！娘女三个去赶集，一集的人都朝她们望。

姐妹俩长得很像，性格不同。大姑娘很文静，话很少，像父亲。小英子比她娘还会说，一天咭咭呱呱地不停。大姐说：

"你一天到晚咭咭呱呱——"

"像个喜鹊！"

"你自己说的！——吵得人心乱！"

"心乱？"

"心乱！"

"你心乱怪我呀！"

二姑娘话里有话。大英子已经有了人家。小人她偷偷地看过，人很敦厚，也不难看，家道也殷实，她满意。已经下过小定，日子还没有定下来。她这二年，很少出房门，整天赶她的嫁妆。大裁大剪，她都会。挑花绣花，不如娘。她可又嫌娘出的样子太老了。她到城里看过新娘子，说人家现在绣的都是活花活草。这可把娘难住了。最后是喜鹊忽然一拍屁股："我给你保举一个人！"

这人是谁？是明子。明子念"上孟下孟"的时候，不知怎么得了半套《芥子园》，他喜欢得很。到了荸荠庵，他还常翻出来看，有时还把旧账簿子翻过来，照着描。小英子说：

"他会画！画得跟活的一样！"

小英子把明海请到家里来，给他磨墨铺纸，小和尚画了几张，大英子喜欢得了不得：

"就是这样！就是这样！这就可以乱孱！"——所谓"乱孱"是绣花的一种针法：绣了第一层，第二层的针脚插进第一层的针缝，这样颜色就可由深到淡，不露痕迹，不像娘那一代绣的花是平针，深浅之间，界限分明，一道一道的。小英子就像个书童，又像个参谋：

"画一朵石榴花！"

"画一朵栀子花！"

她把花掐来，明海就照着画。

到后来，凤仙花、石竹子、水蓼、淡竹叶，天竺果子、腊梅花，他都能画。

大娘看着也喜欢，搂住明海的和尚头：

"你真聪明！你给我当一个干儿子吧！"

小英子捺住他的肩膀，说：

"快叫！快叫！"

小明子跪在地下磕了一个头，从此就叫小英子的娘做干娘。

大英子绣的三双鞋，三十里方圆都传遍了。很多姑娘都走路坐船来看。看完了，就说："啧啧啧，真好看！这哪是绣的，这是一朵鲜花！"她们就拿了纸来央大娘求了小和尚来画。有求画帐檐的，有求画门帘飘带的，有求画鞋头花的。每回明子来画花，小英子就给他做点好吃的，煮两个鸡蛋，蒸一碗芋头，煎几个藕团子。

因为照顾姐姐赶嫁妆，田里的零碎生活小英子就全包了。她的帮手，是明子。

这地方的忙活是栽秧、车高田水，薅头遍草，再就是割稻子、打场了。这几荐重活，自己一家是忙不过来的。这地方兴换工。排好了日期，几家顾一家，轮流转。不收工钱，但是吃好的。一天吃六顿，两头见肉，顿顿有酒。干活时，敲着锣鼓，唱着歌，热闹得很。其余的时候，各顾各，不显得紧张。

薅三遍草的时候，秧已经很高了，低下头看不见人。一听见非常脆亮的嗓子在一片浓绿里唱：

栀子哎开花哎六瓣头哎……

姐家哎门前哎一道桥哎……

明海就知道小英子在那里，三步两步就赶到，赶到就低头薅起草来。傍晚牵牛"打汪"，是明子的事。——水牛怕蚊子。这里的习惯，牛卸了轭，饮了水，就牵到一口和好泥水的"汪"里，由它自己打滚扑腾，弄得全身都是泥浆，这样蚊子就咬不通了。低田上水，只要一挂十四轧的水车，两个人车半天就够了。明子和小英子就伏在车杠上，不紧不慢地踩着车轴上的拐子，轻轻地唱着明海向三师父学来的各处山歌。打场的时候，明子能替赵大伯一会儿，让他回家吃饭。——赵家自己没有场，每年都在荸荠庵外面的场上打谷子。他一扬鞭子，喊起了打场号子：

"格当嘚——"

这打场号子有音无字，可是九转十三弯，比什么山歌号子都好听。赵大娘在家，听见明子的号子，就侧起耳朵：

"这孩子这条嗓子！"

连大英子也停下针线：

"真好听！"

小英子非常骄傲地说：

"一十三省数第一!"

晚上,他们一起看场。——荸荠庵收来的租稻也晒在场上。他们并肩坐在一个石磙子上,听青蛙打鼓,听寒蛇唱歌,——这个地方以为蝼蛄叫是蚯蚓叫,而且叫蚯蚓叫"寒蛇",听纺纱婆子不停地纺纱,"咿——",看萤火虫飞来飞去,看天上的流星。

"呀!我忘了在裤带上打一个结!"小英子说。

这里的人相信,在流星掉下来的时候在裤带上打一个结,心里想什么好事,就能如愿。

……

"扌歪"荸荠,这是小英最爱干的生活。秋天过去了,地净场光,荸荠的叶子枯了,——荸荠的笔直的小葱一样的圆叶子里是一格一格的,用手一撠,哔哔地响,小英子最爱撠着玩,——荸荠藏在烂泥里。赤了脚,在凉浸浸滑溜溜的泥里踩着,——哎,一个硬疙瘩!伸手下去,一个红紫红紫的荸荠。她自己爱干这生活,还拉了明子一起去。她老是故意用自己的光脚去踩明子的脚。

她挎着一篮子荸荠回去了,在柔软的田埂上留了一串脚印。明海看着她的脚印,傻了。五个小小的趾头,脚掌平平的,脚跟细细的,脚弓部分缺了一块。明海身上有一种从来没有过的感觉,他觉得心里痒痒的。这一串美丽的脚印把小和尚的心搞乱了。

……

明子常搭赵家的船进城,给庵里买香烛,买油盐。闲时是赵大伯划船;忙时是小英子去,划船的是明子。

从庵赵庄到县城,当中要经过一片很大的芦花荡子。芦苇长得密密的,当中一条水路,四边不见人。划到这里,明子总是无端端地觉得心里很紧张,他就使劲地划桨。

小英子喊起来:

"明子!明子!你怎么啦?你发疯啦?为什么划得这么快?"

……

明海到善因寺去受戒。

"你真的要去烧戒疤呀?"

"真的。"

"好好的头皮上烧八个洞,那不疼死啦?"

"咬咬牙。舅舅说这是当和尚的一大关,总要过的。"

"不受戒不行吗?"

"不受戒的是野和尚。"

"受了戒有啥好处？"

"受了戒就可以到处云游，逢寺挂褡。"

"什么叫'挂褡'？"

"就是在庙里住。有斋就吃。"

"不把钱？"

"不把钱。有法事，还得先尽外来的师父。"

"怪不得都说'远来的和尚会念经'。就凭头上这几个戒疤？"

"还要有一份戒牒。"

"闹半天，受戒就是领一张和尚的合格文凭呀！"

"就是！"

"我划船送你去。"

"好。"

小英子早早就把船划到荸荠庵门前。不知是什么道理，她兴奋得很。她充满了好奇心，想去看看善因寺这座大庙，看看受戒是个啥样子。

善因寺是全县第一大庙，在东门外，面临一条水很深的护城河，三面都是大树，寺在树林子里，远处只能隐隐约约看到一点金碧辉煌的屋顶，不知道有多大。树上到处挂着"谨防恶犬"的牌子。这寺里的狗出名的厉害。平常不大有人进去。放戒期间，任人游看，恶狗都锁起来了。

好大一座庙！庙门的门坎比小英子的胫膝都高。迎门矗着两块大牌，一边一块，一块写着斗大两个大字："放戒"，一块是："禁止喧哗"。这庙里果然是气象庄严，到了这里谁也不敢大声咳嗽。明海自去报名办事，小英子就到处看看。好家伙，这哼哈二将、四大天王，有三丈多高，都是簇新的，才装修了不久。天井有二亩地大，铺着青石，种着苍松翠柏。"大雄宝殿"，这才真是个"大殿"！一进去，凉嗖嗖的。到处都是金光耀眼。释迦牟尼佛坐在一个莲花座上，单是莲座，就比小英子还高。抬起头来也看不全他的脸，只看到一个微微闭着的嘴唇和胖墩墩的下巴。两边的两根大红蜡烛，一搂多粗。佛像前的大供桌上供着鲜花、绒花、绢花，还有珊瑚树、玉如意、整根的大象牙。香炉里烧着檀香。小英子出了庙，闻着自己的衣服都是香的。挂了好些幡。这些幡不知是什么缎子的，那么厚重，绣的花真细。这么大一口磬，里头能装五担水！这么大一个木鱼，有一头牛大，漆得通红的。她又去转了转罗汉堂，爬到千佛楼上看了看。真有一千个小佛！她还跟着一些人去看了看藏经楼。藏经楼没有什么看头，都是经书！妈吧！逛了这么一圈，腿都酸了。小英子想起还要给家里打油，替姐姐配丝线，给娘买鞋面布，给自己买两个坠围裙飘带的银蝴蝶，给爹买旱烟，就出庙了。

等把事情办齐，晌午了。她又到庙里看了看，和尚正在吃粥。好大一个"膳堂"，坐得下八百个和尚。吃粥也有这样多讲究：正面法座上摆着两个锡胆瓶，里面插着红绒花，后面盘膝坐着一个穿了大红满金绣袈裟的和尚，手里拿了戒尺。这戒尺是要打人的。哪个和尚吃粥吃出了声音，他下来就是一戒尺。不过他并不真的打人，只是做个样子。真稀奇，那么多的和尚吃粥，竟然不出一点声音！她看见明子也坐在里面，想跟他打个招呼又不好打。想了想，管他禁止不禁止喧哗，就大声喊了一句："我走啦！"她看见明子目不斜视地微微点了点头，就不管很多人都朝自己看，大摇大摆地走了。

第四天一大清早小英子就去看明子。她知道明子受戒是第三天半夜，——烧戒疤是不许人看的。她知道要请老剃头师傅剃头，要剃得横摸顺摸都摸不出头发茬子，要不然一烧，就会"走"了戒，烧成了一片。她知道是用枣泥子先点在头皮上，然后用香头子点着。她知道烧了戒疤就喝一碗蘑菇汤，让它"发"，还不能躺下，要不停地走动，叫做"散戒"。这些都是明子告诉她的。明子是听舅舅说的。

她一看，和尚真在那里"散戒"，在城墙根底下的荒地里。一个一个，穿了新海青，光光的头皮上都有八个黑点子。——这黑疤掉了，才会露出白白的、圆圆的"戒疤"。和尚都笑嘻嘻的，好像很高兴。她一眼就看见了明子。隔着一条护城河，就喊他：

"明子！"

"小英子！"

"你受了戒啦？"

"受了。"

"疼吗？"

"疼。"

"现在还疼吗？"

"现在疼过去了。"

"你哪天回去？"

"后天。"

"上午？下午？"

"下午。"

"我来接你！"

"好！"

……

小英子把明海接上船。

小英子这天穿了一件细白夏布上衣，下边是黑洋纱的裤子，赤脚穿了一双龙须草的细草鞋，头上一边插着一朵栀子花，一边插着一朵石榴花。她看见明子穿了新海青，里面露出短褂子的白领子，就说："把你那外面的一件脱了，你不热呀！"

他们一人一把桨。小英子在中舱，明子扳艄，在船尾。

她一路问了明子很多话，好像一年没有看见了。

她问，烧戒疤的时候，有人哭吗？喊吗？

明子说，没有人哭。有个山东和尚骂人：

"俺日你奶奶！俺不烧了！"

她问善因寺的方丈石桥是相貌和声音都很出众吗？

"是的。"

"说他的方丈比小姐的绣房还讲究？"

"讲究。什么东西都是绣花的。"

"他屋里很香？"

"很香。他烧的是伽楠香，贵得很。"

"听说他会做诗，会画画，会写字？"

"会。庙里走廊两头的砖额上，都刻着他写的大字。"

"他是有个小老婆吗？"

"有一个。"

"才十九岁？"

"听说。"

"好看吗？"

"都说好看。"

"你没看见？"

"我怎么会看见？我关在庙里。"

明子告诉她，善因寺一个老和尚告诉他，寺里有意选他当沙弥尾，不过还没有定，要等主事的和尚商议。

"什么叫'沙弥尾'？"

"放一堂戒，要选出一个沙弥头，一个沙弥尾。沙弥头要老成，要会念很多经。沙弥尾要年轻，聪明，相貌好。"

"当了沙弥尾跟别的和尚有什么不同？"

"沙弥头，沙弥尾，将来都能当方丈。现在的方丈退居了，就当。石桥原来就是沙弥尾。"

"你当沙弥尾吗？"

"还不一定哪。"

"你当方丈，管善因寺？管这么大一个庙？！"

"还早呐！"

划了一气，小英子说："你不要当方丈！"

"好，不当。"

"你也不要当沙弥尾！"

"好，不当。"

又划了一气，看见那一片芦花荡子了。

小英子忽然把桨放下，走到船尾，趴在明子的耳朵旁边，小声地说：

"我给你当老婆，你要不要？"

明子眼睛鼓得大大的。

"你说话呀！"

明子说："嗯。"

"什么叫'嗯'呀！要不要，要不要？"

明子大声地说："要！"

"你喊什么！"

明子小小声说："要——！"

"快点划！"

英子跳到中舱，两只桨飞快地划起来，划进了芦花荡。

芦花才吐新穗。紫灰色的芦穗，发着银光，软软的，滑溜溜的，像一串丝线。有的地方结了蒲棒，通红的，像一枝一枝小蜡烛。青浮萍，紫浮萍。长脚蚊子，水蜘蛛。野菱角开着四瓣的小白花。惊起一只青桩（一种水鸟），擦着芦穗，扑鲁鲁飞远了。

……

一九八〇年八月十二日，写四十三年前的一个梦

☆ **注释**

1. 选自《汪曾祺精选集》，北京燕山出版社 2009 年出版。

思考探究

1. 如何理解小说以"受戒"为题。

2. 汪曾祺说《受戒》写的是"健康的人性"，结合人物性格和主题进行分析。

3. 《受戒》是汪曾祺晚年的代表作品，其中有很多作者乡土记忆与乡土情结的体现，请结合小说对此进行分析。

爱情诗二首

当你老了[1]

叶　芝（袁可嘉译）

文学常识

叶芝，全名威廉·巴特勒·叶芝（William Butler Yeats，1886—1939），爱尔兰诗人、剧作家，著名的神秘主义者。1923年获得诺贝尔文学奖。代表诗集有《驶向拜占庭》《钟楼》《盘旋的楼梯》《当你老了》等，代表剧作《炼狱》。

袁可嘉（1921—2008），浙江余姚（现属慈溪）人。中国现当代文学史上的著名诗人、翻译家和诗歌理论家，九叶派代表诗人之一。"诗是雕琢后的语言，是人类语言的雕塑品"是他对诗的独到解释。

当你老了，头白了，睡思昏沉，
炉火旁打盹，请取下这部诗歌，
慢慢读，回想你过去眼神的柔和，
回想他门昔日浓重的阴影；

多少人爱你青春欢畅的时辰，
爱慕你的美丽，假意或是真心，
只有一个人爱你那朝圣者的灵魂，
爱你衰老了的脸上的皱纹；

垂下头来，在红光闪耀的炉子旁，
凄然地轻轻诉说那爱情的消逝，
在头顶的山上它缓缓踱着步子，
在一群星星中间隐藏着脸庞。

注释

选自《叶芝诗选》，湖南文艺出版社 2012 年出版。

错误[1]

郑愁予

文学常识

郑愁予，原名郑文韬，祖籍河北宁河，1933 年生于山东济南，当代诗人。1949 年随家人到中国台湾，中国台湾中兴大学毕业，中国海洋大学驻校作家。诗作有《梦土上》《衣钵》《窗外的女奴》《燕人行》《雪的可能》《莳花刹那》等 13 首，及诗集《郑愁予诗选》《郑愁予诗集Ⅰ》等 2 部。他的《错误》《水手刀》《残堡》《小小的岛》《情妇》《如雾起时》等诗，不仅令人着迷，而且使人陶醉。被称为"浪子诗人""中国的中国诗人"。

我打江南走过
那等在季节里的容颜如莲花的开落

东风不来，三月的柳絮不飞
你的心如小小寂寞的城
恰若青石的街道向晚
跫音[2]不响，三月的春帷不揭
你的心是小小的窗扉紧掩

我达达的马蹄是美丽的错误
我不是归人，是个过客……

注释

1. 选自《郑愁予诗的自选（一）》，生活·读书·新知三联书店 2000 年出版。

2. 跫音：脚步声。

思考探究

1. 分析《当你老了》所展现的爱情观。

2. 《错误》运用了大量的意象来寄托情志，这些意象具有极强的中国古典诗美学意味和象征隐喻性，将故事切片生动地叙写出来。请对此进行分析。

3. 有人认为，"与其说《错误》是闺怨思妇诗，还不如说是征人（军人）回乡探亲诗"。请以此角度解读本诗。

本单元语文综合实践活动

爱情与婚姻在人生中都占据着极为重要的位置，对大学生而言，它们既神秘又充满吸引力。经典文艺作品中描写的爱情婚姻生动地展现出不同时代与文化背景下的情感百态，而社会调查则精准地测量出当下社会现实中爱情婚姻的实际模样。大学生正处在身心快速发展和价值观逐渐成熟的阶段，无论是经典文艺作品还是社会调查，都将启发我们不断思考、成长。

一、文艺作品中的爱情婚姻主题沙龙

爱情与婚姻，是文艺作品中经久不衰的主题。从莎士比亚的《罗密欧与朱丽叶》到简·奥斯汀的《傲慢与偏见》，从张爱玲的《红玫瑰与白玫瑰》到钱钟书的《围城》，每部作品都以其独特的视角和风格，展现了爱情与婚姻的多面性。它们或热烈奔放，或细腻温婉，或悲剧收场，或喜剧圆满，无不触动人心。

请举办一个以"文艺作品中的爱情婚姻"为主题的沙龙活动。

二、相亲角调研

相亲角是中国城市中一种独特的社会现象，它通常位于公园等公共空间，是父母或单身人士为子女或自己寻找合适婚姻对象的场所。

请你到你所在城市的相亲角进行实地调研，观察并记录，也可与相亲者进行简短交流，了解当代中国人的婚恋观。之后就你观察到的现象展开交流。

三、谈谈自己的爱情观

正确的婚恋观无论是对个人的成长与幸福，还是对家庭的稳定以及社会的和谐发展都有着极其重要的意义。请谈谈自己的爱情观。

第九单元
常用应用文写作

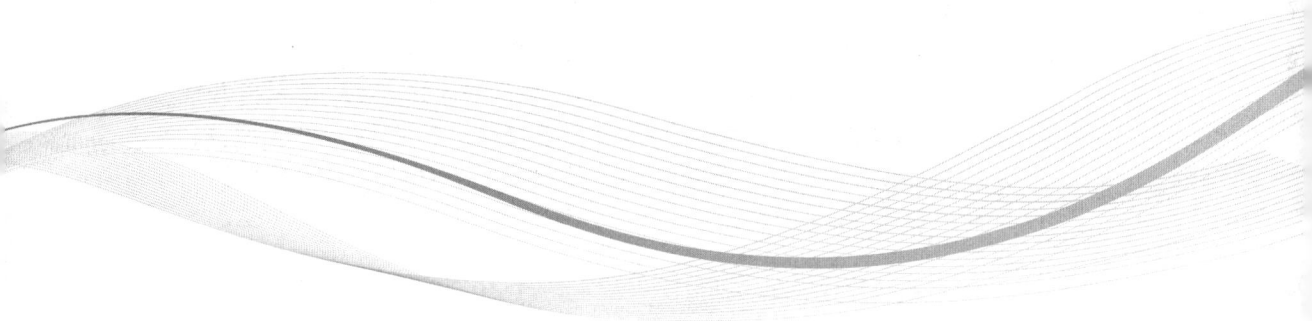

本单元序

    叶圣陶先生曾说："大学毕业生不一定要能写小说、诗歌，但是一定要能写工作和生活中实用的文章，而且非写得既通顺又扎实不可。"叶老所说的工作和生活中实用的文章就是应用文。随着社会各个领域迅速发展，应用文的使用范围也日益广泛。应用文写作能力现已成为核心的职业能力。在快节奏的现代职场中，无论是求职应聘、商务往来，还是日常事务处理，都需要借助应用文来准确、高效地表达思想和意图。这种能力不仅关乎个人职业形象，更直接影响到工作效率和团队协作。

    本单元将带你学习五种常用应用文：计划是行动的指南，它能让你明确目标，合理安排时间和资源，有条不紊地朝着既定方向前进；总结是反思与成长的利器，为未来的发展提供宝贵的参考；调查报告是探索真相的钥匙，它为决策提供依据，帮助我们更好地了解社会现象和工作实际；策划书是创意的舞台，从目标到具体实施步骤，策划书让你的想法变为可行的行动过程；毕业论文是学术之旅的重要里程碑，它是对大学所学知识的一次深度整合与创新应用。

应用文概说

一、应用文的概念

应用文是党政机关、企事业单位、社会团体和个人在日常学习、工作和生活等社会活动中，用以处理各种公私事务、传递交流信息、解决实际问题所使用的具有实用价值、格式规范、语言简约的多种文体的统称。应用文重在应用，是人们相互交往、传递信息、表达思想、解决问题、指导实践的沟通工具。❶ 人们通常把文学作品的写作称为创作，而文学作品的创作又被称为艺术创造。应用文的写作从本质上说，它只是一种制作，是一种运用程式化的语言文字制作成文的过程。❷

二、我国古代应用文的发展❸

文字的出现为应用写作提供了方便。产生于我国殷商时期的甲骨文，是我们现在见到的最早的规范文字。这种文字始于占卜，所以由甲骨文字组成的章句称为甲骨卜辞。这些卜辞，多则一百多字，最短则只有几个字，但已经有了较为固定的内部结构，一篇完整的卜辞，包括署辞、前辞、贞辞、兆辞、果辞、验辞六部分。卜辞涉及的内容十分广泛，记录了殷商王室的天象、食货、征伐、畋猎等档案或公务，这就是我们今天看到的最古老的应用文了。

商周时代的钟鼎铭文，其主要作用是宣扬王者的美德、天命和称颂祖先的德行、功勋，以名传后世。钟鼎铭文中不仅有公牍文书，还有私人信约凭证。其内容较之甲骨文已经宽泛得多，表现形式上也有了进步。

《尚书》是我国最早的应用写作专集，是殷周时期的历史文告汇编，有祝词、誓词、诰言、法令等。大多是训下告上之词。如《盘庚》三篇是殷王盘庚迁都前后对世族百官和百姓的讲话，要求臣民服从迁都至殷的行动；《牧誓》是武王伐纣誓师之词；《无逸》是周公告诚成王要懂得、感念稼穑之艰难，不要贪图安逸的重要谈话。可见，应用文在我国源远流长，而且一开始就在人们生活中发挥着重要的作用。

---

❶　王用源．应用文写作技能与规范［M］．人民邮电出版社．2022 年 1 月第 1 版．
❷　陈洁．现代应用文写作·模块化训练教程［M］．高等教育出版社．2018．
❸　吕书宝．大学语文与写作［M］．中国书籍出版社．2020 年 1 月第 1 版．

春秋以后，历代封建王朝相继建立，于是产生了盟约文书。稍后又产生了"书"。如乐毅的《与燕昭王书》等。

秦汉时期，是公务文书分类制度正式确立的时期。这个时期，第一次确立了下行文与上行文的区别和各自的文体。下行文有制、诏、策、戒，只有皇帝才能使用。应用文格式的正式确立也始自秦汉。特别是秦始皇时期，作了许多规定，如上行文的开头称"臣某言"；结尾称"臣某诚惶诚恐，顿首顿首，死罪死罪"；公文中还出现了避讳制度。秦时只有皇帝才能称"朕"，表示至尊无二；文首遇到"皇帝"字样时要顶格书写，谓之"抬头"；文中遇到皇帝之名，甚至连同音字都必须回避，否则就是对皇帝不敬。秦汉时期所确立的应用文格式，有着明显的封建等级观念。它的基本模式被以后历代王朝沿用。汉承秦制，出现了一些应用文佳作，文辞缜密严谨。如贾谊的《论积贮疏》、晁错的《论贵粟疏》、桓宽的《盐铁论》、司马迁的《报任安书》等。另外，蔡邕的《独断》对汉代公文的种类、功用、作法和格式等作了较为详细的论述，是一部总结汉代公文文体的著作，有了对应用写作进行研究的意识。他把当时的公文分为两类：一是天子言群臣之文，二是群臣上天子之文。

唐、宋时期是应用写作的高峰时期。唐代，由于经济发达，政治开明，文化繁荣，应用写作进入了成熟阶段：一是应用文撰写更加规范，文书制度更加严格。不管是官府公文还是通用文书，都有严格的体式要求，形成了一整套文书工作制度，如一文一事制度。另外，公文的折叠、批制、誊写、签押、用印、编号、收发、登记、催办等都有严格规定，基本完善了公文的处理程序。二是细化行文方向，创造了许多新文种。唐朝在上行文和下行文的基础上，又分出了平行文。三是文学家丰富和发展了应用写作。唐代韩愈等人掀起的"古文运动"，对应用文的内容、形式和文风都产生了巨大的影响。宋代文坛盟主欧阳修提出了"信事言文"的主张，并以自己的写作实践倡导人们把应用文写得真实、平易、自然而有文才。故而唐宋应用文的写作达到了历史高峰，锦章佳篇大量涌现。如魏征《谏太宗十思疏》、骆宾王的《为徐敬业讨武曌檄》、韩愈的（论佛骨表）。这些出自著名文学家之手的谏文正气凛然、立论鲜明，且文辞优美。

元、明、清为应用文的稳定期。元代重武轻文，文治不如武功。应用文体式、章法沿袭前朝，变化不大。明代初期曾有改革公牍应用文的尝试，因受八股文的影响，并未出现崛起之势。但公牍应用文从撰写到管理已形成了一套较为严格的制度。清承明制，公牍文章平直呆板，毫无创新。元、明、清私人应用文的品类虽多，但与唐、宋相比，锦章佳作实不丰盛。这个时期写作理论有了一定的发展。如明朝徐师曾的《文体明辨》

和清代姚鼐的《古文辞类纂》等，对应用文的各种体式有了更深入细致的研究。特别是到了清代，刘熙载在文章学史上第一次提出了"应用文"的概念："辞命体，推之即可为一切应用文，应用文有上行，有平行，有下行。重其辞乃所以重其实也。"[1]

三、应用文的分类[2]

应用文种类繁多，划分标准不一，此处作如下分类：

（一）行政公文

行政公文，指行政机关在行政管理过程中形成的具有法定效力和规范体式的文书，是依法行政和进行公务活动的重要工具。

（1）下行文：包含决定、决议、命令（令）、批复、通报、意见、通知等。

（2）上行文：包含报告、请示、议案等。

（3）平行文：如函。

（4）泛行文：如公报、公告、通告、会议纪要等。

（二）事务文书

事务文书是机关、团体、企事业单位在处理日常事务时用来沟通信息、安排工作、总结得失、研究问题的实用文体，是应用写作的重要组成部分。

（1）计划类：包含计划、方案、指示、倡议书、责任书等。

（2）总结类：述职报告、调查报告、综合分析报告、总结等。

（3）会议类：会议邀请函、欢迎词、开幕词、闭幕词、讲话稿、会议记录等。

（4）简报类：综合简报、工作简报、会议简报等。

（5）制度类：制度、条例、规定、职责、办法、细则、章程等。

（三）礼仪文书

礼仪文书是为礼仪目的或在礼仪场合使用的文书。

（1）寿诞礼仪文书：包含祝寿主持词、祝寿词、寿联、寿匾。

（2）婚庆礼仪文书：征婚启事、婚礼请柬、婚礼致辞、婚联等。

（3）丧葬礼仪文书：讣告、挽联、祭文、悼词、碑文、遗嘱等。

（四）专用信函文书

信函是一种向特定对象传递信息、交流思想感情的应用文书。

---

[1]　清·刘熙载. 艺概［M］. 上海：上海古籍出版社. 1978. 44.
[2]　杨艳。应用文写作指南［M］. 郑州大学出版社. 2021.

（1）个人文书类：家书、求职信、推荐信、申请书、保证书、条据等。

（2）单位文书类：证明、聘书、慰问信、表扬信等。

（五）商务文书

商务文书涵盖大部分应用文书，商务公文参照国家行政机关公文格式写作，这里把商业经济常用的公关宣传类、经济合同类和策划文书类单独列出。

（1）公关宣传类：广告宣传、新闻宣传。

（2）经济合同类：合同书、协议书、招标书、投标书、商品说明书等。

（3）策划文书类：专题活动策划书、广告策划文书、市场营销策划书、创业策划书等。

四、应用文的特征

应用文不同于文学作品，它是与人们的生活和工作密切相关的文书，具有其自身的特征。

（一）功用性

应用文写作是以实用为宗旨的写作，它的主要使命是解决实际问题，实用性是应用文最重要、最根本的特征。

（二）真实性

内容真实、客观是应用文写作的要求。应用文中所涉及的人与事，一定要确有其人其事，过程、数据等都不能虚构和编造。

（三）针对性

应用文是为特定的读者对象写作的，也是为解决特定的实际问题写作的，它要真实地向某一特定群体（或个体）传递信息。这种特定性，决定了它在文种的选择、材料的取舍、结构的安排、语言的运用上，都必须有针对性。

（四）时效性

应用文的时效性主要是指它的及时性以及作用时间的有限性。及时性，是说它要在一定时限内完成写作任务、制作成文并发出，延期则会影响作用的发挥，甚至贻误工作；作用时间的有限性，是说发生效用是有时间限制的，每一篇应用文只在一定时期内产生直接作用，等到目的实现了，其效用也就会随之减弱或消失，文书就变成了档案材料。

（五）规范性

应用文的文面格式、制发程序都有特定要求，严格讲究规范。不同文种的应用文都有相应的体式，且相对稳定，在相当长时间内不会有变化。在语言运用和表现手法上，应用文也有比较严格的要求。

计划

一、阅读资料

【阅读要求】

凡事预则立，不预则废。开展任何工作，我们都要制定计划。请阅读下面资料，思考计划有什么作用？计划的构成要素有哪些？

【资料】

2023 年语言文字工作计划

为认真贯彻落实《中华人民共和国国家通用语言文字法》，实现我国语言文字工作目标，推动国家通用语言文字规范化、标准化及健康发展，根据国家语委会 2023 年工作安排，结合我部工作实际，特制订 2023 年语言文字工作计划。

一、指导思想

以习近平新时代中国特色社会主义思想和党的十九大精神为指导，深入贯彻《国家通用语言文字法》，大力推进普及普通话和社会用字规范化，全面提高我部师干部素质，形成语言文字工作长效机制，使之与精神文明建设、各项工作有机结合，当好社会语言文字规范化的表率，实现我区"创佳建强奔小康"宏伟目标贡献力量。

二、工作目标

力争经过一年的努力工作，达到《一类城市语言文字工作评估标准》规定的标准，为接受区语委、市语委语言文字工作检查验收做好准备。

具体目标如下：

1. 继续积极推广普通话。本部干部在工作中，普通话使用率达到 100%。会议发言、对外宣传、发表电视广播讲话、接待省内外同志，以及参加大型文体活动、商贸活动、外事活动和其他集体活动，普通话使用率达到 100%。

2. 继续搞好汉字规范化。部内发布的公文、印章、标牌，颁发的各种奖状、证书、牌匾，各种活动的会标、标语、张贴物，出版的内部刊物《创佳新视窗》、宣传资料、领导题字、论文撰写以及其他情况下的文字书写等用字规范率达 100%。

三、具体措施

1. 召开部长办公会议，调整我部语言文字工作领导小组成员，明确责任，确保有专人负责协调、督促行文、重大活动等场合规范用语用字工作。

2. 认真学习贯彻落实《国家通用语言文字法》。制订《20××年语言文字工作计划》，学习分解《党政机关语言文字工作评估指标》，找出自身不足，制订我部语言文字规范化工作计划，落实部门整改措施，并上报区语委。

3. 在我部局域网主页上设置语言文字专栏，积极宣传《国家通用语言文字法》和区语委有关文档，及时发布我部有关工作动态、先进事例。部内设置语言文字定期宣传展板，定期做好布置、维护工作。在我部刊物《创佳新视窗》上不定期设立"语言文字专栏"。

4. 健全语言文字工作网络。本部确定专人负责语言文字规范化工作，各业务科室设立语言文字规范化监督员，在本部语言文字工作领导小组的统一部署下，开展语言文字规范化宣传、整治与监督工作。

5. 以"庆祝中华人民共和国成立××周年"为主题，在本部举办普通话演讲比赛，充分展现与弘扬中华民族的语言美、文字美。

6. 配合全国"推普周"等活动，加大语言文字规范化工作的宣传力度。年内举办若干语言文字规范化知识竞赛、答题竞赛、专题讲座，增强干部的语言文字规范化意识。

7. 做好本部语言文字规范化工作自查自评，整理有关档案资料，迎接市、区语委对我部语言文字规范化工作的检查评估。

单位名称

2023 年××月××日

二、相关知识

(一) 计划概述

1. 计划的概念

计划是指机关、企事业单位、社会团体或个人针对未来一段时间的工作、某项具体任务或活动做出预先打算和安排，确定目标、任务、措施所形成的一种事务文书。

计划只是一个统称，像规划、纲要、设想、打算、要点、方案、意见、安排等都属于计划的范畴，是根据计划目标的远近、时间长短、内容详略等差异而确定的名称。

2. 计划的特点

计划是对未来一段时间工作开展的预想和安排，具有预见性、可行性、明确性、时限性等特点。

(二) 计划的种类

按照不同划分标准，可将计划划分为不同的类型。

按所指向的工作、活动的领域不同，计划可分为工作计划、学习计划、生产计划、教学计划、销售计划、采购计划、分配计划、财务计划等。

按适用范围的大小不同，计划可分为国家计划、地区计划、单位计划、班组计划等。

按适用时间的长短不同，计划可分为长期计划、中期计划、短期计划三类，具体还可以分为十年计划、五年计划、年度计划、季度计划、月度计划等。

按指挥性的强弱不同，计划可分为指令性计划、指导性计划。

按涉及面大小的不同，计划可分为综合性计划、专题性计划。

按写作形式的不同，计划可分为条文式计划、图表式计划、条文图表结合式计划。

（三）计划的结构

从内容上看，无论什么形式的计划，都应该包括制定计划的"任务、目标、措施、步骤"，也称"四要素"。其结构一般由标题、正文、落款三部分组成。

1. 标题

标题由单位名称、适用时间、指向事务、文种四个部分组成。如《××市××局2023年党建工作计划》，也可以省略其中的一项或两项，如《××厂职工教育计划》《毕业生就业工作计划》等。但是无论怎么省略，都必须保留事由、文种两项。如果省略了单位名称的标题必须在正文后署名。有的计划则采用公文式标题，如《××公司关于××××年机构改革工作的部署》。

2. 正文

正文一般由开头、主体、结尾三部分组成。

（1）开头

开头即引言、前言，是计划的总纲。需要简明扼要地介绍写此计划或规划的背景，交代其依据，说明目的及重要意义。不同计划对上述内容可以有不同的取舍和侧重，有些大家熟悉的例行工作的计划，也可以不写这份内容，可直接写明工作的总目标、总任务。

（2）主体

主体是计划的核心，包括计划的具体任务、目标、措施、步骤。一般可采用序号或是小标题的方法展开内容。

①任务，即"做什么"，是计划要完成的具体事项。任务要具体、明确、重点突出。

②目标，即"做到什么程度"，是计划完成任务所要达到的基本要求，要求应有量和质的标准，切合实际，有达到的可能性。

③措施，即"怎么做"，是指实施计划的具体办法。措施是实施计划、完成任务的保证，是达到目标的具体手段。措施要求实事求是、具体可行。

④步骤，即"什么时候做"，是指工作的程序和时间安排。

（3）结尾

结尾即结束语，可提出希望、发出号召，以鼓励本单位全体人员为实现计划而努力，但也可视情况而决定要不要写这部分。

3. 落款

落款包括计划的署名和日期。如标题中已写明单位的，不用再署名。日期指计划制订的年、月、日，可写在标题下或正文的右下方。上报或下达的计划需要加盖单位的公章。

三、实训任务

（一）病文查错

下面是一篇病文，试指出其存在的问题。

××县经济委员会今后8个月工作计划

为了完成县委、县政府下达2.7亿元工业总产值（力争3.3亿元）的任务以及各项经济指标，我们计划在今后8个月重点抓好几方面工作。

1. 进一步深化企业体制改革。我们在全面推行经理（厂长）任期目标责任制的基础上，从实际出发，有针对性地对我县企业分别实行承包、租赁、百元工资税利制和工资总额与企业重高就益包干等新的经营方式，把权、责、利全面落实到企业及其经营者身上，使企业成为相对独立的经济实体，成为自主经营、自负盈亏的商品生产者和经营者，更好地调动企业干部职工的积极性，增强企业活力，促进生产发展，并使这一改革能够深入持久地坚持下去，采取有效措施加以保证。

2. 加快新项目的建设和技术改造项目速度，确保这些项目按预期投产，发挥效能。主要抓好棉麻纺织、印染工程等项目，并实行目标责任制，使这些项目按预期投产，早日发挥效益。

3. 进一步加强企业管理，提高企业经济效益。我们继续坚持以改革为动力，促进企业加速发展，加强管理，提高企业经济效益，把增收节支、增产节约工作作为提高企业经济效益的重要工作来抓，要求企业产品总成本、车间经费及企业管理费用都要下降。具体措施：

（1）调整企业产品结构，大力增产适销产品，实现多产快销。

（2）加强企业管理，挖掘企业自身潜力，通过调整定额，向管理要效益。

4. 加强企业职工思想教育和技术培训，努力提高企业职工队伍思想水平、技术素质，企业现代化管理打好基础。

（1）全面进行纪律、思想、法律教育和坚持四项基本原则，反对资产阶级自由化的教育，全面提高干部职工思想觉悟。

（2）搞好技术培训和职工文化学习，努力提高职工队伍素质。

（二）写作训练

根据计划的格式，结合自身实际情况，从以下五个题目中挑选一个进行写作训练。

（1）课外阅读计划

（2）班级活动计划

（3）本班下学期课外活动计划

（4）在半年内进一步提高计算机操作技能的计划

（5）复习迎考计划

四、课外阅读

表格式计划的写法及例文

表格式计划也称为工作日程安排表、行事日历等。它和条文式计划在写法上的主要不同是在主体部分，即把任务、措施、步骤、完成时间、执行人员等分项列成表格，依时间先后顺序排列。有的表格式计划还列上执行情况一项，以反映出计划的实施状况。

这种写法一目了然，直观性强，适用于任务具体、时间性强、程序性强的计划，如生产计划、招生工作计划、学校的教学工作计划等。

【例文】

"五四"青年节庆祝活动安排表

序号	活动内容	时间	地点	负责单位	主持人	备注
1	篮球比赛	5月1日 8：00开始	篮球馆	团委体育部	体育部长	—
2	读书报告会	5月2日 14：30开始	图书馆	团委学习部长	学习部长	报告人：××大学 ××教授
3	文艺联欢会	5月3日 17：30开始	工会活动中心	团委宣传部	宣传部长	邀请天鹅 艺术团参加
4	电影专场	5月4日 17：30开始	文化广场	影视俱乐部	俱乐部主席	—
5	青年书画展	5月5日 8：00—21：00	工会活动中心	书画协会	协会会长	部分青年书 画家作品参展

××××团委

××××年××月××日

总结

一、阅读资料

【阅读要求】

总结是我们生活和工作中常见的应用文，阅读以下资料，思考总结的基本结构包含哪些？总结对于单位（或个人）的现实意义是什么？

【资料】

××公司综合部2022年工作总结

2022年，综合管理部在公司领导班子的正确领导和各部室的大力支持下，紧紧围绕公司的中心工作，内练本领，外树形象，不断提升工作理念，突出工作重点，努力增强工作主动性和创造性，充分发挥了综合部"参谋、组织、协调、服务"的职能作用，精心协调各部门关系，克服各种困难，认真落实上级领导布置的各项工作，努力推动各项工作朝着既定目标迈进。现将主要工作情况汇报如下。

一、强化自身建设，规范内部管理，促进综合部工作规范有序运转

公司综合部首先在制度建设上下功夫，认真抓好内部管理，提高内部管理水平。

一是规范各项管理制度。修订完善了公司内部车辆管理暂行办法，做好公务车辆的调配与管理，按月逐季对加油卡的费用情况进行统计上报；完善了公司办公行为规范，抓好了员工的考勤管理，按月汇总员工的请假、休假、考勤情况，报财务部门核发薪酬；规范执行综合部各项管理流程，提交公司与综合部事务有关的各类请示7项，已执行3项（加装监控设备、办公茶叶购置、协议酒店的签约）。

二是不断加强自身队伍建设。做好综合管理部工作，必须要有较高的政治理论素质和分析解决问题的能力。全体综合部人员通过各种途径认真学习二十大和二十届一中全会精神，刻苦学习业务知识，政治理论水平、业务素质和工作能力不断得到提高；三是树立高度的服务意识。综合部人员无论是干部还是普通员工，都能顾全大局、服从大局、服务大局，工作上经常加班加点，任劳任怨，兢兢业业，为做好全公司服务工作奠定了基础。

二、加强调查研究，当好领导参谋，及时为领导决策提供信息服务

围绕公司中心工作，加强了对内对外的调查研究，高度关注政策走势，敏感捕捉信息，力求做到办事规范周密，办文高效严谨，力求准确、适度，避免疏漏和差错。努力做好文书

处理、档案管理、文件传达等日常管理工作，完成了各类材料的编制上报工作。

一是按照上级主管单位要求，完成各类汇报材料的编制上报，包括公司季度工作安排与总结、季度经营业绩自评报告、季度经营活动分析报告、2022 年度工作总结与 2023 年度工作计划等各项汇报材料的编制与上报工作。

二是完成了公司内部文件资料的编制，包括二届一次、二次董事会会议材料的签署完善与纪要整理归档、公司班子会议与工作例会会议纪要的起草与存档，部门每周工作汇报、每月工作总结的拟稿与汇报等工作。

三是做好了文件处理和制发工作。完成对集团下发文件的处理 75 篇，完成综合部发文 7 篇，发送通知 6 篇，公司对外发文 23 篇。

三、围绕中心工作，强化服务意识，进一步提高了服务水平

综合管理部是总公司领导下的综合管理机构，日常工作纷繁琐碎，在处理领导下达的各种日常工作中，全体员工努力发挥主观能动性，强化工作意识，不断提高服务水平。

一是做好了党群与纪检监察相关活动的通知、学习及会议材料的准备工作。根据年度目标任务，做好集团和公司下达的日常纪检监察工作；在书记的指导下，做好了公司党风廉政建设有关材料的收集整理和活动的组织工作；协助公司党总支书记做好了参加集团召开的各类纪检监察会议的准备工作，并起草会议发言汇报总结材料；在集团纪委统一部署领导下、在书记的指导下先后参与组织开展了"廉洁从业教育月活动"、廉洁文化"进机关、进工地、进站队、过岗位"活动、"做企业的护航人、当职工的贴心人"等活动，通过这些活动，我们解放了思想，提高了认识，增长了知识，也看到了自己的不足；自九月份以来，先后参与监督了公司有关设备材料采购的市场考察和招标工作；组织综合部代表队参加集团首届职工运动会并取得男、女团体三等奖的成绩。

二是做好了各项具体事务的处理工作。在重点保证对公司领导的服务的基础上，完成了具体事务处理工作。完成营业执照、组织机构代码证的年检、法人代表变更工作；完成了薪酬执行情况报告的上报、技术职称申报材料的准备与上报、员工的转正等人力资源相关工作；做好了公司技术资料、图纸、招标文件的存档与管理工作；协助做好各部门来访人员的接待迎送工作；做好了办公场所的调整、办公用品的采购与管理、报刊的订阅与分发等日常工作。

四、加强沟通协调，注重团结协作，营造了良好内外部工作环境

综合部是承上启下、联系左右、协调内外、沟通四方的枢纽，综合部工作无小事，事事处处都代表着公司的形象。公司始终把加强综合协调作为发挥综合部职能的关键点来抓，切实加强了沟通协调工作，完成领导交办的其他工作任务。协助董事长完成了董事会筹备和资料整理等相关工作；协助财务部完善了经费审批程序文件，对招待物品、办公用品经费、差

旅费、招待费、车辆维修保养等加强了规范管理，同时，配合完成上级主管单位的各项审计工作，并提供相关审计材料。

总之，我们在过去的工作中取得了一些成绩，但与公司领导的要求相比，与兄弟部门相比，仍存在一些不足。首先表现在服务意识不足。综合部的基本职能为"参与政务，做好服务"，全面履行公司的后勤保障责任是综合部的重要职责之一。综合部在"想多于做"方面做得还不够，全局观念、服务意识、服务水平有待进一步增强。其次，创新能力不强。综合部做好了日常性、事务性工作和领导交办的任务，对于领导未安排部署的工作缺乏主动性，预见性和前瞻性。在新的一年里，我们决心在今后的工作中，继续戒骄戒躁，发扬团结务实、开拓进取的精神，扎实工作，做好服务，努力把综合部的工作不断推向新水平。

××公司综合部

2022 年 12 月 28 日

二、相关知识

（一）总结的概念

总结是单位或个人对过去一个时期内的实践活动做出系统的回顾归纳、分析评价，从中得出规律性认识，用以指导今后工作的事务性文书。

（二）总结的结构

总结主要由标题、正文、落款三个部分构成。

1. 标题

总结的标题应根据写作的目的和具体内容拟定，力求简洁、醒目，突出内容。常见写法有以下三种：

（1）文件式标题。一般由单位名称、时限、内容、文种名称构成，如《××公司 2023 年度人事工作总结》。

（2）文章式标题。以单行标题概括主要内容或基本观点，不出现总结字样，但对总结内容有提示作用，如《在调整中继续前进的一年》。

（3）双行式标题。即分别以文章式标题和文件式标题为正副标题，正标题揭示观点或概括内容，副标题点明单位、时限、性质和总结种类。

2. 正文

一般说来，总结的正文主要由以下几个内容组成。

（1）基本情况。这是总结的开头，要求简要地交代工作的时间、背景，说明工作是在什么基础上进行的，取得了哪些主要成绩。说明基本情况，要根据文章观点的需要，有侧重，有突出，特别要注意交代清楚全文的基本经验。基本经验是全文的中心，具体经验是对基本经验的具体阐述，二者前后连贯，形成有机的统一体。

（2）成绩和经验。这是正文的主体部分。成绩是指在实践活动中所取得的物质成果和精神成果。经验是取得成绩的原因和条件，如正确的指导思想、积极的工作态度、科学的工作方法等。这一部分是总结的主要内容，需要较多事实和数据。一般要先总结若干个观点，再逐一叙述事实，就事论理。写这部分时，要注意介绍工作的全过程，工作是如何开展的，成绩是在做了哪些工作之后才产生的。如果光有成绩，没有过程，总结就没有价值。

（3）存在的问题和教训。存在的问题是实践中深切感受到应当解决而暂时没有条件解决或没有办法解决的问题。教训，是由于思想不对路，方法不得当，或由于其他一些原因犯了错误，造成损失而得出的反面经验，这一部分可以在总结中单列一项，单独阐述，也可以在总结成绩和经验时附带说明或加以指点，还可与努力方向合在一起。有些专门总结成功经验的总结，也可不涉及问题和教训，要根据具体情况灵活掌握。

（4）今后工作建议或努力方向。这是在总结经验教训的基础上，分析形势，明确方向，确定任务，提出措施，展望前景。这部分可长可短，不必像计划那样具体，但必须起到鼓舞斗志、增强信心的积极作用。

3. 落款

在正文右下方写明总结的单位和成文时间。如果标题已有单位，落款就可省略，只需注明时间即可。

（三）总结的写作要求❶

（1）实事求是。总结要从实际出发，既不夸大事实，也不缩小成绩，以严肃认真的科学态度去回顾工作，总结实践。

（2）寻找规律。要抓住事物的特点和新经验、新动向，抓住最突出的、最能反映总结对象本质特点的事实来写，切忌堆砌材料，贪大求全，漫无边际罗列一些表面现象。

（3）观点和材料相统一。既不能有实无论，也不能有论无实。必须做到有事实、有分析、有结论，即透过事实分析研究，上升到理论高度，得出规律性的认识，做到观点与材料的和谐统一。

（4）文风端正。总结应精练充实，语言要准确、简洁、生动，避免枯燥无味、华而不实。

三、实训任务

结合自身情况，写一篇关于大学学习生活的学期总结。

---

❶ 廖俐. 大学语文·阅读与写作 ［M］. 北京交通大学出版社. 2018.

要求：

（1）使用文章式标题；

（2）认真提炼，找出经验与不足。

四、课外阅读

售后服务是企业的命根子

——××技术服务中心工作总结

在过去的一年中，××集团技术服务中心全体员工和分布在全国各地维修网点的员工一起，根据总经理关于"售后服务是企业的命根子"的指示精神，坚持"拥有××电器，享受一流服务"的宗旨和"一切为了使用户满意"的标准，发扬"同心多奉献，合力创一流"的企业精神，大力开展优质服务活动，扎扎实实地做好各项工作，实现了去年的总体目标。全年维修合格率达99.8%，比去年上升了33.8%；维修返修率0.2%，比去年下降了30.3%；用户来信处理率100%，全年未出现重大的维修质量投诉，赢得了用户和社会各界的好评，促进了××系列产品的销售，促进了××售后服务工作向服务质量标准化、服务网络体系化、服务管理规范化、服务方式多样化、服务经营一体化的方向发展，被评为"全国优质服务企业"。

回顾过去的这一年，我们主要做了以下几项工作。

一、优化网点建设，加强网点管理

1. 开展网点升级达标活动。（略）

2. 开展网点调研考察。（略）

3. 合理调整网点布局，扩大维修服务的覆盖面。（略）

4. 开展用户抽查，优化网点结构。（略）

二、调整售后服务策略，适应市场和用户需要

1. 增加服务项目，扩展服务范围。（略）

2. 转换服务形式，提高服务水平。（略）

3. 开拓服务经营一体化道路，增强自身实力。（略）

三、提高员工素质，深化优质服务（略）

四、开展"××电器百日维修服务质量无投诉"活动（略）

明年是××事业发展的关键一年，也是实现集团中期发展规划的决定性一年。我中心必须进一步贯彻落实张总经理关于"售后服务是企业的命根子"和李副总经理关于"服务先

于销售"的指示精神，坚持"一切为了使用户满意"的最高标准，把售后服务工作作为首要任务，为维护公司信誉作出更大的贡献。

××技术服务中心

××××年××月××日

调查报告

一、阅读资料

【阅读要求】

阅读这篇调查报告，以思维导图的形式分析该调查报告的行文结构和内容。

【资料】

饮食习惯对大学生 BMI 值影响的调查报告

饮食习惯是影响人体体重和健康状况的重要因素之一。健康的饮食习惯是保健的重要因素，可以促使身体健康生长、发育；不良的饮食习惯则会导致人体正常的生理功能紊乱，从而引起疾病。本研究旨在通过调查大学生的 BMI 值与饮食习惯之间的联系，为制订科学的饮食教育和干预计划提供重要的数据和见解，以应对大学生群体的健康问题。具体而言，研究目标包括揭示大学生饮食习惯对 BMI 值的影响程度，探索特定饮食习惯与 BMI 之间的关联性，以及比较有不同生活习惯的大学生之间的 BMI 和饮食习惯的差异。通过深入分析大学生的饮食习惯与 BMI 值之间的关系，为促进大学生群体的健康提供科学依据，从而进一步推动全民健康的发展。

一、调查对象与方法

（一）调查对象从南京理工大学紫金学院的学生群体中随机选择 136 位参与者作为调查研究对象。为了确保样本的多样性，特意选择不同性别、年级以及来自不同地区的大学生作为研究对象。

（二）调查方法本文采用问卷调查法和列联分析法，对大学生的饮食习惯与其 BMI 值之间的关系进行了详细调查和分析，以评估饮食习惯对其 BMI 值的影响程度及其情况。

（三）数据收集通过标准问卷调查方法，获得了 136 名调查对象的完整数据，包括个人生物信息和饮食习惯信息。在个人信息方面，收集了参与者的身高、体重等基本生物特征；在饮食习惯信息方面，记录了每位参与者每日摄入的食物种类、食物数量、饮食频率等详细信息。这样做旨在全面了解每位参与者的个人饮食习惯和营养摄入情况。

（四）BMI 计算根据调查对象的身高和体重数据，计算每个参与者的 BMI 值。BMI 计算公式为：

$$体质指数 = 体重/(身高)^2 \quad (kg/m^2)$$

其中，kg 表示该调查对象体重的单位，用千克来计算。m² 表示该调查对象身高的单位，用米的平方来计算。

本调查以健康成人 BMI 的标准来进行统计，BMI 小于或等于 18.5 被认为是偏瘦的，BMI 值在 18.5 ~ 23.9 之间为正常，BMI 大于或等于 23.9 为超重，BMI 值处于 24.0 ~ 29.9 的为偏胖。

（五）数据分析使用 SPSS22.0 统计软件对收集到的数据进行分析，通过卡方检验、制作交叉表分析其中数据存在的联系，来探究 BMI 值与饮食习惯之间的关系，以及不同变量之间的差异性。

二、结果与分析

（一）夜宵习惯对大学生 BMI 的影响

经卡方检验，夜宵与 BMI（身体质量指数）交叉表 sig 值为 0.021，显著小于 0.05，可以进行统计检验。通过对大学生是否有夜宵习惯的调查可以看出，偏瘦者有夜宵习惯的比例最少，为 30%，而超重者有夜宵习惯的比例最多，高达 66.7%，两者比例相差 36.7 个百分点。同时，体重正常者有夜宵习惯人数仍占据了一定的比例，为 30.9%。

从该项问题调查结果来看，本研究数据范围内的大学生体重超重者有夜宵习惯的人数比例明显高于偏瘦者和体重正常者。可能原因是吃夜宵会加重胃肠的负担，胃肠道吸收缓慢，加上夜晚运动量少，食物中的热量无法及时消耗，容易转化成脂肪导致机体发胖，从而导致 BMI 值增高。此外，常吃夜宵会引发疾病。人的排钙高峰期在餐后 4 ~ 5 小时，若吃夜宵过晚，当排钙高峰期到来时，人已上床入睡，尿液便潴留在输尿管、膀胱、尿道等尿路中而不能及时排出体外，致使尿中钙的增加，容易沉积下来形成小晶体，久而久之逐渐扩大形成结石。因此，超重者应该减少吃夜宵次数，防止脂肪堆积导致重量的增加和疾病的发生。

（二）饮食是否均衡情况分析

经卡方检验，饮食均衡与 BMI 交叉表 sig 值为 0.001，显著小于 0.05，表示可以进行统计检验。通过对大学生饮食是否均衡分析发现，大学生体重正常者选择"饮食均衡"的人数比率为 59.3%，而超重者选择人数比率为 40%，体重偏瘦者选择人数比率为 25%。从饮食均衡的角度出发，我们发现在本研究的数据范围内，体重正常的大学生比率明显高于超重者和偏瘦者。这可能是因为现代大学生的生活节奏快、饮食和生活作息不规律。在这种情况下，部分大学生可能会出现不吃早餐或者把三餐合并为一餐的情况，从而导致他们的营养摄入不足、饮食结构失衡。PSM 分析结果显示，自评体重肥胖会导致青少年心理健康显著降低（ATT = −1.463）。对于超重者来说，肥胖的身形带来的心理压力难以排解，从而对饮食有一定排斥心理，以至于在饮食习惯上很难做到营养均衡。然而，饮食均衡是身体健康的基石，不仅能提供身体所需营养，还能改善心态、增强身体抵抗力。因此，偏瘦者和超重者应改善饮食的结构和食量，并养成良好的生活作息习惯，保证一日三餐，形成良好的进食规律，避免暴饮暴食。

（三）是否为了减肥过度节食或催吐情况分析

经卡方检验，过度节食或催吐与 BMI 交叉表 sig 值为 0，显著小于 0.05，表示可以进行统计检验。大学生体重正常者选择"会为了减肥过度节食或催吐"的比率为 7%，而超重者选择"会为了减肥过度节食或催吐"的比率为 20%，偏瘦者选择"会为了减肥过度节食或催吐"的比率为 72.5%。从"为了减肥过度节食或催吐"情况来看，偏瘦者选择为了减肥过度节食或催吐的比率明显高于体重正常者和超重者，可能的原因是偏瘦者对保持自身身形的要求很高，通过催吐直接让胃内容物排出，让身体不能从食物中获得足够的能量，从而消耗体内积聚的脂肪，实现快速减肥。事实上，之所以节食减肥见效快，是由于水分和蛋白质的摄入不足而减去了水分和肌肉，并且一旦停止节食体重会迅速反弹，甚至会超过节食以前的体重。虽然催吐和节食可以达到快速瘦身的效果，但会对身体造成严重的伤害或者引发相关疾病。因此，采用过度节食或催吐达到减肥目的的方法是不可取的，一定要在医生的指导下，通过适当的饮食控制或积极治疗来控制体重，不能采用一些不科学的损害自己身体健康的方式减肥。

（四）一周内主动运动频率情况分析

经卡方检验，主动运动与 BMI 交叉表 sig 值为 0.266，显著大于 0.05，表示差异性不显著。大学生体重偏瘦者一周会进行主动运动的比率为 70%，体重正常者一周会进行主动运动的比率为 82.7%，体重超重者一周会进行主动运动的比率为 80%。由数据可知，多数 BMI 偏瘦者、正常者和超重者都会主动进行体育运动。通过表 7、表 8 中数据可知，78.7% 的大学生每周都会进行主动运动，但运动次数较少，多为一周一至二次。可能因为大学生长期处于应试教育背景下，对体育锻炼不够重视，不懂得体育锻炼的重要性。体育是人们遵循人体的生长发育规律和身体的活动规律，通过身体锻炼、技术手段、训练、竞技比赛等方式达到增强体质、提高运动技术水平、丰富文化生活的社会活动，特别是对大学生健康有积极作用。大学生可以通过加强日常体育锻炼提高身体素质，丰富社会活动，提高生活质量。

（五）一周吃几次新鲜果蔬和牛奶的情况分析经卡方检验，吃新鲜果蔬和牛奶与 BMI 交叉表 sig 值为 0.004，显著小于 0.05，表示可以进行统计检验。大学生体重偏瘦者一周吃新鲜水果和牛奶大于三次的人数占比为 70%，体重正常者一周吃新鲜果蔬和牛奶大于三次的人数占比为 61.7%，体重超重者一周吃新鲜果蔬和牛奶大于三次人数占比为 66.7%。从该项问题调查结果来看，偏瘦者和超重者一周吃新鲜果蔬和牛奶大于三次的比率明显高于体重正常者。果蔬富含水分和膳食纤维，体积大而能量密度较低，能增强饱腹感，从而降低能量摄入，故富含蔬菜水果的膳食有利于维持健康体重。一项长达 10 年的前瞻性研究结果显示，果蔬摄入量高者（每周摄入 19 份以上蔬菜水果）BMI 显著下降。因此，增加果蔬的摄入有利于减少体重，但是也要注意饮食均衡，适当补充肉质食物，采取合理的方式减少体重。

三、结论与讨论

（一）结论一：饮食习惯影响大学生 BMI 指标

通过对大学生饮食习惯的相关分析我们可以发现，不同的饮食习惯会影响大学生的 BMI 指标。其中，BMI 指标正常的大学生有夜宵习惯占比与偏瘦者相差不大，而与超重者相差了 35.9 个百分点。这表明，有夜宵习惯的大学生群体的 BMI 指标偏高，因此夜宵习惯是大学生群体体重超重的原因之一；25% 的 BMI 指标偏瘦的大学生有饮食均衡习惯，BMI 指标超重的大学生饮食均衡的占比为 40%，而 BMI 指标正常的大学生有饮食均衡习惯占比为 59.3%，通过分析说明饮食均衡有利于保持 BMI 指标处于正常范围内。为了减肥而节食或催吐的人群中，BMI 指标偏瘦人群占比 72.5%，说明 BMI 指标偏瘦群体往往通过过度节食或催吐习惯来达到自己认为的满意体重，表明过度节食和催吐这一习惯对 BMI 值偏瘦人群有一定影响。70% 的 BMI 指标偏瘦者一周吃三次以上的新鲜果蔬和牛奶，66.7% 超重者一周吃三次以上的新鲜果蔬和牛奶，明显高于 BMI 值正常人群的 61.7%，这表明一周吃三次以上的新鲜果蔬和牛奶对大学生群体 BMI 值也有一定影响，蔬果可以适量摄入，但不可过分依赖果蔬来保持健康饮食。由此我们可以看出，诸如以上这些不良的饮食习惯，极大可能会导致人们 BMI 指标不达标，从而影响人们的身体健康，严重的会导致生理功能紊乱，甚至感染疾病，不利于人体健康发展。

（二）结论二：大学生应养成良好的饮食习惯

通过对大学生饮食习惯的调查发现，相对较多 BMI 指标偏瘦和超重的大学生没有良好的饮食习惯，这对他们的身体健康产生了重要影响。良好的饮食习惯有利于肠胃吸收，可以使身体健康生长、发育。要一日三餐应尽量做到食物搭配多样化，三餐热量摄入均衡化，蛋白质供应优质化，脂肪摄入应标准化，维生素吸收要丰富化，饮食安排要合理化，切忌采用催吐和节食等不科学的方式进行减重。

（三）讨论与思考

饮食习惯不健康是大学生健康状况普遍不佳的重要原因之一。一些学生饮食营养知识贫乏、饮食结构不合理，没有科学的饮食营养结构。为此，学校应加强健康知识教育，引导大学生养成良好的生活习惯。同时，大学生应该注意饮食卫生和安全，防止食品中毒和传染病；要逐渐改变不健康饮食习惯，培养健康饮食的兴趣和习惯。

BMI 值不达标的大学生要想达到健康的饮食标准，切不可过度节食或暴饮暴食。要根据自身的实际情况制订合理的饮食计划表。对于体重过轻者，可以根据自身当前的健康状况、能量摄入和体力活动水平，逐渐将能量消耗增加到推荐水平或略高于推荐量，以确保均衡饮食。每天适当增加谷物、牛奶、鸡蛋和肉类产品的摄入，适量运动促进吸收。对于体重超重者，要想降低体脂指标，需要控制饮食中精白米面和肉类的摄入，并从蔬菜、水果和牛奶中获得足够的能量摄入。还可以通过运动健身来保持体重和减少体内脂肪，从而达到食不过量、动吃平衡。

（选自《经济研究导刊》2024 年第 10 期）

二、相关知识

（一）调查报告概述

1. 调查报告的概念

调查报告是针对某一现象、某一事件或某一问题进行深入细致的调查，对获得的材料进行认真分析研究，发现本质特征和基本规律之后写成的书面报告。

2. 调查报告的特点

（1）典型性。具有典型意义的事实和材料，才能很好地揭示现实事物的本质规律，才能起到以局部反映全局或以点带面的作用，才更具有现实意义和工作的指导意义。

（2）写实性。调查报告是在占有大量材料的基础上，用叙述性的语言实事求是的反映客观情况。充分了解实情和全面掌握真实可靠的素材是写好调查报告的基础。

（3）论理性。在事实基础上反映事物的本质规律，它不是事实的描述，也不是材料的堆积，而是概括叙述和简要说明事实，由事论理，引出结论，表达方式是夹叙夹议，叙议结合。

（二）调查报告的种类

1. 按调查报告的内容范围分类

（1）综合性调查报告

这类调查报告是就一定时期内涉及面广的重大问题，进行多方面调查后，综合整理而形成的反映全面情况的调查报告。

（2）专题性调查报告

就某一事件、某一工作或某一问题，进行调查研究后形成的调查报告。

综合性调查报告与专题性调查报告相比较，前者内容全面，范围广泛；后者内容单一，范围较小。

2. 按调查报告的作用性质分类

（1）总结经验的调查报告

这类调查报告是反映具体普遍指导意义的典型经验，通过对经验的系统总结，推动全面工作的开展。

（2）揭露问题的调研报告

这类调查报告多是揭露矛盾和问题，搞清事实真相，提出解决问题的办法或其他结论性的意见。

（3）反映情况的调查报告

主要反映各项工作，如政治、经济、思想政治工作、党的建设和社会发展等方面情况的调查报告。

（4）考察历史事实调查报告

这类报告主要是对某一历史事件、某一阶段的史实进行周密调查后，用确凿的事实反映历史真相。其政策性强，观点鲜明，具有说服力。

（三）调查报告的结构

1. 标题

一是常规文章标题写法。这类标题概括调查报告的基本内容，具体方式灵活多样。可以直接叙述事实，可以显示作者自己的观点，如《三个孩子去蛇岛》；可以用问题作标题，如《儿童究竟需要什么读物》；可以显示作者自己的观点，如《莘莘打工者，维权何其难》；还可以用形象画面暗示文章内容，如《"航空母舰"逐浪经济海洋》等。

二是公式化写法，就是按照"调查对象＋调查课题＋文体名称"的公式拟制标题。这样的标题读者一看就知道写的是什么单位，涉的是哪些问题，文种也很明确，例如《某某省农村经济发展情况调查报告》。

三是双标题的写法，由正副标题组成，其中正标题一般采用常规文章标题写法，具体手段如上所述。副标题则采用公式化写法，由调查对象、调查课题、文体名称组成，例如《为了造福子孙后代——某某县封山育林调查报告》。

2. 正文

（1）前言

调查报告的前言一般要根据主体部分组织材料的结构顺序来安排，常用的有以下几种类型：

一是提要式，就是把调查对象最主要的情况进行概括后写在开头，使读者一入篇就对它的基本情况有一个大致的了解。

二是交代式，就是在开头简单地交代调查的目的、方法、时间、范围、背景等，使读者在入篇时就对调查的过程和基本情况有所了解。

三是问题式，就是在开头提出问题来，引起读者对调查课题的关注，促使读者思考。这样的开头可以采用提问的方式引出问题，也可以直接将问题摆出来。

（2）主体

主体部分的材料丰富、内容复杂，在写作中最主要的问题是结构的安排。其主要结构形态有三种：

第一种是用观点串联材料。由几个从不同方面表现基本观点的层次组成主体，以基本观点为中心线索将它们贯穿在一起。

第二种是以材料的性质归类分层。对课题比较单一，材料比较分散的调查报告，可采用这种结构形式。作者经分析、归纳之后，根据材料的不同性质，将它们梳理成几种类型，每一个类型的材料集中在一起进行表达，形成一个层次。每个层次之前可以加小标题或序号，也可以不加。

第三种是以调查过程的不同阶段自然形成层次。事件单一、过程性强的调查报告，可采用这种结构形式。它实际上是以时间为线索来谋篇布局的，类似于记叙文的时间顺序写法。

（3）结尾

调查报告常在结尾部分显示作者的观点，对主体部分的内容进行概括、升华，因此，它的结尾往往是比较重要的一个部分。可以采用各种方法，如总结全文，明确主旨。将全文归结到一个思想的立足点上，以加深听众的理解；指出问题，启发思考。将一些还没有引起人们注意的问题指出来，引起有关方面的注意，或者启发人们对这一问题的思考；针对问题，提出建议。在揭示有关问题之后，对解决问题提供一些可行的建议。总之，要干净利落，不要画蛇添足、拖泥带水。

三、实训任务

（1）查阅资料，选择一篇规范的调查报告，以思维导图的形式分析该调查报告的行文结构和内容。

（2）针对所在班级同学的课外娱乐活动进行问卷调查并对调查资料进行整理分析，拟写一篇《本班同学课外娱乐情况调查报告》。

四、课外阅读

扛起主体责任　汇聚各方力量　推动××系统党建工作创新发展

——××总局"纵合横通强党建"工作机制的调研报告

××局

××系统有总局和省、市、县局以及分局（所）五级机构，全国共有 4 万多个基层党组织、50 多万名党员、70 多万在职干部职工，队伍大、层级多、战线长，抓好党建、带好队伍、干好××的任务繁重。××总局党委认真贯彻习近平总书记关于"要在带好队伍上下功夫"的重要指示精神，以构建"纵合横通强党建"工作机制为抓手，全面提升××系统党的建设质量，推动××队伍建设和税收事业发展取得积极成效。

一、主要做法

为了加强××系统党建工作，××总局从2016年开始探索实行"纵合横通强党建"工作机制。2018年国税地税征管体制改革后，××系统党的建设面临新的形势任务和挑战。省级以下国税地税机构合并，队伍规模扩大、构成更加复杂，大幅精简编制、消化超配领导干部涉及人员多，税收职能扩充、服务管理对象激增，执法和廉政风险加大，大规模减税降费、个人所得税制改革、深化税收征管改革等多项重大改革任务叠加，工作要求高、推进难度大，××系统"事合、人合、力合、心合"的任务十分紧迫。面对这些复杂状况，××总局党委认识到，打造过硬××铁军离不开强有力的党建工作，推动税收改革发展必须依靠更加有力的党建工作保驾护航，只有把党建工作抓实抓好，才能把队伍带好、把工作干好。同时，××总局党委也看到，党建工作中还存在不少短板和薄弱环节，各级××局党组改设党委后承担党建主体责任，党组织关系实行属地管理，上级××局与地方"两边管、两难管"问题进一步凸显；系统管理链条长，责任压力传导容易层层递减，内部相关部门抓党建职责分散，党建与业务融合不够，引领保障中心工作的成效需进一步提升。

针对这些情况和问题，××总局党委对照新时代党的建设总要求和新时代党的组织路线，在总结以往经验的基础上，按照"条主责、块双重，纵合力、横联通，齐心抓、党建兴"的思路，调整完善"纵合横通强党建"工作机制，纵向上推动形成系统上下级、系统与地方抓党建的"两个合力"，横向上推动党建与党风廉政建设、机关党建与系统党建、党建与干部人事、党建与执法监督及内控、党建与干部教育培训、党建与绩效管理、党建与税收业务等实现"七个打通"，为顺利完成各项任务提供坚强组织保证。

（一）健全抓××系统党建的责任体系，强化"纵合"的效果。针对××系统党建"条"上责任落实不到位、与"块"上结合难的问题，××总局党委坚决扛起主体责任，以落实党建责任为着力点，健全工作链条、逐级压实管党治党政治责任，加强条块协同、推动建立齐抓共管工作格局。

一方面，坚持上下联动，增强"条主责"的政治担当。一是清单式明责。××总局党委制定《××系统落实全面从严治党主体责任和监督责任实施办法（试行）》，逐一明确各级××局党委、党委书记、党委委员、党建工作职能部门等8类责任主体抓党建的110条261项责任事项，做到主体、方式、对象、措施"四明确"。省级以下各级×

×局结合实际细化制定责任清单、任务清单，确保党建工作各项任务到岗到人。二是精细化履责。（略）三是全方位督责。（略）

另一方面，以主动促协同，发挥"块双重"优势共抓党建。一是主动接受地方党委领导。（略）二是主动对接党建工作任务。（略）三是主动服务地方经济社会发展大局。（略）

（二）推动××系统党建工作机制集成创新，实现"横通"的目标。着眼于解决系统相关部门抓党建配合不够、党建与业务工作融合不紧的问题，××总局党委坚持系统观念和整体思维，健全统筹党建任务、工作力量的制度机制，紧紧围绕税收改革发展同步谋划推进党建工作，增强党建整体功能、形成集成效应，推动税收事业始终沿着正确方向稳步迈进。

一方面，健全工作体系，实现同向同步发力。（略）

另一方面，突出党建与业务融合，在同频共振中提质增效。（略）

（三）在××系统党建基础建设上持续用劲，夯实"强党建"的工作支撑。（略）

二、主要成效

"纵合横通强党建"工作机制已经成为推动××系统党建工作高质量发展的有力抓手，为高质量推进新时代税收现代化提供坚强保障、注入强劲动力。各级××部门普遍感到，抓党建尝到了甜头，干得越来越有劲头。

（一）有力促进了××系统党的建设全面加强。（略）

（二）有力保障了税收改革发展任务的圆满完成。（略）

（三）有力锻造了忠诚干净担当的××干部队伍。（略）

三、经验启示

××总局党委通过构建"纵合横通强党建"工作机制，探索出一条契合实际、务实管用的管党带队治税新路径，为各级机关在新时代坚持党的领导、加强机关党的建设提供了有益启示。

（一）必须着眼于坚持和加强党的全面领导、促进机关治理和事业发展，高位推进机关党建工作。习近平总书记指出，"机关党的建设是机关建设的根本保证""中央和国家机关党的建设必须走在前、作表率"，这都要求我们把机关党建始终摆在重要位置。××总局党委深入学习贯彻习近平总书记重要指示批示精神，深刻把握新形势下机关党建的使命任务，把机关党建作为建设政治机关、完善机关治理、凝聚职工群众、推动改革发展的坚强保障，统筹推进税务系统党的建设和其他各项工作，取得了实实在在的成效。实践证明，只有站在政治和全局的高度认识和把握机关党建各项工作，把政治标准和政治要求贯穿始终，把服务中心工作和促进事业发展贯彻全程，才能实现从"被动抓"向"主动抓"、从"应付抓"向"深入抓"转变，推动机关党建高起点谋划、高标准推进、高质量落实，有为有位、彰显价值。

（二）必须树立系统观念、加强整体建设，推动形成各负其责、各方协同、统筹推进的机关党建工作格局。（略）

（三）必须坚持常抓不懈、常态长效，不断健全持续推进机关党建工作的制度机制。（略）

（四）必须聚焦突出问题、精准发力，推动机关党建工作创新发展。（略）

【范文解析】

该篇调研报告属于总结经验类，即对××总局在党建工作上的突出成绩做出经验总结，以此推动相关工作。

调研报告篇幅较长，内容非常丰富。引言较短，简要介绍了形势背景和工作成效后就进入主体内容。主体内容包括三个部分，即主要做法、主要成效和经验启示。结合调查得到的实际情况，对××总局调整完善"纵合横通强党建"工作机制的经验做法展开分析。

这篇调研报告没有专门的结尾，正文写完即结束。这篇调研报告站位高、落点实，是值得学习借鉴的典范。

策划书

一、阅读资料

【阅读要求】

阅读这篇策划书例文，体会作者的意图，熟悉行文基本格式和结构特点。如果你是策划人，你会如何编写这份策划书？

【资料】

"温馨寝室，有你有我"寝室设计大赛策划书

一、活动目的

为丰富校园文化，进一步美化我院学生的生活环境，营造良好的寝室文化氛围，发挥各寝室特长和"团结友爱、互帮互助"的精神，并为同学们提供更多发挥创造的空间，我院决定举办"温馨寝室，有你有我"寝室设计大赛。

二、主办单位

××职业学院

三、承办单位

××职业学院学生自律管理委员会

四、报名时间

2024 年 12 月 10 日至 15 日

五、参赛对象

学院 22 级、23 级所有男、女生寝室

六、设计内容

1. 寝室名设计。

各参赛寝室都须根据本寝室特点取一个室名。如可以设计为"墨雅轩""阳光地带"等言简意赅之名，或"击楫阁""胜蓝室"等引自诗词蕴涵哲理之名，或"知行屋""修身堂"等用以自勉、催人奋进之名。

2. 寝室风格设计。

各参赛寝室须确定自己寝室的风格。由同学们自由发挥想象力和创造力，以最低的成本、最佳的创意，将整个宿舍旧貌换新颜。形象设计可通过装饰地面、墙壁、天花

板，或悬挂健康向上的书画作品，或摆放富有特色的饰物，或利用照片、彩带等装饰表现，要新颖别致，风格可温馨、活泼。

七、设计要求

1. 寝室设计内容必须积极向上、健康活泼，体现大学生的朝气、活力，能呈现出寝室成员的共同理想与追求。

2. 具体形式不设定，各寝室可自由确定其内容，但须有突出的特点。

3. 寝室装饰设计合理。富有美感，风格鲜明，体现积极健康的精神面貌。

4. 悬挂符合本寝室文化氛围的室名。

5. 倡导自制，不提倡购买成品装饰或墙壁贴画。

6. 报名时必须对所设计的内容命名。

八、奖项设立

1. 特等奖 1 名，颁发集体奖状，加综合量化 20 分，大袋洗衣粉 1 袋、洗洁精 1 瓶、肥皂 1 块。

2. 一等奖 2 名，各颁发集体奖状，加综合量化 15 分，大袋洗衣粉 1 袋、肥皂 1 块。

3. 二等奖 3 名，各颁发集体奖状，加综合量化 10 分，小袋洗衣粉 1 袋、洗洁精 1 瓶。

4. 三等奖 5 名，各颁发集体奖状，加综合量化 5 分，洗洁精 1 瓶。

5. 鼓励奖若干名，各颁发集体奖状，加综合量化 2 分，肥皂 2 块。

九、评分标准

总分为 100 分。其中：

1. 创意 20 分：设计内容新颖，大方。

2. 美观 20 分：颜色鲜明，搭配适当，整体和谐。

3. 手工 10 分：设计内容中的装饰品应以手工制品为主。

4. 卫生 40 分：参照学院颁发"宿舍卫生评分细则"。

5. 名称 10 分：设计名称别致，能体现室内设计的内容。

十、评比程序

评比工作定于 12 月 19 日下午 16 点至 18 点进行，评委分为 4 组，分别评定 22 级、23 级男、女寝室。

十一、活动所需物品和经费

1. 宣传海报 2 张，参赛报名表打印纸 A4 纸 10 包。

2. 用数码相机对获奖寝室拍照留念，并在宣传栏内展示。

3. 奖状、奖品等。

共需经费 3000 元。

十二、活动流程

1. 前期宣传：学院学生会宣传部负责制作两张海报。

2. 检查评比：学院团总支、学生会负责邀请各级院系生活部部长、本系各专业班级生活委员以及自律管理委员会成员代表组成评审组进行评分。

3. 后期工作：学院学生会公布结果、学院学生会生活纪检部负责将获奖宿舍照片贴于海报宣传栏，颁发奖品。

××学院学生自律管理委员会

2024 年 12 月 1 日

二、相关知识

（一）策划书概述

1. 策划书的概念

策划就是策略、谋划，是指为了达到一定目标，在调查、分析有关材料的基础上，遵循一定的程序，对未来某项工作或事件事先进行系统的、全面的构思、谋划，制订和选择合理可行的执行方案，从而实现预期的利益目标。这种为达到一定的目标而进行的创造性设想与构思，并形成系统而完整的方案的过程，就是策划，它的书面表达，就是策划书。

策划书与计划书的区别：策划书具体针对某次活动，更具体、细致，侧重于提出创意和创新的方案，有一定的前瞻性和创造性，写作风格更加生动；计划书是针对某个时期的几项重要工作，明确目标和具体行动步骤，确保任务能够有序、高效地完成，写作风格较为简洁明了、务实。

策划书的形式可分为三个阶段：首先是对相关实际情况进行调查研究，其次是以调研结果为基础形成策划创意，最后才进入制定策划方案阶段。

2. 策划书的作用

（1）行动指南：策划书是用书面形式确认的指导相关活动的构思、创意和安排，对相关活动的主题、内容、目标、形式、步骤、人员分工等有明确的阐述，使实施者有章可循、有据可依，是策划活动取得成功的重要保障。

（2）评估依据：对活动的效果、目的、活动方案的可行性等一系列的项目或指标的最终评估，都要通过对照策划书来加以检验。

（3）参考文献：策划书在活动结束后仍具有参考作用，一般都应存档，作为今后开展工作可借鉴的文献资料。

3. 策划书的特点

（1）程序性：策划是为实现一定目标而事先进行的有科学程序的谋划、构思和设计最佳方案的过程，要经历确定目标、调研、设计主题、形成创意、行动分解、预算、评估等过程，有很强的程序性，所策划活动的实施过程也是循序而动、步步渐进，策划书要充分体现行动方案的层次和节奏，便于理解、便于执行。

（2）可行性：策划书是用于指导实践活动的，策划方案要说明所策划的行动的理由、步骤、途径、实施方法、可能出现的结果及其应对策略等，涉及活动中每个人的工作及各环节关系的处理，其可操作性非常重要，在任务分解、制定行动步骤，以及安排时间、地点、人员分工、预算时，要实事求是，充分考虑各种因素，保证其具备现实可行性。

（3）创意性：策划要综合研究竞争形势、市场环境、自身特征等因素，结合自己的优势，不断创新，体现出与他人间的差别，尽量独辟蹊径，不落俗套，有创新性，敢于打破常规、标新立异、特立独行、出奇制胜。因此，创新性是策划的本质特征，新颖的创意是策划书的核心内容。此外，好的策划案应当理由充分，条理清楚，目的明确，创意独到，使执行效果可预测，而又便于操作。

（二）策划书的种类

策划书按不同的标准，可以分为不同的种类。按策划书的内容分，有文化策划书、企业策划书等。其中各类策划根据具体的活动内容和策划项目，可以分为若干小项的策划项目，如文化策划可分为影视策划书、图书出版策划书、文艺演出策划书、节日庆典策划书、旅游活动策划书等；企业策划可分为产品策划、广告策划、项目策划书、营销策划书、企业公关策划书、企业形象策划书等。

（三）策划书的写作要求

1. 主题要鲜明

进行策划活动的时候，首先要确定策划的主题。主题是策划活动的灵魂和统帅，是策划活动的方向和指南。只有使主题鲜明、明确，才会给策划活动以生命。主题不明确、单一，就会使策划活动的构思与设计变得杂乱而无序，传达给公众的信息也是零乱的、不明确的，策划活动就失去了意义。

2. 方案要具体

策划活动的根本目的是围绕目标，运用一定的智慧与谋略，提出一整套行动方案，从而达到目标。策划方案是要实施的，因此，一定要具体，要容易操作与执行。方案越具体、明晰，执行起来越容易，有助于目标的完成与实现。因此，方案要切忌空洞化、抽象化、理论化。

3. 方案要周全

一份全面的策划书，除了要求主题鲜明、方案具体外，还要求方案周全。策划活动内容时，要考虑周全，仔细分析活动的时间、方式、地点、人员、场地、环境等情况，充分考虑各种主客观条件、有利因素和不利因素，对活动中的一些突发事件要有前瞻性预判和应急性预案。总之，只有方案周全，才能保证活动顺利实施和目标的实现。

（四）策划书的结构

策划书的内容结构一般由标题、主体和落款三部分构成。策划书没有固定的写作模式，一般情况下，一个策划书的内容要和所要策划项目的构成要素（内容）保持一致，通常包括以下内容：

1. 标题

策划书的标题常见的形式有两种：一是单标题形式，如"×年×月××大学××活动策划书"；二是双标题形式，正标题提示策划名称，副标题提示策划的主题或内容。但不论哪种形式的标题，都要求尽可能具体地写出策划名称。

2. 主体

（1）背景介绍

①活动背景。要概括描述举办活动的背景，包括政治、经济、社会、环境、历史、现状等背景，背景的描述不需要面面俱到，但要根据活动的内容有针对性地描述。活动背景是举办活动的外在条件，也是举办活动的前提和最基本条件。

②活动的原因、目的和意义。要概括描述举办活动的原因、目的及意义。原因和目的是举办活动的内在推动力，意义是举办活动的外在推动力，包括举办活动所产生的社会利益、经济效益、媒体效应等。原因、目的、意义的描述也不需要面面俱到，而是应根据活动的内容选择性地描述。

③活动负责人及主要参与者。要注明组织者、参与者及嘉宾的姓名、单位、职务、联系方式等。

（2）活动过程

①策划的具体内容。这是策划的核心部分，表现方式要简洁明了，使人容易理解，但表述面要力求详尽，写出能设想到的所有要素，没有遗漏。此部分不仅仅局限于文字

表述，也可适当加入统计图表等；对策划的各工作项目，应按照时间的先后顺序排列，绘制实施时间表有助于方案核查。人员的组织配置、活动对象、相应权责及时间地点、执行的应变程序也应该在这部分加以考虑。

②资源需要明细。要详细地列出所需人力资源和物力资源，包括已有资源和需要有关部门协调支持的资源两部分，同时要列出资源整合的具体办法。资源是完成策划目标的物质基础，资源整合才能使资源的作用最大化，也才能为完成策划目标起到物质保障作用。

③经费预算。对开展活动所需的各项费用，要根据实际情况进行准确预测和周密计算，并用清晰明了的形式列出。

④活动中应注意的问题及细节。内外环境的变化，不可避免会给方案的执行带来一些不确定性因素，因此，当环境变化时，是否有应变措施、损失的概率是多少、造成的损失有多大、应急措施等也应在策划中加以说明。

（3）活动预期效果

①策划目标及预期效果描述。不论什么内容的策划，一定要有目标，没有目标，策划就失去了方向。策划目标要具体化，并需要满足重要性、可行性、时效性要求；预期效果描述也必须具体化。只有这样，策划方案才有才有实施的必要性。

②可行性分析。要对影响方案结果的各种因素进行综合考虑，从而对策划方案的可行性做出准确预测和客观描述。可行性是方案得以通过有关部门评审和实施的基本前提，因此，要客观地分析，准确地描述，以供有关部门参考。

3. 落款

策划书的落款包括以下两部分内容：

（1）策划人。要注明策划人的姓名、单位、职务、联系方式等，如果是小组策划，则应注明小组名称、负责人姓名和职务、联系方式等。

（2）策划日期。注明策划书编制完成的日期即可，有时策划书除注明完成的日期外，还要注明修订的日期。

三、实训任务

（1）某高校团委定于2024年10月举办以"阅读，提升自我"为主题的系类活动。请你以××社团的名义为该活动撰写一份策划书。要求：内容充实，文体规范，语言得体。

（2）某社区街道办准备联合小区物业举办一场防范电信网络诈骗主题的宣传活动，

请你写一份策划书，500字左右。

　　要求：内容充实，文体规范，语言得体；文中经费开支以表格形式呈现。

四、课外阅读

闭幕式策划书

一、活动名称

××2024年学生社团联合会活动月闭幕式

二、活动背景

随着社团发展论坛的到来，为展示××本色，把丰富多彩的校园生活向公众展示出来，特开展此次联合会活动月。活动月素来有着深厚的文化底蕴，而活动却是缺少不了的元素。××大学学生社团联合会将在本学期开展活动月活动。本次活动月的主旨在于活跃各学生社团的气氛，使更多的学生能够参加到社团的活动中，让每个大学生找到属于自己的亮丽舞台，发挥个性特长，得以超越自我。

三、活动目的

活动顺利开展，既展现××大学学生社团联合会的风采，让全校师生充分了解××大学学生社团联合会及各学生社团，也展现××学生的青春风采，赢得各种好评。

四、活动时间、地点

1. 时间：2024年9月15日晚上19点整（暂定）

2. 地点：××大学新能源篮球场（暂定，取决于天气因素）

五、主办单位

共青团××大学委员会

六、承办单位

××大学学生社团联合会

七、参与对象

××大学全校师生

八、活动内容

1. 9月15日晚19点整，各社团到达指定位置。

2. 嘉宾讲话。

3. 开场舞表演，表演完毕主持人出场。

4. 主持人宣布晚会开始，街舞社领舞，带动现场气氛。

5. 互动小游戏。

6. 抽出 10 对幸运观众上场带动，比谁跳得好。（评委可现场组织，随意抽出 5 人）选出舞王舞后，赠予奖品，其余 9 对赠予小礼品。

7. 大家一起跳兔子舞。

8. 主持人总结，宣告闭幕式结束、活动月结束。

九、经费预算（略）

十、活动注意事项

1. 是否有抽样调查参与人员的满意度及建议、意见，为下次活动月的开展做铺垫。

2. 是否有媒体报道，以此扩大学生社团联合会的影响力。

3. 务必召开发布总结会，宣告活动圆满结束。

十一、应急预案（列举）

（一）制定预案目的

1. 确保本次活动期间不发生影响活动有序进行的事端。

2. 确保本次活动期间现场不发生意外的事故。

3. 确保参加本次活动人员的安全。

（二）突发情况（部分列举）

1. 音响的不到位，话筒不够或者丢失。

2. 宣传片、音乐等不到位。

3. 其他影响节目有序进行的突发情况，如表演者的迟到，主持人的大型口误，节目间的衔接过长等。

4. 活动现场人员出现不满情绪。

5. 嘉宾未能按时出席或者出席时间不是所预料的情况。

6. 现场秩序混乱，观众过少。

（三）事故处理

1. 现场维护秩序的有关人员立即到达相关岗位，采取相应的应对措施。

2. 参与活动的各部门和个人都应当服从现场维护秩序人员所做出的决定和命令。

3. 活动事故发生后，在进行事件调查和现场处理的同时，如出现受伤人员，及时送医院。

4. 活动组织者要维持现场秩序，采取疏散、隔离等措施，加强纪律管理。

（四）注意事项

1. 事件第一发现人应及时向活动负责人汇报，并随时与上级保持密切联系。

2. 对于各类突发事件，应迅速判断事件性质，根据事件性质，及时向部长汇报。

3. 活动负责人要及时做好整个活动的调度和控制，稳定好现场的秩序。维护秩序人员不得擅自脱离岗位。若发生事故，相关责任人及时各就各位，负责安全出口的疏散工作，避免发生拥挤踩踏事故。

4. 对于出现的突发情况予以解决，并提高警惕性，防止同类事件的重复发生。

毕业论文

一、阅读资料

【阅读要求】

阅读下面这篇例文，思考什么是毕业论文？规范的毕业论文由哪几部分组成？

【资料】

汽车零部件焊接的微观缺陷分析及工艺优化

张 瑜

江苏联合职业技术学院无锡交通分院，江苏无锡214000

摘要： 在汽车制造行业中，焊接是连接汽车零部件的关键技术之一。焊接过程中容易产生微观缺陷，这些缺陷对汽车零部件的性能和寿命有着显著影响。本文概述了焊接微观缺陷的定义、分类及其对汽车零部件性能的影响，并探讨了微观缺陷的产生机理。采用综合治理策略，包括材料选择、工艺优化、质量检测等，可以有效降低微观缺陷的发生率，提升焊接接头的质量与可靠性，保障汽车的整体性能和安全性。

关键词： 汽车零部件；焊接；微观缺陷；工艺优化

引言

在汽车制造领域，焊接技术作为连接各种零部件的重要手段，其质量直接影响汽车的整体性能和安全性。焊接过程中往往会产生一些微观缺陷，如气孔、裂纹、夹杂等，这些缺陷虽然尺寸微小，但对焊接接头的力学性能、耐腐蚀性和使用寿命却有显著影响。因此，深入研究汽车零部件焊接微观缺陷产生机理，探索有效的工艺优化策略，对提升汽车制造质量具有重要的意义。本文旨在全面分析汽车零部件焊接过程中微观缺陷的形成原因，探讨焊接工艺参数、焊接材料、微观缺陷之间的内在联系，并通过典型案例分析，验证优化策略的实际效果。

一、汽车零部件焊接微观缺陷概述

1. 微观缺陷的产生机理

焊接过程中的物理化学反应是微观缺陷产生的主要原因之一。在焊接时，高温下的金属会发生熔化、蒸发、氧化等物理及化学反应。此类反应可能产生气体、氧化物等，如未能及时排除，就会在焊缝中形成气孔、夹杂等缺陷[1]。材料的化学成分、组织结构、热物理性能等都会影响焊接过程中的熔化、凝固和相变行为，从而可能导致缺陷的形成。焊接速度、电流、电压等参数的选择也会影响焊缝的质量和缺陷的产生：过快的焊接速度可能导致熔池中的气体无法及时溢出，形成气孔；而过高的电流则可能增加焊缝的热裂倾向。

2. 微观缺陷的检测技术与方法

传统检测方法主要包括金相检验和X射线检测等。金相检验是通过显微镜观察焊缝的金属组织结构，以发现裂纹、夹杂等缺陷。X射线检测则是利用X射线的穿透性，通过观察焊缝内部的透射图像来发现气孔、裂纹等缺陷[2]。现代检测技术主要包括超声波检测和红外热成像等技术。超声波检测是利用超声波在材料中的传播特性，通过反射、折射等信号检测焊缝内部的缺陷。红外热成像则是利用红外热像仪观察焊缝表面的温度分布，以发现由于缺陷导致的局部温升。

二、汽车零部件焊接工艺分析与优化方向

1. 焊接速度对微观缺陷的影响

焊接速度是影响焊缝质量和微观缺陷的关键因素。过快的焊接速度可能导致焊缝冷却速度增加，进而增加气孔、裂纹等缺陷的风险。表1为不同焊接速度下微观缺陷的产生情况。

不同焊接速度下微观缺陷的产生情况　　　　　　　　　　　表1

焊接速度/（mm/s）	气孔缺陷率/%	裂纹缺陷率/%
2.0	1.2	0.5
4.0	2.5	1.0
6.0	3.8	1.8

在选择焊接速度时，需综合考虑材料的热物理性能、焊缝尺寸、焊接设备能力等因素，以确保焊缝质量和减少微观缺陷。

2. 焊接材料与微观缺陷的关系

（1）焊条、焊丝材料的选择与优化。

焊条和焊丝是焊接过程中重要的填充材料，其成分和性能对焊缝质量和微观缺陷的产生具有重要影响。选择合适的焊条和焊丝材料可确保焊缝具有良好的力学性能和耐腐蚀性，并减少气孔、裂纹等缺陷的形成。在选择焊条和焊丝时，需考虑材料的化学成分、熔点、热物理性能、所需的焊缝性能等因素。

（2）保护气体的作用与选择。

保护气体在焊接过程中起着至关重要的作用，可防止焊缝金属在高温下与空气中的氧气、氮气等发生反应，以减少氧化物、氮气孔等缺陷的形成。常用的保护气体包括氩气、二氧化碳等。在选择保护气时，要考虑材料的类型、焊接工艺以及所需的焊缝性能等因素[3]。

3. 焊接工艺优化策略

（1）预热与缓冷工艺的应用。

预热和缓冷工艺是减少焊接微观缺陷的有效措施。预热可降低材料的冷却速度，减少气孔和裂纹的风险；而缓冷则可减少焊缝的残余应力，防止裂纹的产生。在实际应用中，可根据材料的厚度、焊接工艺以及所需的焊缝性能等因素，合理确定预热和缓冷的温度和时间[4]。

（2）多层多道焊的工艺优化。

多层多道焊是一种常见的焊接工艺，通过多次熔敷来形成较厚的焊缝。在多层多道焊过程中，每一层的焊接质量都会对最终焊缝的质量产生影响，须优化每一层的焊接参数和操作过程，确保焊缝的质量和减少微观缺陷的形成。应合理控制每一层的焊接速度、电流、电压等参数，并确保层间的清洁和融合。

（3）焊接顺序与路径的优化设计。

焊接顺序和路径的优化设计也是减少焊接微观缺陷的重要措施。合理的焊接顺序和路径可确保焊缝的均匀受热和冷却，减少由于热应力导致的裂纹等缺陷；可根据焊缝的形状、尺寸、材料的热物理性能等因素，优化焊接顺序和路径；可采用对称焊接、分段退焊等策略来减少热应力和变形[5]。

三、典型汽车零部件焊接微观缺陷案例分析

1. 汽车车身焊接微观缺陷案例

汽车车身焊接过程中常见的微观缺陷类型主要包括气孔、裂纹、夹杂等。这些缺陷可能由于焊接速度过快、电流电压不稳定、保护气体不足或材料匹配性不佳等因素导致。针对车身焊接过程中出现的微观缺陷，可通过分析焊接工艺参数、操作过程、材料性能等因素追溯缺陷的产生原因。例如：发现气孔缺陷较多，可检查保护气体的流量和压力是否稳定；对裂纹缺陷较多的情况，应分析焊接速度和冷却速度是否过快。

2. 汽车发动机焊接微观缺陷案例

（1）发动机焊接过程中的特殊挑战。

汽车发动机焊接过程中面临着一些特殊的挑战。因发动机部件的复杂性和高精度要求，焊接过程中容易产生微观缺陷，如气孔、裂纹等；发动机部件在高温、高压等恶劣环境下工作，对焊缝的质量和可靠性要求极高[6]。

（2）微观缺陷对发动机性能的影响。微观缺陷对发动机性能具有重要影响：气孔、裂纹等缺陷会降低焊缝的强度和韧性，可能导致发动机部件在受力时发生断裂或变形；微观缺陷还可能引发应力集中和疲劳裂纹的萌生，进一步影响发动机的可靠性和使用寿命。表2为微观缺陷对发动机性能的具体影响数据。

微观缺陷对发动机性能的具体影响数据　　表2

微观缺陷类型	发动机部件强度降低率/%	可靠性降低率/%	使用寿命缩短率/%
气孔	8	25	33
裂纹	45	65	50
夹杂	6	20	30
未熔合	100	100	100

（3）工艺优化与缺陷预防策略。

为优化发动机焊接工艺并预防微观缺陷的产生可采取以下策略：严格控制焊接工艺参数，如焊接速度、电流、电压等，确保焊缝的均匀熔化和凝固；可选择高质量的焊接材料和保护气体，以减少氧化物和氮气孔等缺陷的形成。

3. 汽车变速箱焊接微观缺陷案例

（1）变速箱焊接的复杂性与要求。

汽车变速箱焊接具有复杂性和高要求的特点。变速箱内部包含多个精密部件，如齿轮、轴承等，此类部件之间的焊接需要极高的精度和可靠性；变速箱在工作过程中承受着较大的载荷和冲击，对焊缝的质量和强度要求极高。

（2）微观缺陷对变速箱可靠性的影响。

微观缺陷对变速箱的可靠性具有重要影响，会降低焊缝的强度和韧性，将会导致变速箱部件在受力时发生断裂或失效；微观缺陷可能加速疲劳裂纹的萌生和扩展，从而进一步降低变速箱的可靠性及使用寿命。

（3）焊接工艺优化与质量控制。为优化变速箱焊接工艺并提高质量控制水平采取以下措施：对焊接工艺参数进行精细化调控，确保焊缝的均匀熔化和良好的凝固结构；选用与变速箱材料相匹配的高质量焊接材料，以减少由于材料不匹配导致的微观缺陷；实施严格的过程控制，包括焊接前的清洁处理、焊接过程中的环境监控以及焊接后的热处理，确保焊接质量的稳定性。

四、结论

汽车零部件焊接微观缺陷的控制与优化是一个涉及材料、工艺、环境和质量检测等多个方面的系统工程。本文通过对微观缺陷的深入分析和对焊接工艺的细致探讨，提出了一系列有效的优化策略，并通过典型案例分析验证了其可行性和有效性。研究成果可为实际生产中的焊接质量控制提供了有力的技术支持。

参考文献

[1] 张科达. 汽车零部件注塑焊接工艺创新与发展方向探讨［C］//中国智慧工程研究会. 2024 新技术与新方法学术研讨会论文集. 宁波众升汽车部件有限公司，2024：2.

[2] 王辉，柴大伟，陈一哲，等. 新能源汽车塑料零部件超声波穿刺焊接研究进展［J］. 塑料工业，2023，51（12）：1-7，42.

[3] 马宇飞. 智能焊接机器人在汽车部件加工中的应用［C］//河南省汽车工程学会. 第二十届河南省汽车工程科技学术研讨会论文集. 豫新汽车热管理科技有限公司，2023：4.

[4] 李鹏达. 汽车焊接作业中二保焊焊接工艺的应用探究［J］. 时代汽车，2022，（13）：132-134.

[5] 刘向铮. 汽车零部件生产企业厂内精益物流体系建设［J］. 物流技术与应用，2022，27（6）：127-131.

[6] 张坤. 汽车零部件企业焊接装备制造项目供应商评价与选择研究［D］. 南昌：南昌大学，2022.

（选自《汽车知识》2024 年 10 月）

二、相关知识

（一）概述

毕业论文是高等教育学生在完成学业前，针对某一学术问题或专业领域进行深入研究后所撰写的学术性论文。它不仅是对学生所学知识、研究能力和创新能力的综合检验，也是学生获取学位的重要条件之一。

（二）毕业论文的特点

1. 综合性

毕业论文需要运用所学专业知识系统地阐述研究课题的背景、目的、意义、方法、结果和结论，以形成完整的研究体系。撰写时要综合运用分析归纳、论述表达等能力。这种综合性体现了学生将分散的知识点整合成系统性认识的能力，是对学生综合素质的一次全面检验。

2. 专业性

毕业论文强调专业领域的深入研究，要求学生在特定学科内展示其专业知识和技能。论文选题通常与学生所学专业紧密相关，需要运用专业理论、方法和工具，以确保研究的深度和专业性，体现了学生对专业知识的掌握和应用能力。

3. 规范性

毕业论文的撰写需要遵循严格的学术规范，包括论文结构、引用格式、文献标注等。这种规范性保证了论文的学术性和正式性，也是对学生学术诚信和严谨态度的考验，有助于维护学术领域的秩序和声誉。

（三）毕业论文的内容和写作要求

1. 标题

标题是整篇论文的"眼睛"，它应该简洁明了地概括出论文的研究主题、研究范围和研究目的。一个好的标题能够吸引读者的注意力，帮助读者快速了解论文的核心内容。对论文标题的要求是：

（1）准确得体

标题应该清晰地表达出论文的研究主题、范围、深度或论点，避免使用模糊或含糊不清的词汇。因此，标题要紧扣论文内容，或者说论文内容与论文题目要互相匹配，即题要扣文，文也要扣题。这是撰写论文的基本准则。

（2）简洁明了

标题应该尽量简短，避免冗长和复杂的表述。一般来说，标题的字数控制在 20 个字以内为宜。若标题不足以显示论文内容，可采用加副标题的方法来补充说明特定的实验材料、方法及内容等信息。

（3）新颖独特

标题应该具有独特性，避免与已有的论文标题过于相似，而且新颖独特的标题能够准确地传达出论文的创新点和研究特色，使读者在第一时间了解论文的核心价值。

论文题目举例：

（1）铁路客运高峰期常态化运输组织方法分析

（2）基于大数据的城市交通拥堵分析与优化研究

（3）混合动力汽车结构、原理及发展前景研究

（4）国际干散货航运市场评价的研究

（5）乘务服务的现状及对策

（6）"智慧居家养老"背景下的失能老人起居环境构建

2. 摘要

摘要是对整篇论文内容的一个简短、精确且全面的总结，文字要力求简明扼要，用第三人称写作，字数通常为 200 ~ 300 字。摘要一般包括论文的主要研究目的、采用的研究方法、得到的关键结果以及基于这些结果所得出的结论。

3. 关键词

关键词是为了揭示文章核心内容和方便读者检索而特意选取的几个（通常为 3 ~ 8 个）具有代表性的词汇或短语。它另起一行排在摘要下方。

4. 正文

正文部分是毕业论文写作的核心和重点。一般由引言、正文、结论等项目构成。

（1）引言

引言应简要说明研究的目的、范围、背景、相关领域研究现状、研究设想、预期成果和意义等。

（2）主体

这是展现作者研究能力和学术贡献的关键环节。主体应包括论点、论据、论证过程。这部分的写作要求为：一是论证充分，说服力强；二是结构严谨，条理清楚；三是观点和材料相统一。因此，要求这一部分内容充实、实事求是、论证有力、主题明确、语言流畅、结构严谨。语言表达上做到层次分明、重点突出、脉络清晰。

论文结构层次可用公文序号结构层次顺序来标示，即一、（一）、1、（1）、①。

（3）结论

5. 参考文献

为了反映论文的科学依据和作者尊重他人研究成果的严肃态度，在毕业论文中，凡引用别人的文章、数据、图片等文献资料作为参考，均应在参考文献表中列出被参考文献的相关信息。正文中应按顺序在引用参考文献处的文字右上角用［ ］标明，［ ］中序号应与"参考文献"中序号一致。毕业论文的参考文献写法就按照《信息与文献　参考文献著录规则》（GB/T 7714—2015）规定执行。

（1）期刊文章

格式：［序号］主要责任者. 题名［J］. 刊名，出版年份，卷号（期号）：起止页码.

例：［1］何龄修. 读南明史［J］. 中国史研究，1998，（3）：167-173.

（2）专著

格式：［序号］主要责任者. 书名［M］. 出版地：出版社，出版年份：起止页码.

例：［1］葛家澍，林志军. 现代西方财务会计理论［M］. 厦门：厦门大学出版社，2001：42.

（3）学位论文

格式：［序号］主要责任者．文献题名［D］．出版地：保存单位，出版年份：起止页码．

例：［1］赵天书．诺西肽分阶段补料分批发酵过程优化研究［D］．沈阳：东北大学，2013.

（4）报纸文章

格式：［序号］主要责任者．文献题名［N］．报纸名，出版日期（版次）．

例：［1］谢希德．创造学习的新思路［N］．人民日报，1998-12-25（10）.

（5）电子文献

格式：［序号］主要责任者．电子文献题名［电子文献类型/载体类型标识］．电子文献的出版或获得地址，发表或更新日期/引用日期．

例：［1］王明亮．关于中国学术期刊标准化数据库系统工程的进展［EB/OL］．1998-08-16/1998-10-01.

（6）专利文献

格式：［序号］专利所有者．专利题名［P］．专利国别：专利号，出版日期．

例：［1］姜锡洲．一种温热外敷药制备方案［P］．中国专利：881056073，1989-07-26.

（7）会议论文集析出文献

格式：［序号］析出文献主要责任者．析出文献题名［A］．//原文献主要责任者．原文献题名［C］．出版地：出版社，出版年份：起止页码．

例：［1］钟文发．非线性规划在可燃毒物配置中的应用［A］．//赵炜．运筹学的理论与应用——中国运筹学会第五届大会论文集［C］．西安：西安电子科技大学出版社，1996：468.

（8）标准

格式：［序号］发布部门．标准编号：标准编号，标准名称［S］．出版地：出版社，出版年份．

例：［1］中华人民共和国国家质量监督检验检疫总局，中国国家标准化管理委员会．汉语拼音正词法基本规则：GB/T 16159—2012［S］．北京：中国标准出版社，1996.

（四）毕业论文的写作注意事项

（1）选题要恰当、贴切。题目选择是否合适，是论文成败的关键。

（2）精心选择材料是写作的基础。

（3）构思要巧妙、独特、新颖。毕业论文的构思是文章表达的关键。

（4）恰当使用人工辅助书面语言。人工辅助语言是指由图、表、符号、公式等构成的书面表意符号。

三、实训任务

（1）阅读下面，对其格式、内容、结构等加以评析。

（2）根据自己所学专业，拟写一份毕业论文，要求格式规范、内容充实、结构完整。

四、课外阅读

农村电子商务模式探析

——基于淘宝村的调研

郭承龙

摘要：截至2014年，我国已出现212个"淘宝村"。以"淘宝村"为代表的农村电商是互联网与农村经济相结合的自然产物。在深入淘宝村调研后发现，经济基础较好，贴近市场的淘宝村经济偏向工业化道路；偏远地区、经济基础薄弱的淘宝村则以农业禀赋、传统资源与文化等优势发展本地经济。自发形成的"淘宝村"具有典型的产业集群特征，但"淘宝村"的集群水平、经营效率等普遍低下，出现同地同村同业的恶性竞争。基于此，本文首先概括提出农村电商的共同特征；依据不同划分标准，将农村电商模式划分为不同类型，指出现行农村电商模式存在的隐患；为了促进农村电商健康持续发展，需要分类引导农村电商模式的升级。在共生理念指导下，提出农村电商模式的共生结构，将农村电商模式重新划分为寄生模式、非对称模式、偏利模式、对称模式和一体化模式等，同时分析不同共生模式的机理；最后，本文提出大众创业、集群规模正态分布、双通道的网销渠道、深度挖掘农村自然禀赋的商业价值、多平台运营和内生化资金供给等农村电商共生发展路径，为寻找农村经济发展的新突破提供参考。

关键词：农村电商；模式；共生

一、引言

电子商务改变了生产方式和生活方式。电子商务市场也由蓝海趋向红海化，从城市扩散到农村。电子商务的跨地域特性能够帮助农村经济打破以往的有形市场的局限。在电子商务平台的助力下，涉农电子商务（涉农电子商务是指涉及农村、农民和农业的电子商务）涌现出很多农村电子商务平台，如淘宝农产品特色馆、河南的新农村商网、福建的世纪之村网络平台等。活跃在农商平台上的农村网商规模不断扩大。据阿里研究中心统计，截至2013年11月30日，淘宝网（含天猫）上正常经营的注册地在农村（含县）的网店数为203.9万家，比2012年底增长了24.9%，其中，注册地在村镇级的为105万家，比2012年底增长76.3%，净增46万家农村网店。农村网商地域特征显著。江苏花卉、浙江坚果、福建茶叶等农村电商具有浓厚的地方特色。农村电子商务格局反映不同区域的农村产业竞争优势。其中，"淘宝村"为农村电商发展的缩影和典型代表。"淘宝村"是农村网民网络创业的集群，是农村经济和电子商务核聚变的典型产物。2014年12月底，国内已经发现的淘宝村数量为212家，遍及河北、山东、江苏、江西、浙江、福建、广东、四川、天津、河南、湖北等10个省市，涉及产品包括家居、服装、箱包、农产品、小商品、户外用品等多个品类。"淘宝村"为农村经济发展壮大提供了新的思路和途径。

目前，有关农村电商发展模式的研究较少。彭璧玉（2001）认为，我国农村电商的模式主要有M to M模式、战略联盟模式、中介模式和会员模式，但没有指出哪种模式更能发展农村电商[1]。朱兴荣（2007）对B to B和B to C农业电子商务平台模式进行比较，指出具体的流程、优缺点等[2]。李海平、刘伟玲（2011）认为，农产品销售不能用淘宝的C to C模式，由龙头企业、农业协会、合作社来搭建B to C平台也不符合农产品的流通规律。所以不能照搬城市电子商务模式，应将C to B模式改进为F to C to B模式，F即Famer；C即Co-operation，可以是农业协会、合作社；B为农产品销售、流通和加工企业，认为这种模式较适合农村单个农户经营的现状[3]。刘可针对农村电商平台建设的B to C模式、B to B模式和B to B to C模式展开较深入比较分析[4]。岳云康（2008）针对农村家庭分散经营的特点，构建"基地＋加工＋销售"模式，推进农村电子商务建设[5]。杨克斯和吴江雪提出F to B to M的发展模式，其中，F即Famer；B为农产品销售、流通和加工的企业，一般称为农业龙头企业；M为marketing，即市场[6]。侯晴霏和侯济恭（2011）也考虑到农村分散经营特点，讨论A to A、A to B和B to A内涵及运作基本方法，并提出农村区域电子商务协同模式（ABC），讨论了协同方法[7]。上述研究均注意到农村分散经营特点，并认为电子商务是农村经济发展的新突破点。但是，截至目前，尚没有对农村电商模式进行系统分析。本文在"阿里巴巴活水计划"支持下对淘宝村深入调研的基础上，系统分析农村电商模式，探讨在一定规模和效应（淘宝村）下的农村电商进一步进化的结构和发展途径，为农村电商发展提供借鉴。

二、农村电商特征

1. 草根创业

农村网民在外打拼，积累一定经验、资源等，挖掘家乡的优势或者从外携带项目回乡创业。农村草根创业是由农村网商在识别商业机会之后，移植或者复制成熟的商业模式，组成由家族成员共同参与的组织。一旦获得成功，将影响、吸引身边网民纷纷加入创业大军，形成更大规模的草根创业群体和创业群落。

2. 作坊式生产

农村电商主营业务是以家庭作坊式组织产品生产。农村网商多以家庭（或家族）为单位，从事简单加工或模仿的中小企业以及个体户，家庭成员间分工明确。加工场所在各家各户的住宅或宅基地上建立的多层厂房。企业内员工数量不多，以家庭成员为主兼少数雇员。生产、加工、经营、贮存都在同一建筑内进行，融业主家庭及雇工宿舍、车间和仓库为一体。作坊式生产引入机械化生产工具，但生产技术水平不高，而模仿水平较高，主要以模仿国内外大型企业高端产品为主。

3. 同业集聚

同村网商集合是一个独立完整的产业链，即从采购、生产、销售、客服等一体化，形成了一个基于网络平台销售的同业集聚，同质化现象严重。如灶美村网商主营藤铁工艺品，湾头村主营草柳编家居用品等。这种同业集聚，一方面可显著增强农村网商的群体竞争力；另一方面也可能带来严重的同业恶性竞争后果。

4. 协同性

村落是因长久毗邻而居，使得村民间关系亲近、往来密切，互相依赖，渐渐在村落中形成一套熟人社会里的诚信、互助的交往规则和行为规范。农村电商中的"熟人社会"逐渐由基于契约关系的合作协同所替代。基于淘宝村的主营产业，吸引和诞生了上下游产业和服务，主营产业与上下游产业以及服务形成相互协同，具有"熟人社会"的形式。如快递公司入驻淘宝村，与淘宝村网商间建立基于契约关系的物流服务，不同的网商享受快递公司不同的费用折扣；纸箱包装制造厂入驻淘宝村，根据淘宝村网商对材质、规格等需求定制化生产。基于淘宝村主营产业，最终形成新的产业链，各个节点间具有良好的协同性。

三、农村电商模式分析

1. 模式类型

（1）根据村落主营产业发展，农村电商模式分为自组织模式和产业再造模式

　　自组织模式是指由当地农民自发组织创业或回乡创业，在淘宝上网销产品，经摸索成功之后，迅速带动同村人共同开办网店经营相同产品。如福建灶美村在带头人影响下，迅速发展壮大，滕铁工艺品占据了全网半数的市场份额。传统藤铁产业借助于网销平台，使"中国藤铁工艺之乡"尚卿乡的灶美村成为名副其实的"淘宝村"。产业再造模式是指当地的优势产业在传统市场上面临激烈竞争，正失去原有竞争优势，通过淘宝平台，由线下业务为主过渡到线上业务为主要销售方式，重新激活原优势产业活力的交易模式。如温州永嘉县西岙村教玩具淘宝村。西岙村曾是教玩具产业基地。在网销冲击下，产业基地的竞争优势不再明显，教玩具产业需要新的突破。西岙村教玩具生产商利用淘宝，开辟了网上市场，利用产业基地优势和网络市场特性，成功转型为教玩具电商产业基地。全村 230 多户有 150 多户在淘宝开店卖教玩具，弥漫着浓厚的电子商务氛围。

　　（2）根据资源依赖性，农村电商模式可分为资源型产业模式和特色产业模式

　　资源型产业模式是指依赖于当地资源优势，通过第三方交易平台拓展网上销售渠道和开拓新市场的模式。如浙江临安市的白牛村和新都村两个"淘宝村"，依托当地的核桃资源优势，销量占居浙江省 1/3、全国 1/10。特色产业模式是指当地不具有优势资源，但借助电商平台，打造出具有影响力的产业集群模式。如江苏沙集镇前凤村和耿车镇大众村，当地并不具有林木资源优势，借助淘宝平台，打造出板材加工产业集群。

　　（3）根据网商参与角色，农村电商模式可分为以下 4 种模式

　　一是自产自销模式。网商自己进货、组织生产、自己销售的模式。这种模式主要是由网商自发形成。如江苏沙集镇，主要由自己加工板材、板材家具自己销售。

　　二是订单＋网销模式。网商生产能力不足，通过与农民签订产品生产合同，网商在交易平台进行销售的模式。如西岙村规模在千万元以上的网商，囿于扩大生产规模受到场地约束，通过投资入股别的生产商，扩大产品来源，满足自身网销需求。

　　三是自产＋多平台网销。为了扩大销量，网商将自己生产的产品在多个平台上网销，不同电商平台使用不同的品牌。如网商在淘宝、京东、亚马逊中国等平台同时销售。

　　四是共生模式。尽管淘宝村产业同质化严重，但是已经出现相对完整产业链现象，即围绕着淘宝村主营产业，出现为主营产业服务的上下游业务。产业链的不同环节相互配合，构造对整体而言最优的组合模式。如产品摄影、美工，物流，包装等可以为主营产业量身设计、制造；电商协会协调淘宝村网商间的关系以及与政府的关系等。不同模

式内部可以继续细分，形成更加复杂的模式划分。

2. 农村电商模式隐患

（1）移植性

农村电商模式最大隐患和风险就是模式可移植性。由于农村电商主要是利用淘宝平台开展电商业务。只要符合淘宝平台入驻条件，任何人和组织均可以入驻。农村电商模式不具有排他性，不受时间、空间限制，很容易被引入其他地方的农村，淘宝村数量将日益增多；并且淘宝村模式中的网销平台也将不再以淘宝独大，已经出现慢慢向其他平台转移的网商。

（2）同质化严重

由于淘宝村主营业务相同，生产高度集中，产品高度同质化，引发淘宝村网商内部的恶性竞争；同质化竞争后果可能沿着产业链传递到物流等上下游节点，可能给淘宝村整体带来负面影响。

（3）第三方平台门槛渐高

网商的利润率逐渐下降，而第三方平台门槛逐步提高，使得网商经营成本上升。同时竞争对手以及网商改变淘宝模式下的生活方式追求，可能走向供货商角色，或者转移电商平台。

（4）人才招不到、留不住

由于农村自然地理位置对于人才的吸引力不强。目前，农村创业主要是本地人创业。由于农民知识水平总体相对落后，需要专业的电商人才。电商运营涉及多个环节，设计研发、运营、生产、仓管、客服、美工等等。但是，这些环节很难吸引外地人才的加入，主要由当地人来运作，因此人才需求缺口较大，这将影响到网商的服务水平和客户满意度。

（5）发展空间受限

目前的淘宝村主要是加工制造业为主，真正涉及农业和农产品的网商不多。随着网商加工制造规模扩大，场地资源约束日益明显。由于淘宝村主业性质不能占用农用地，意味着场地资源稀缺，导致生产规模扩大受限、仓储能力受限等问题。这种问题在淘宝村较为普遍。

（6）忽视农业资源禀赋

自然村落最大的资源禀赋就是农业和农产品。但是，目前淘宝村以农业产出为经营主业的并不多，反而是加工制造业偏多。淘宝村加工制造业竞争力不如城市，以弱势产业竞争城市强势产业，已处于竞争下风。如研发力量薄弱、人才不足等造成竞争优势不明显。而最大优势即农业却没有得到发挥，城市农产品却开展得有声有色，将错失农产品电商的新"蓝海"。

四、农村电商模式进化

农村电商打造自身竞争优势，有必要抱团共生共存共发展。"共生"是由德国真菌学家德贝里（Bary）于1979年最早提出的生物学上的概念。之后，共生概念在管理学和社会学等领域得到拓展性应用。共生是指共生单元间按某种共生模式在一定共生环境中形成的关系，共生单元、模式和环境构成其三要素。

1. 农村电商的共生系统结构

"淘宝村"形成过程中，自然地隐现出共生生态结构。共生结构核心是核心单元、紧密单元、辅助单元、支持单元和消费单元围绕第三方交易平台展开经营活动（如图1所示）。电商涉及的运营单元、美工单元、客服单元、推广单元和配货单元既可以是游离态的主体，由专业的代运营、代客服、摄影工作室等承担职能，也可以组合成更大的有机化的核心单元组织，即完整的企业化组织经营内容。生产单元、仓储单元和采购单元等亦或独立，亦或组合成紧密单元。辅助单元和核心单元、紧密单元分布于同一区域，主要为电商产品提供辅料、配件和纸箱包装等。服务单元则包括电商协会、融资单元、培训单元等，主要为电商活动提供生产性服务等。消费单元则是电商产品的个体消费者和组织消费者。上述单元围绕第三方交易平台完成各自的经营任务。核心单元、辅助单元和紧密单元由一个经营者运作，也可以独立经营，形成单个组织或者产业链。而服务单元可以由电商活动各环节主体共同参与、自律和自治，为成员提供相应的服务。因此，共生模式是指共生单元间的作用方式。共生模式随共生单元性质、关系和环境的变化而变化。按行为模式，共生模式可划分为互惠、偏利、寄生等类型的共生关系。共生体都要面临共同的自然环境、经济环境、科技环境、政治政策环境和社会文化环境。

2. 农村电商共生模式特征

（1）群落性

传统农村产业更多表现为相互竞争的"并联"。而共生系统既有并联产业结构，也拥有彼此相"串联"的组织结构，形成串并联结构的网状群落结构。共生系统不仅在外部形态上，产业共生表现为产业链上、中、下游不同位置的产业群的相互串联结合。"淘宝村"主营业务并联同质化，可以提高产出总量，但在内部网商规模和数量上，大中小并存，即农村电商有少数几个生产销售规模较大的网商，也有数量较多的夫妻店和小规模C店。

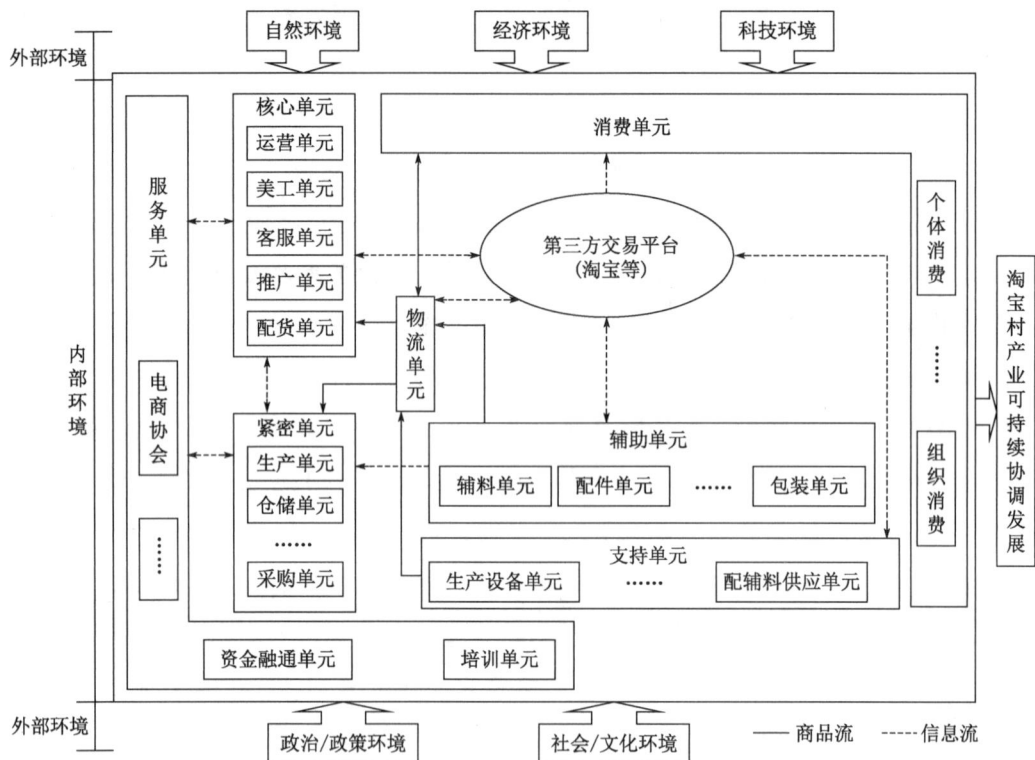

图1 农村电商共生系统结构

（2）经济增值性农村电商共生模式将生产、销售、电商服务、交易平台、物流、包装、配辅料供应和设备供应组合在一个相对狭小的村落里，结成完整的从原材料供应到销售渠道甚至最终用户、外围支持产业体系的健全的有机整体。核心单元节点网商主要是利用交易平台完成商品销售；紧密单元则是核心单元的商品供给商；辅助单元主要为紧密单元提供辅料、配件等；支持单元则是为辅助单元服务的。不同单元间既可以是串联关系，也可以组合在一起构成更大的共生单元。单元间的串联可以发挥聚集规模经济效应，一体化可以发挥范围经济优势，最终获得整体最优的竞争力。

3. 农村电商共生模式类型农村电商共生模式发展是有序进行的。淘宝C店等第三方平台是农村电商的进化起点。小规模网商和新创业网商不仅寄生于寄主网商，更要寄生于淘宝等第三方平台，孵化、成长。在进化过程中，规模和功能慢慢提升，增加收益，涉足天猫等新的高级平台，进化到非对称模式。规模达到一定程度，尝试接"地气"、由onlinetooffline，网上平台和线下相互补充和支持，进化到了偏利模式。基于合作和分工实现淘宝村网商共生个体利益最大化，进入对称模式。但是网商个体优化并不意味淘宝村整体最优，淘宝需要朝着一体化共生模式进化。当然在整个进化过程中，淘宝村本身和淘宝村网商都要接受"适者生存"法则的考验。共生系统结构所反映出共生主体间的共生模式包括寄生模式、非对称模式、偏利模式、对称模式和一体化模式等。

(1) 寄生模式：该模式是指寄生企业依赖于寄主组织。这种模式既存在于不同规模网商之间，也存在于网商业务。小规模网商（夫妻店、个体店）从当地生产企业进货，然后在第三方交易平台从事电商活动；网商将网销部分功能外包出去，形成代运营、代美工、共仓储等。寄主与寄生企业之间寄生关系是以契约合同为基础。这种网商间的合同关系受到利益驱使，变化可能性大。作为"理性经济人"，夫妻店和个体店等与寄主组织的寄生关系不可能长期维持下去。随着自身规模扩大、自身实力增强后，必然离开原寄主组织，朝着新的寄主组织进化。各个网商也会在第三方平台之间"寻优"，不会过度、长期只依附于单一寄主，形成多平台运营。如网商在天猫和淘宝C店同时运营；在淘宝和京东等平台同时运营。即使在同一平台，也会开设多个网店经营。

(2) 非对称模式：该模式是指共生单元主体基于业务关系的专业化合作，但是专业化分工所创造的新价值在合作框架内不是平均分配，而是多少不一的非对称分配。如不同规模网商与物流合作中，所享受的费用折扣不一。

(3) 偏利模式该模式是指表现为对一方有利而对另一方也无害。传统企业在电商化过程中，不仅继续着线下业务，同时开辟网上旗舰店，拓宽销售渠道，或者发挥线上线下各自优势组合在一起，打造O2O模式；反之，网商们也将网店经营落地实体化。企业的线上线下业务不是相互捕食关系，而是通过补偿机制，协调线下线上的不均衡，共同更好实现企业目标，从而促进共同进化。

(4) 对称模式：该模式是指共生单元基于合作和分工实现彼此共同利益最大化，降低搜索、采购、谈判、仓储等环节的物质能量消耗，降低相应的经营成本。如网商投资控股快递公司，不仅保证自身快递需求，同时减少物流环节可能存在的摩擦、等待成本等消耗，实现各自利益最大化。

(5) 一体化模式：该模式应是网商进化的发展方向。随着网商实力增强以及规模扩大，网商的利润增幅下降，急需寻找新的利润源，新的成本降低途径。一体化模式不仅继续保持规模经济优势，同时帮助网商获得范围经济优势。一体化模式表现为产业链的前向和后向的拓展，形成更大范围的经营领域和更大的生产规模以及综合竞争优势。如产销一体化、辅助—紧密—核心一体化、产销物流一体化等。在场地资源有限的地区，网商们共同出资共建、共享公共仓储，满足空间需求；网商出资控股或共建物流中转站等。基于股权投资，业务效率最高，合作各方关系最为稳定（如图2所示）。

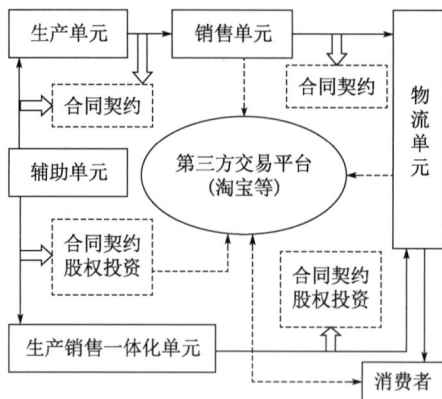

图2　共生结构系统中的共生关系

五、对策建议

1. 鼓励农民敢于创业

淘宝是农民创业平台，初始投入较低，创业门槛也低。鼓励农民在淘宝平台上寻找自己的寄主。当农村网商成长起来后，脱离寄主，成为当地淘宝创业领头羊，吸引更多农民加入创业大军。这是淘宝保持网商规模增长的途径，也是农村电商的寄生模式。

2. 培育大中小网商群体

农村网商规模呈大中小分布。塔尖网商（销售额名列前茅）占群体规模的20%，可以由领头羊发展而来，也可以是后起之秀；中层占群体规模的60%左右；塔底则占群体规模的20%。这种结构有助于网商优胜劣汰，有利于农村电商吸引相关的服务单元、辅助单元聚合、游离再组合。这是淘宝村网商成长的途径，也是非对称模式的农村电商。

3. 网店实体化

农村网商规模壮大后，可以在城市开辟农产品体验店，为客户提供现场产品体验、功能宣传介绍，同时也作为网上订单的线下提货点和线下销售窗口。这是农村电商、网商挖掘新市场，寻找新的蓝海的途径，也是农村电商的偏利模式。

4. 挖掘农村自然禀赋优势

现在农村电商，特别是已发现的"淘宝村"基于本地农业资源开展电商活动的农村电商偏少。农村电商应立足于农产品、土地等资源，在共生单元间纵横联合，开展土地开发预售制到农产品直购、直销等模式，挖掘农业商业价值。

5. 多平台运营

随着国内大型第三方平台综合化，可以选择多平台运营，避免单一平台带来的规则约束；同时积极参加专业化的垂直型网站平台，对口生产、对口销售。

6. 交叉投资合作

农村电商的竞争优势不是单个网商力量之和，而应是通过权益类投资、长期战略合同、一体化扩张等，追求农村电商整体价值最大化。只有整体价值最大化，个体利益最大化才能得以保证，稳定的共生关系稳固共生模式，才能使整体网商继续与淘宝等平台向高阶段进化。

参考文献

[1] 彭璧玉. 我国农业电子商务的模式分析 [J]. 南方农村, 2001 (06): 37-39.

[2] 朱兴荣. 新农村电子商务及实施模式的探索 [J]. 科技情报开发与经济, 2007, (12): 227-228.

[3] 李海平, 刘伟玲. 农村电子商务存在的问题与模式创新 [J]. 陕西科技大学学报 (自然版), 2011, (02): 189-191.

[4] 刘可. 农村电子商务发展探析 [J]. 经济体制改革, 2008, (06): 171-174.

[5] 岳云康. 对农村电子商务新模式发展的探讨 [J]. 农业网络信息, 2008, (12): 87-89.

[6] 杨克斯, 吴江雪. 我国农村电子商务新模式初探 [J]. 中国商贸, 2012, (11): 152-153.

[7] 侯晴霏, 侯济恭. 以区域为核心的农村电子商务模式 [J]. 农业网络信息, 2011, (05): 5-8.